高等职业教育土木建筑类专业新形态教材

工程经济学
（第2版）

主　编　郑杰珂
副主编　傅　佳　杨　婷
参　编　陈　耕　吴思伟
　　　　洪　丹　王　伟
主　审　秦　宏

北京理工大学出版社
BEIJING INSTITUTE OF TECHNOLOGY PRESS

内 容 提 要

本书共分为九个模块，主要包括工程经济概述、建设工程投资估算、资金的时间价值、工程经济评价的基本指标及方法、建设项目可行性研究、建设项目经济评价、工程项目的社会影响评价、建设项目不确定性分析和实训。其中实训模块将全书的主要内容融会贯通，将理论用于实际，为本书的特色与亮点。书后附有复利系数表，供查阅和使用。

本书可作为高等院校工程经济类相关专业的教材，也可供工程技术人员、工程管理人员、工程造价及工程咨询评估人员的参考书。

版权专有　侵权必究

图书在版编目(CIP)数据

工程经济学 / 郑杰珂主编. -- 2版. -- 北京：北京理工大学出版社，2023.8重印
　ISBN 978-7-5763-1350-5

　Ⅰ. ①工… Ⅱ. ①郑… Ⅲ. ①工程经济学—高等学校—教材 Ⅳ. ①F062.4

中国版本图书馆CIP数据核字（2022）第091873号

出版发行 / 北京理工大学出版社有限责任公司	
社　　址 / 北京市丰台区四合庄路6号院	
邮　　编 / 100070	
电　　话 /（010）68914775（总编室）	
（010）82562903（教材售后服务热线）	
（010）68944723（其他图书服务热线）	
网　　址 / http://www.bitpress.com.cn	
经　　销 / 全国各地新华书店	
印　　刷 / 北京紫瑞利印刷有限公司	
开　　本 / 787毫米 × 1092毫米　1/16	
印　　张 / 12.5	责任编辑 / 陈莉华
字　　数 / 300千字	文案编辑 / 陈莉华
版　　次 / 2023年8月第2版第3次印刷	责任校对 / 周瑞红
定　　价 / 39.80元	责任印制 / 边心超

图书出现印装质量问题，请拨打售后服务热线，本社负责调换

第2版前言 FOREWORD

工程经济学是现代管理科学中一门融技术科学、经济科学和项目管理科学为一体的新兴综合性学科，是建筑技术、工程管理、工程造价等土木建筑类专业的一门重要基础课。

本书紧紧结合建筑行业转型升级的需要，关注建筑专业领域的技术发展，融入新知识、新技术、新工艺和新方法，充分做到与时俱进。本书以培养学生综合素质为根本，以提高职业技能为目的，优化教学内容，面向职业，突出对学生实践能力的培养；强调工学结合，加强学生实际动手能力培养，突出应用性和实用性，以提高学生分析问题和解决问题的能力。本书加入以培养和锻炼学生的实践能力与创新能力为目的的实训模块，旨在加深学生对该课程基础知识和基本理论的理解和掌握，培养学生综合运用所学知识的能力，使其在理论分析、设计、计算、查阅资料以及计算机应用能力等方面得到初步训练，并能进行一般建设项目的可行性研究和经济评价；能策划或实施价值工程方法在企业的新产品开发、降低成本活动等方面的开展和应用。

本书由重庆建筑科技职业学院郑杰珂担任主编，由重庆建筑科技职业学院傅佳、杨婷担任副主编，重庆建筑科技职业学院陈耕、吴思、洪丹、王伟参与本书编写，新城控股集团股份有限公司秦宏担任主审。具体编写分工如下：郑杰珂编写模块6和模块7，傅佳编写模块9，杨婷编写模块2和模块3，陈耕编写模块1，吴思编写模块5，洪丹编写模块4，王伟编写模块8。全书由郑杰珂和傅佳统稿、修改和定稿。

本书在编写过程中得到了新城控股集团股份有限公司秦宏的悉心指导，天勤工程咨询有限公司重庆分公司为本书提供了案例文献资料，重庆建筑科技职业学院有关人员对本书的编写予以大力支持，在此一并表示衷心感谢！

由于编者水平有限，加之时间仓促，疏漏与不妥之处在所难免，恳请各位读者批评指正。

编　者

第1版前言 FOREWORD

工程经济学是现代管理科学中一门融技术科学、经济科学和项目管理科学为一体的新兴的综合性学科，是工程管理、工程造价以及金融专业的一门重要课程。

本书以培养学生综合素质为基础，以提高学生技能为本位，优化教学内容，突出能力培养；强调工学结合，加强学生实际动手能力；突出应用性、实用性，提高学生分析问题和解决问题的能力。本书关注本专业领域的技术发展，融入了新知识、新技术、新工艺和新方法，充分做到与时俱进。本书融入最新的市场知识、博弈知识、会计知识，学生可以系统地了解建筑行业，形成系统性、贯通性的整体性思维，减少其培养时间，上手快，发展空间大，成长迅速。

本书由巫英士和郑杰珂主编，倪志军主审。全书共12章。第1章由王仪萍编写，第2章和第10章由傅佳和倪明共同编写，第3章由洪丹编写，第4章由赵家敏和王宁编写，第5章由陈靖编写，第6章和第12章由徐聪编写，第7章由赵家敏编写，第8章由郑杰珂编写，第9章由朱红梅编写，第11章由李思静、杨婷和倪原共同编写。全书由巫英士和郑杰珂统稿、修改和定稿。

本书在编写过程中得到了倪志军总工的悉心指导和重庆有关院校及人员的大力支持，在此表示衷心感谢！由于编者水平有限，书中难免有不妥之处，恳请各位读者指正。

编　者

目录 CONTENTS

模块1 工程经济概述 ········· 1
  1.1 工程技术与经济学的关系 ········· 1
    1.1.1 工程经济学的产生与发展 ········· 1
    1.1.2 工程技术与经济的相互制约 ········· 2
    1.1.3 工程经济分析的目的 ········· 2
  1.2 工程经济学的研究对象与范围 ········· 3
    1.2.1 工程经济学的研究对象 ········· 3
    1.2.2 工程经济学的研究范围 ········· 3
    1.2.3 工程经济分析的基本步骤 ········· 4
    1.2.4 工程经济学的研究方法 ········· 4
  1.3 工程经济要素 ········· 6
    1.3.1 工程经济要素构成 ········· 6
    1.3.2 销售收入、总成本费用及利润、税金各要素之间的关系 ········· 9
  1.4 可行性研究概述 ········· 10
    1.4.1 可行性研究的阶段划分 ········· 10
    1.4.2 可行性研究的内容 ········· 11
    1.4.3 可行性研究的作用 ········· 11
    1.4.4 必要性分析 ········· 12
  1.5 建设工程会计概述 ········· 14
    1.5.1 会计基础 ········· 14
    1.5.2 会计分录 ········· 14
    1.5.3 会计报表 ········· 14

模块2 建设工程投资估算 ········· 19
  2.1 建设工程投资估算概述 ········· 19
    2.1.1 投资估算概述 ········· 19
    2.1.2 投资估算的范围与内容 ········· 20

2.2 投资估算的方法及计算 ·········· 22
2.2.1 建设投资静态部分的估算 ·········· 22
2.2.2 建设投资动态部分的估算 ·········· 25
2.2.3 流动资金估算方法 ·········· 26
2.3 费用与成本 ·········· 28
2.3.1 费用与成本的关系 ·········· 28
2.3.2 工程成本的确认和费用计量 ·········· 31
2.3.3 工程成本的结算方法 ·········· 35
2.4 建设工程投资估算实例 ·········· 36

模块3 资金的时间价值 ·········· 44
3.1 资金时间价值计算 ·········· 44
3.1.1 资金时间价值的概念 ·········· 44
3.1.2 利息与利率的概念 ·········· 45
3.1.3 利息的计算 ·········· 46
3.2 资金等值计算及应用 ·········· 48
3.2.1 现金流量图的绘制 ·········· 48
3.2.2 现金流量表 ·········· 49
3.2.3 资金等值的计算 ·········· 53
3.3 名义利率与有效利率 ·········· 58
3.3.1 名义利率与有效利率的计算 ·········· 58
3.3.2 名义利率与有效利率的应用 ·········· 60

模块4 工程经济评价的基本指标及方法 ·········· 65
4.1 经济评价的基本指标 ·········· 65
4.1.1 技术方案计算期的确定 ·········· 65
4.1.2 基准投资收益率 ·········· 66
4.1.3 静态评价指标 ·········· 66
4.1.4 动态评价指标 ·········· 70
4.2 方案经济性分析比较的基本方法 ·········· 76
4.2.1 单指标比较方法 ·········· 76
4.2.2 多指标综合比较方法 ·········· 76
4.2.3 优劣平衡分析方法 ·········· 77
4.3 工程项目多方案的经济比较与选择 ·········· 77
4.3.1 方案的创造和制定 ·········· 77
4.3.2 多方案之间的关系类型及其可比性 ·········· 78
4.3.3 互斥方案的比较选择 ·········· 80
4.3.4 独立方案和混合方案的比较选择 ·········· 83

4.3.5 短期多方案的比较选择 ·· 84
4.4 价值工程 ··· 85
　　　4.4.1 价值工程的概念 ·· 85
　　　4.4.2 价值工程的工作程序与方法 ···································· 86
　　　4.4.3 价值工程的应用 ·· 88
4.5 费用—效益分析 ·· 90
　　　4.5.1 费用—效益分析的理论基础 ···································· 90
　　　4.5.2 费用—效益分析的基本方法 ···································· 91

模块5　建设项目可行性研究 ·· 94
5.1 建设项目的建设程序 ·· 94
　　　5.1.1 建设项目的概念 ·· 95
　　　5.1.2 项目建设程序 ··· 95
5.2 可行性研究报告的主要内容 ··· 96
　　　5.2.1 总论 ·· 96
　　　5.2.2 市场预测分析 ··· 96
　　　5.2.3 建设方案研究与比选 ·· 98
　　　5.2.4 投资估算与资金筹措 ··· 104
　　　5.2.5 财务分析 ·· 104
　　　5.2.6 经济分析 ·· 105
　　　5.2.7 风险分析 ·· 105
　　　5.2.8 研究结论 ·· 106

模块6　建设项目经济评价 ··· 109
6.1 财务评价概述 ·· 109
　　　6.1.1 财务评价的概念 ··· 109
　　　6.1.2 财务评价的内容 ··· 109
　　　6.1.3 财务评价的基本步骤 ··· 110
　　　6.1.4 财务评价报表 ·· 110
6.2 财务评价指标体系 ··· 118
　　　6.2.1 盈利能力分析 ·· 119
　　　6.2.2 偿债能力分析 ·· 120
　　　6.2.3 财务评价示例 ·· 121
6.3 国民经济评价概述 ··· 121
　　　6.3.1 国民经济评价的含义 ··· 121
　　　6.3.2 国民经济评价的范围 ··· 121
　　　6.3.3 国民经济效益与费用识别 ····································· 121
　　　6.3.4 财务经济评价与国民经济评价的关系 ······················ 122

6.4 国民经济评价重要参数 ··· 123
6.4.1 影子价格 ··· 124
6.4.2 影子汇率 ··· 125
6.4.3 社会折现率 ··· 126
6.5 国民经济评价指标计算 ··· 126
6.5.1 经济内部收益率（EIRR） ··· 126
6.5.2 经济净现值（ENPV） ··· 126
6.5.3 经济效益费用比（R_{BC}） ··· 127

模块7 工程项目的社会影响评价 ··· 129
7.1 社会影响评价概述 ··· 129
7.1.1 社会影响评价的含义 ··· 129
7.1.2 社会影响评价的内容 ··· 129
7.2 社会影响评价指标 ··· 130
7.3 社会影响评价的方法 ··· 130
7.3.1 收集就业指标的方法 ··· 130
7.3.2 确定收入指标的方法 ··· 131
7.3.3 计算对城市食物供给贡献的方法 ··· 131
7.3.4 基本问题法 ··· 131
7.3.5 无行动替代方法 ··· 131
7.3.6 逻辑框架法 ··· 132
7.4 评价方法比较 ··· 132
7.5 案例分析 ··· 133

模块8 建设项目不确定性分析 ··· 136
8.1 概述 ··· 136
8.1.1 不确定性分析的概念 ··· 136
8.1.2 不确定性分析的内容 ··· 137
8.1.3 不确定性分析的方法 ··· 137
8.2 盈亏平衡分析 ··· 138
8.2.1 线性盈亏平衡分析 ··· 138
8.2.2 非线性盈亏平衡分析 ··· 140
8.3 敏感性分析 ··· 141
8.3.1 敏感性分析的概念 ··· 141
8.3.2 单因素敏感性分析 ··· 141
8.3.3 敏感度系数与临界点 ··· 141
8.3.4 多因数敏感性分析 ··· 143
8.3.5 敏感性分析的特点 ··· 144

8.4	概率分析	144
	8.4.1 随机现金流的概述	144
	8.4.2 净现值的期望值与方差	144
	8.4.3 概率分析方法的步骤	144
	8.4.4 方案风险估计	145

模块9 实训 147

9.1	课程实训目的	147
9.2	课程实训安排	147
9.3	课程实训报告	147
	9.3.1 实训工作量	147
	9.3.2 课程设计报告的内容要求	148
	9.3.3 课程设计报告的格式要求	148
9.4	课程实训评分标准	148
9.5	实训一 用 Excel 进行资金等值计算	148
	9.5.1 实训目的	148
	9.5.2 实训设备和仪器	149
	9.5.3 实训原理	149
	9.5.4 用法示例	149
	9.5.5 Excel 的年金计算函数总结	151
	9.5.6 应用公式和 Excel 计算资金等值	151
	9.5.7 实训	151
	9.5.8 报告	152
9.6	实训二 用 Excel 计算经济评价指标	152
	9.6.1 实训目的	152
	9.6.2 实训设备和仪器	152
	9.6.3 实训原理	152
	9.6.4 实训	154
	9.6.5 实训报告	155
9.7	实训三 用Excel进行敏感性分析	155
	9.7.1 实训目的	155
	9.7.2 实训设备和仪器	155
	9.7.3 实训原理	155
	9.7.4 实训	156
	9.7.5 实训报告	157
9.8	实训四 用 Excel 进行项目财务评价	157
	9.8.1 实训目的	157
	9.8.2 实训设备和仪器	157

  9.8.3 实训原理 ·· 157
  9.8.4 实训 ·· 158
  9.8.5 实训报告 ·· 159
 9.9 实训五 综合实训可行性评估设计实例 ·· 159
  9.9.1 设计条件 ·· 159
  9.9.2 设计内容 ·· 160
  9.9.3 资本金财务现金流量分析 ··· 166
  9.9.4 具体实训 ·· 172

附录 复利系数表 ·· 173

参考文献 ··· 190

模块 1　工程经济概述

案例导入

在建设工程企业经营管理工作中,经常遇到的一系列问题——新产品方案、生产方案、投资方案、融资方案、管理方案等,都需要研究其技术的先进性和经济的合理性。类似技术的先进性和经济的合理性问题也会出现在个人的日常生活中,例如购房选择、存款方案选择、保险险种选择、股票债券投资的计算、家庭理财、出国留学、海外移民等。

解决诸如上述问题要如何做呢?那就是决策。

如何形成一个完善的决策:一是提供一定条件下所有可行的可供选择的行动(技术)方案并靠技术进步、技术创新来获得和保证;二是从上述方案中选定一个最好的行动方案并靠经济的社会评价和分析来完成。

工程经济就是对工程技术问题进行经济分析的系统理论与方法。工程经济通过分析工程活动的代价及其对工程目标实现的贡献,寻求以有限资源满足人们对工程活动经济效益要求的最佳方案。本模块是对工程经济课程学习的导引。

问:

(1)通过先前所掌握的建设工程常识,浅谈自己对工程技术与经济学这两者关系的想法。

(2)在日常生活中,自己做过类似"可行性研究"的决策吗?

学习目标

掌握工程技术与经济学的关系,熟悉工程经济的研究对象与范围,熟悉工程经济要素的基本构成,了解可行性研究的内容。了解建设工程会计基本内容。

1.1　工程技术与经济学的关系

1.1.1　工程经济学的产生与发展

工程经济学是对工程技术问题进行经济分析的系统理论与方法。工程经济学是在资源有限的条件下,运用工程经济学分析方法,对工程技术(项目)各种可行方案进行分析比较,选择并确定最佳方案的科学。它的核心任务是对工程项目技术方案的经济决策。工程经济学的历史渊源可追溯到 100 多年前,随着近代人类社会的发展,工业投资规模急剧扩大,出现资金短缺局面。如何使有限的资金得到最有效的利用,成为投资者与经营者普遍关注的问题。这种客观形势,进一步推动了工程投资经济分析理论与实践的发展。工程经济学的研究内容从单纯的工程费用效益分析扩大到市场供求和投资分配领域,从而取得重大进展。发展到今天，工程经济学已经成为较为成熟的应用经济学的学科之一。

1.1.2 工程技术与经济的相互制约

工程是指土木建筑或其他生产、制造部门用比较大且复杂的设备来进行的工作。工程的任务是应用科学知识解决生产和生活问题来满足人们的需要。

工程活动有效的两个条件是技术上的可行性和经济上的合理性。技术是人类在认识自然和改造自然的反复实践中积累起来的有关生产劳动的经验、知识、技巧和设备等。工程技术是改造客观世界的知识、方法、手段和技能。经济是生产关系的总和，是物质资料的生产、分配、交换和消费。工程经济学中的"经济"，主要是指在工程建设寿命周期内为实现投资目标或获得单位效用而投入资源的节约，其更多的是指社会经济活动中资源的合理性问题。工程技术的使用是为了产生经济利益，先进的技术并不一定具有经济合理性。而不具有经济性的技术是不适用的，因此必须研究哪一种技术是适用的。

工程与经济是密切相关的，而工程经济学就是工程和经济的交叉学科，是研究工程技术实践活动经济效果的学科。任何技术的应用，都伴随着人力资源和各种物力资源的投入，依赖于一定的相关经济技术系统的支持。只有经济发展到一定水平，相应的技术才有条件得到广泛应用和进一步发展。经济是技术进步的动力与目的，工程技术是经济发展的重要条件和手段。技术的先进性与经济的合理性是社会活动相互联系、相互依存、相互促进和相互制约的两个方面，即技术与经济之间的关系，既有统一的方面，也有矛盾的方面。

1. 统一的方面

在工程技术和经济的关系中，经济是主导，处于支配地位。工程技术进步是为经济发展服务的；技术的发展会带来经济效益的提高，工程技术不断发展的过程也就是经济效益不断提高的过程。经济必须依靠一定的技术手段，工程技术的进步永远是推动经济发展的强大动力。例如，18 世纪末，从英国开始的以蒸汽机的广泛应用为标志的工业革命，使生产效率提高到手工劳动的 4 倍；19 世纪中期，科学技术的进步使生产效率提高到手工劳动的 100 多倍；20 世纪 40 年代以来，科学技术迅猛发展导致的社会生产力的巨大进步更是有目共睹的。

2. 矛盾的方面

在一定条件下，工程技术和经济又是相互矛盾、相互对立的。例如，有的工程技术本来是先进的，但是在某些地区、某种条件下采用时经济效益并不好；由于社会经济条件的制约，条件不同，有效先进技术也不易采用等。总之，工程技术和经济的关系是辩证的，是处于不断地发展变化的，任何工程技术的应用，都应以提高经济效益为前提，要因地、因时地处理好工程技术和经济之间的关系。

1.1.3 工程经济分析的目的

工程经济分析的目的是在有限的资源约束条件下对所采取的工程技术进行选择，对活动本身进行有效的计划、组织、协调和控制，以最大限度地提高工程经济活动的效益，降低损失或消除负面影响，最终提高工程经济活动的经济效果；为企业、事业和政府部门工作中的各类工程项目的行动路线提供行之有效的指导。一项技术、一个计划、一个方案在生产建设中实施以前，估算出它的经济效果，将不同的技术方案、措施进行比较，从而保证每一项技术方案和技术措施的实施都能取得最大的经济效果,促进生产建设的发展。

工程经济分析与评价可以帮助我们确定究竟采用哪种新技术、新设备、新材料、新工艺,才更加符合我国的自然条件和社会条件,进而取得更大的经济效果;可以帮助我们在多个技术方案的条件下根据经济效果进行方案的比选和评价;可以帮助我们提高资源利用的经济效果和投资的经济效果。这对节约国家的人力、物力和财力,具有很大的作用,对于加快国民经济发展速度也有重大的现实意义。

1.2 工程经济学的研究对象与范围

1.2.1 工程经济学的研究对象

工程经济学的研究对象,就是解决各种工程项目(或投资项目)问题的方案或途径,其核心是工程项目的经济性分析。这里所说的项目是指投入一定资源的计划、规划和方案并可以进行分析和评价的独立单元。

传统工程经济学面对的主要是一些微观技术经济问题,如某项工程的建设问题、某企业的技术改造问题、某项技术措施的评价问题、多种技术方案的选择问题等。随着现代社会和经济的高速发展,现代工程经济学面对的问题越来越广泛,从微观的技术经济问题延伸到宏观的技术经济问题,如能源问题、环境保护问题、资源开发利用问题、国家的经济政策和体制问题、工程建设必要性问题等。工程经济学解决问题的延伸产生了新的工程经济分析的方法,丰富了工程经济学的内容。但不应将工程经济学研究的对象与这些问题的经济研究完全等同起来。

工程经济学无法解释这些问题的所有经济现象,它着重解决的是如何对这些问题进行经济评价和分析,这也是工程经济学区别于其他经济学的一个显著特征。

1.2.2 工程经济学的研究范围

工程经济学研究的范围包括工程项目微观与宏观的经济效果,也就是说既要研究工程项目自身的经济效果,又要研究工程项目对国家、对社会的影响。

工程经济学的研究范围主要体现在以下11个方面:
(1)现金流量与资金的时间价值;
(2)工程经济分析的基本要素;
(3)工程经济评价的基本指标;
(4)方案的经济比较与选择;
(5)建设项目的可行性研究;
(6)建设项目财务评价;
(7)建设项目经济分析;
(8)不确定性分析与风险分析;
(9)建设项目后评价;
(10)设备更新的经济分析;
(11)价值工程。

1.2.3 工程经济分析的基本步骤

任何技术方案在选定前,都应该进行技术经济分析与评价,以便从中选出较为理想的方案。因此,必须遵循较为科学的程序。工程经济学的研究工作与其他学科研究工作一样,有它自己的研究工作程序,这种工作程序一般包括以下步骤:

(1)明确课题和对课题的历史及现状进行调查。首先应明确研究的课题是什么?预期达到的总目标是什么?然后进行国内外的研究,课题的历史和现状的调查,以明确课题的成立与否。

(2)建立各种可能的技术方案。为满足同一需要,一般可采用许多不同的彼此可以替代的技术方案。为了选择最优的技术方案,首先就要列出所有可能实行的技术方案,既不要漏掉实际可能的技术方案,也不要把技术上不能成立的或不可能实现的或技术上不过关的方案列出来,避免选出的方案不是最优方案或虽是最优方案,但实际上又无法实施。

(3)调查研究。在分析技术方案的优缺点时,必须进行充分的调查研究,从国民经济利益出发,客观地分析不同技术方案所引起的内部、外部各种自然、技术、经济、社会等方面所产生的影响,从而找到最优方案。

(4)建立数学模型。将各技术方案的经济指标和各种参数之间的关系用一组数学方程式表达出来,则该组数学表达式称为工程经济数学模型。经常使用的工程经济数学模型大体有两类:一类是求多元函数的极值问题;另一类是规划论模型或概率模型。

(5)计算与求解数学模型。为了计算和求解数学模型,必须把所需的资料和数据代入数学模型进行运算,这就要求资料和数据准确而全面。工程经济数学模型一般计算工作量较大,尽量使用电子计算机进行计算。

(6)计算方案的综合评价。由于技术方案许多优缺点往往不能用数学公式来表达和计算,而一个技术方案可能兼具各方面的优缺点,这就要求对技术方案进行综合的、定性和定量的全面分析论证,最后选出在技术、经济、社会、政治、国防等各方面最优的方案。

应当指出,上述工作程序,是一般常用的工作方法和程序,而不是唯一的工作方法和程序,根据研究课题的不同性质和特点,还可以采取其他的方法和程序。

一些工程项目,如已经在当地具有普遍建设的规模,如公租房、廉租房的建设,则可不必进行对问题的历史及现状进行调查;有的工程项目,行业和专业已经具备成熟的标准图集、施工方案、管理模式,也无必要建立各种可能的技术方案;有一些工程项目注重社会影响力,如体育场、公园、博物馆等;还有一些工程项目注重经济效益,如交通设施、商品住宅、商业中心。所以工程经济分析的步骤和评价方法,不具有唯一性。

1.2.4 工程经济学的研究方法

工程经济学是工程技术与经济核算相结合的边缘交叉学科,是自然科学、社会科学密切交融的综合学科,是一门与生产建设、经济发展有着直接联系的应用性学科。工程经济学的研究方法主要有调查研究法、理论研究法、综合分析法、方案比较法、数学模型法。

1. 调查研究法

调查研究法是通过考察了解客观情况直接获取有关材料,并对这些材料进行分析的研究方法。调查研究法可以不受时间和空间的限制。调查研究法是工程经济研究中一个常用的方法，在描述性、解释性和探索性的研究中都可以运用调查研究法。它一般通过抽样的基本步骤，多以个体为分析单位，通过问卷、访谈等方法了解调查对象的有关资料，加以分析来开展研究。我们也可以利用他人收集的调查数据进行分析，即所谓的二手资料分析的方法。本法适用学生以及缺少经费的人。

2. 理论研究法

理论研究法是在工程经济统计分析的基础上，对调查资料进一步进行有系统的思维加工的方法。它是多种思维方法的综合运用。理论研究法的直接目的在于从调查工程经济资料中引出理论、观点，并对研究假设进行检验。它的方法体系的具体内容如下：

(1)常用的具体方法，即理论研究的传统方法，主要有典型分析法、比较分析法、历史分析法、本质分析法、推理法、外推法。

(2)辩证思维的基本方法，主要有归纳和演绎的方法、分析与综合的方法、抽象到具体的方法、信息方法、系统分析方法、结构—功能方法、定性和定量相结合的分析法。

要确定用理论研究法从事实材料中引出的研究结论是否符合调查对象的实际，是否揭示了事物发展的一般规律，或是否预测了事物的某种发展趋势，还必须对研究结论进行检验，看调查研究结论与事实材料是否符合，符合到什么程度；如果不符合，则找出在什么地方出了差错，并加以修正、补充。只有经过检验的结论才可作为根据加以运用。

3. 综合分析法

综合分析法是运用各种统计综合指标来反映和研究社会经济现象总体的一般特征和数量关系的研究方法。常使用的综合分析法有综合指标法、时间数列分析法、统计指数法、因素分析法、相关分析等。

4. 方案比较法

方案比较法也称技术经济比较法，是对同一工程项目的几个技术经济方案，通过反映技术经济效果的指标体系，进行计算、比较、分析和论证，选择经济合理的最佳技术方案。这是一种传统的、最常用的技术经济分析评价方法。由于此法较为成熟又简单易行，有一套比较完整的程序，因而在实践中被广泛应用。运用此法需要满足两方面要求：一是对比技术方案应达到经济衡量标准，即有规定的标准定额指标，如基准投资收益率、标准投资效果系数和定额投资回收期等；二是对比技术方案要满足经济评价的可比原则，即具有共同的可比条件。因此，方案比较方法，实际上就是把技术方案的经济衡量标准和经济比较原理两者结合起来进行具体计算、比较和分析的方法。

其具体步骤：首先，在所有的工程项目方案中，选择两个或三个比较合适的方案，作为分析、比较的对象；其次，计算每一种方案的投资费用和经营费用，一般情况下，应选择基本的投资、经营费用项目并列表；最后，利用计算的数据，分析和确定最优工程项目方案。当一个项目技术条件好，而建设费用、经营费用都比较少，且投资回收期较短，即为最优方案。

5. 数学模型法

数学模型法是利用符号、函数关系将评价目标和内容系统规定下来，并把互相间的变化关系通过数学公式表达出来的一种方法。

数学模型所表达的内容可以是定量的，也可以是定性的，但必须以定量的方式体现出来。因此，数学模型法的操作方式偏向于定量形式。

(1)数学模型法的基本特征。
①评价问题抽象化和仿真化。
②各参数是由与评价对象有关的因素构成的。
③要表明各有关因素之间的关系。
(2)数学模型的分类。
①精确型：内涵和外延非常分明，可以用精确数学表达。
②模糊型：内涵和外延不是很清晰，要用模糊数学来描述。
(3)数学模型的作用。
①解决对客观现象进行试验的困难。
②比较容易操作。
③模型试验能够比较节约。
④可以揭示客观对象的本质。
(4)建立数学模型的要求。
①真实完整。
②简明实用。在建模过程中，要把本质的东西及其关系反映进去，把非本质的、对反映客观真实程度影响不大的东西去掉，使模型在保证一定精确度的条件下，尽可能地简单和可操作，数据易于采集。
③适应变化。随着有关条件的变化和人们认识的发展，通过相关变量及参数的调整，能很好地适应新情况。

1.3 工程经济要素

1.3.1 工程经济要素构成

进行工程经济分析时，首先要确定工程技术方案的各种经济要素。如工程建设投资、流动资金、建设项目生产经营期成本费用、收入、利润和税金等经济量。它们是进行工程经济分析的基本数据。

1. 工程建设投资

(1)工程建设投资概述。在工程建设活动中为实现预定的生产、经营目标而预先垫付的资金，是有形资产、无形资产和货币资金的总和。

建设投资，由设备及工器具购置费、建筑安装工程费、工程建设其他费用、预备费(包括基本预备费和涨价预备费)和建设期利息组成。

①设备及工器具购置费，是指按照建设工程设计文件要求，建设单位(或其委托单位)购置或自制达到固定资产标准的设备和新建项目配置的首套工器具及生产家具所需的费用。设备及工器具购置费由设备原价、工器具原价和运杂费(包括设备成套公司服务费)组成。在生产性建设工程中，设备及工器具投资主要表现为其他部门创造的价格向建设工程中的转移，但这部分投资是建设工程项目投资中的积极部分，它占项目投资比重的提高，意味着生产技术的进步和资本有机构成的提高。

②建筑安装工程费，是指建设单位用于建筑工程和安装工程方面的投资，它由建筑工

程费和安装工程费两部分组成。建筑工程费是指建设工程涉及范围内的建筑物、构筑物、场地平整、道路、室外管道铺设、大型土石方工程费用等。安装工程费是指主要生产、辅助生产、公用工程等单项工程中需要安装的机械设备、电器设备、专用设备、仪器仪表等设备的安装及配件工程费，以及工艺、供热、供水等各种管道、配件、闸门和供电外线安装工程费用等。

③工程建设其他费用，是指未纳入以上两项的费用。根据设计文件要求和国家有关规定应由项目投资方支付的、为保证工程建设顺利完成和交付使用后能够正常发挥效用而发生的一些费用。工程建设其他费用可分为三类：第一类是土地使用费，包括土地征用及迁移补偿费和土地使用权出让金；第二类是与项目建设有关的费用，包括建设单位管理费、勘察设计费、研究试验费、建设工程监理费等；第三类是与未来企业生产经营有关的费用，包括联合试运转费、生产准备费、办公和生活家具购置费等。

建设投资可分为静态投资部分和动态投资部分。静态投资部分由设备及工器具购置费、建筑安装工程费、工程建设其他费和基本预备费构成。动态投资部分，是指在建设期内，因建设期利息和国家新批准的税费、汇率、利率变动以及建设期价格变动引起的建设投资增加额，包括涨价预备费和建设期利息。

工程造价，一般是指项目工程预计开支或实际开支的全部固定资产投资费用，在这个意义上工程造价与建设投资的概念是一致的。因此，我们在讨论建设投资时，经常使用工程造价这个概念。需要指出的是，在实际应用中工程造价还有另一种含义，那就是指工程价格，即为建成项目工程，预计或实际在土地市场、设备市场、技术劳务市场以及承包市场交易活动中所形成的建筑安装工程的价格和建设工程的总价格。

(2)工程建设投资的资金来源。工程建设投资的资金来源有自有资金和债务资金。

①自有资金，是"债务资金"的对称，即企业为进行生产经营活动所经常持有、能自行支配而不需偿还的资金。西方私营企业的自有资金，主要来自股东的投资及企业的未分配利润。在我国，全民所有制企业的自有资金，主要是国家财政拨款及企业的内部积累。另外，企业在生产经营过程中，由于结算时间上的客观原因而经常地、有规律地占用的应付款，如应付税金、应交利润、预提费用等定额负债，在财务上也视同企业自有流动资金参加周转。集体所有制企业的自有资金，主要是股金、公积金、公益金及其他专用资金。

②债务资金即债务资本。在传统财务观念中的资本结构包括股权资本和债务资本两部分。债务资本是指债权人为企业提供的短期和长期贷款，不包括应付账款、应付票据和其他应付款等商业信用负债。使用债务资本可以降低企业资本成本。从投资者的角度来说，股权投资的风险大于债权投资，其要求的报酬率就会相应提高。因此，债务资本的成本要明显低于权益资本。在一定的限度内合理提高债务筹资比例，可以降低企业的综合资本成本。

(3)建设投资形成的成果。建设投资形成的成果有固定资产、无形资产、递延资产等。

①固定资产是指在社会再生产过程中较长时间为生产和人民生活服务的物质资料，是使用期一年以上，价值在规定限额以上，为多个生产周期服务，在使用过程中保持原有物质形态不变的劳动资料，如厂房、设备、大型工具、住宅等。

形成固定资产的固定资产原值构成有建筑安装工程费用、设备及工器具购置费、工程建设其他费用(除去计入无形资产和递延资产的费用)、预备费、建设期贷款利息等。

②无形资产是指不具有实物形态，但能为企业长期提供某些特权或利益的资产，如专利权、商标权、著作权、土地使用权、非专利技术、信誉。

③递延资产是指集中发生但在会计核算中不能全部计入当年的损益，应当在以后年度分期摊销的费用，如开办费、租入固定资产的改良和支出等。

2. 销售收入

销售收入是单位产品的销售价与销售量的乘积，是企业生产经营阶段的主要收入。

销售收入由以下部分组成：

(1)销售税金及附加，由增值税、消费税、资源税、城市维护建设税及教育费附加组成。

(2)总成本费用，由折旧费、摊销费、利息支出、外购原料、动力费、工资及福利费、修理费、其他费用组成。

(3)利润总额。

3. 项目现金流量

项目现金流量由现金流出和现金流入组成。建设期的现金流出：自有资金投资、贷款还本付息。生产期的现金流出：经营成本、支付利息、税金、固定资产投资。建设期的现金流入：银行贷款等。生产期的现金流入：销售收入、回收固定资产剩余价值、回收流动资金等。

4. 流动资金

流动资金是指企业购置劳动对象、支付工资及其他生产周转费用所垫付的资金。流动资金分别在生产和流通领域以储备资金、生产资金、成品资金、结算资金、货币资金五种形态存在并循环。流动资金估算的方法有扩大指标估算法和分项详细估算法。

(1)扩大指标估算法。扩大指标估算法可按产值或销售收入资金率进行估算，也可按经营成本(或总成本)资金率估算，还可按固定资产价值资金率估算。

(2)分项详细估算法。分项详细估算法包括流动资金的计算、流动资产的计算、流动负债的计算。

5. 建设项目生产经营期成本费用

建设项目生产经营期成本费用是为取得收入而付出的代价。工程经济分析中的成本概念与企业财务会计中的成本概念不完全相同，企业财务会计是成本对实际发生费用的记录，影响因素确定，成本数据唯一。工程经济分析是对未来发生费用的预测和估算，影响因素不确定，不同方案有不同的数据，引入了财务会计中所没有的成本概念。

技术经济中的有关成本由以下成本组成：

(1)经营成本。经营成本是指项目从总成本中扣除折旧费、维简费、摊销费和利息支出以后的成本，即

$$\text{经营成本} = \text{总成本费用} - \text{折旧费} - \text{维简费} - \text{摊销费} - \text{利息支出} \qquad (1-1)$$

工程经济分析中为什么要引入经营成本？为什么要扣除上述费用呢？

这是因为现金流量表反映项目在计算期内逐年发生的现金流入和流出。与常规会计方法不同，现金收支何时发生，就何时计算，不做分摊。由于投资已按其发生的时间作为一次性支出被计入现金流出，所以不能再以折旧费、维简费和摊销费的方式计为现金流出，否则会发生重复计算。因此，作为经常性支出的经营成本中不包括折旧费和摊销费，同理

也不包括维简费。

还有一个重要原因是，全部投资现金流量表以全部投资作为计算基础，不分投资资金来源，利息支出不作为现金流出，而自有资金现金流量表中已将利息支出单列，因此经营成本中也不包括利息支出。

(2) 变动成本与固定成本。在产品产量的一定范围内，成本按费用是否随产品产量的变化而变动分为变动成本和固定成本。

①变动成本。如原材料费、动力费、废品费、销售费、计件工资等。

②固定成本。如固定资产折旧、大修理费、管理人员工资及附加费、车间经费、固定工资等。

(3) 机会成本。将资源用于某种用途而放弃其他用途所付出的代价，即机会成本。简单地说，在互斥方案选择中，选择其中一个而非另一个时所放弃的最佳收益就是机会成本。

(4) 沉没成本。沉没成本是指过去已经支出而现在无法得到补偿的成本，它是已经花费的金钱或资源。由于沉没成本是在过去发生的，它并不因摒弃或接受某个项目的决策而改变，因此对项目的将来任一投资决策不应造成影响。

6. 税金

税金具有强制性、无偿性、固定性等特点。税金的税种一般有以下类别：

(1) 流转税类及附加。如增值税、消费税、城市维护建设税、教育费附加等。

(2) 资源税类。如资源税、土地使用税、耕地占用税、土地增值税等。

(3) 财产及行为税类。如房产税、契税等。

(4) 所得税类。如企业所得税、个人所得税等。

1.3.2 销售收入、总成本费用及利润、税金各要素之间的关系

1. 销售收入、总成本费用及利润、税金各要素估算概述

销售收入、总成本费用及利润、税金各要素估算是根据调研和已建或在建项目估测拟建项目的投资、总成本费用利润、税金等经济要素。销售收入、总成本费用及利润、税金各要素估算按时间分，分为项目建议书阶段估算和可行性研究阶段估算；如果按资产性质分，分为固定资产估算、流动资产估算。

这些估算各项要素是工程经济分析的基础工作。

2. 销售收入、总成本费用及利润、税金各要素之间的计算

一般来说，销售收入、总成本费用及利润、税金各要素之间有以下计算关系，即

利润＝销售收入－营业成本费用－税金及附加－销售费用－管理费用－财务费用－
资产减值损失＋公允价值变动损益（扣除公允价值变动损失）＋
投资收益（扣除投资损失） (1-2)

式中，资产减值损失是指因资产的可回收金额低于其账面价值而造成的损失。会计准则规定资产减值范围主要是固定资产、无形资产以及除特别规定外的其他资产减值的处理。资产减值损失在会计核算中属于损益类科目。公允价值变动损益是指企业以各种资产，如投资性房地产、债务重组、非货币交换、交易性金融资产等公允价值变动形成的应计入当期损益的利得或损失，即公允价值与账面价值之间的差额。该项目反映了资产在持有期间因公允价值变动而产生的损益，也是新利润表上的项目"公允价值变动收益"填列依据。

1.4 可行性研究概述

建设工程项目可行性研究是指根据国民经济长期发展规划、地区发展规划和行业发展规划的要求,对拟建工程项目在技术、经济上是否合理,进行全面分析、系统论证、多方案比较和综合评价,以确定某一项目是否需要建设、是否可能建设、是否值得建设,并为编制和审批设计任务书提供可靠依据的工作。

1.4.1 可行性研究的阶段划分

建设工程项目的可行性研究按照阶段可划分为投资机会研究阶段、初步可行性研究阶段、技术经济可行性研究阶段和评估决策阶段。

1. 投资机会研究阶段

投资机会研究阶段是进行全面可行性研究之前的准备性调查研究,为寻求有价值的投资机会而对项目的背景、投资条件、市场状况等进行的初步调查研究和分析预测。主要任务是分析投资机会与投资主体自身条件是否相适应,为建设项目的投资方向和项目设想提出建议。

该阶段对项目投资和生产成本估算的精确度控制在±30%左右。

投资机会研究分为一般机会研究和特定项目机会研究。

(1)一般机会研究。一般机会研究是从错综复杂的情况中鉴别投资方向和发展机会,最终确定项目发展方向或项目投资意向,由国家机构和公共部门进行。

(2)特定项目机会研究。特定项目机会研究在一般机会研究做出最初鉴别之后,将项目投资意向转变为概略的项目提案和投资建议,目的是激发投资者兴趣。

2. 初步可行性研究阶段

初步可行性研究阶段是介于投资机会研究和可行性研究之间的中间阶段,属于项目生命周期中的初选阶段。在项目意向确定之后,对项目设想进行初步估计,并做出是否投资的初步决定,明确该项目是否有可能和有必要进行下一步的详细可行性研究。对项目投资和生产成本的估算精度要求控制在±20%左右。

3. 技术经济可行性研究阶段

技术经济可行性研究是在投资决策前,对与拟建项目有关的社会、经济和技术等各方面情况进行深入细致的调查研究,对各种可能拟订的技术方案和建设方案进行认真的技术经济分析与比较论证,对项目建成后的经济效益进行科学的预测和评价。其内容与初步可行性研究相同,形成项目估算。

4. 评估决策阶段

评估决策阶段分析项目建设的必要性,对项目建设相关方面包括市场、生产规模、项目选址、建设条件、技术方案展开评估,在此基础上,进行项目投资估算、资金筹措以及财务基础数据的测算与评估;在基础数据评估基础上,进行项目财务效果评估、国民经济效益评估、环境影响评估、社会评估以及项目不确定性评估,并进行项目的总评估与决策分析、项目后评价。

1.4.2 可行性研究的内容

1. 建设工程可行性研究的主要依据

(1)国民经济和社会发展长远规划。
(2)主管部门对项目的建设地区选址等意见。
(3)项目建议书(初步可行性研究报告)及其批复文件。
(4)国家有关法律、法规、政策。
(5)批准的勘探最终报告。
(6)工程建设方面的标准、规范和定额。
(7)项目各方签订的协议书或意向书。
(8)编制可行性研究报告的委托合同。

2. 建设工程可行性研究的主要内容

建设工程可行性研究应完成以下工作内容：
(1)进行市场研究，以解决工程建设的必要性问题。
(2)进行工艺技术方案研究，以解决工程建设的技术可行性问题。
(3)进行财务和经济分析，以解决工程建设的经济合理性问题。
凡经可行性研究未通过的项目，不得进行下一步工作。

3. 可行性研究报告的文本排序

(1)封面：应注明项目名称、研究阶段、编制单位、出版年月，并加盖编制单位印章。
(2)封一：编制单位资格证书(如工程咨询资质证书、工程设计证书)。
(3)封二：编制单位的项目负责人、技术管理负责人和法人代表名单。
(4)封三：编制人、校核人、审核人和审定人名单。
(5)目录、正文和附图、附表与附件。

4. 建设工程可行性研究的常用指标

(1)最大用气量，单位为 t/h。
(2)最大用电负荷，单位为 kW。
(3)最大用水量，单位为 m^3/h。
(4)占地面积，单位为 m^2(或为亩)。对于建筑物而言，占地面积是指建筑物所占有或使用的土地水平投影面积，计算一般按底层建筑面积计算。
(5)总用地面积。办理土地使用手续时，经指界测量确定并办理手续的面积，即红线内的土地面积总和，包括建设用地面积、代征道路面积和代征绿化面积。
(6)总建筑面积。在建设用地范围内单栋或多栋建筑物地面以上及地面以下各层建筑面积的总和。
(7)建筑容积率。建筑容积率指总建筑面积与建筑用地面积的比值。
(8)建筑密度。建筑密度即建筑物的覆盖率，具体指项目用地范围内所有建筑的基底总面积与规划建设用地面积之比(%)，它可以反映出一定用地范围内的空地率和建筑密集程度。

$$建筑密度 = 建筑基底面积总和 / 规划用地面积 \tag{1-3}$$

1.4.3 可行性研究的作用

可行性研究是综合论证一个工程项目在技术上是否先进、实用和可靠，在经济上是否合理，在财务上是否盈利，可为投资决策提供科学有力的依据。而将可行性研究的成果编制成报告，即为可行性研究报告。

进入21世纪，我国的发展坚持以人为本，树立全面、协调、可持续的发展观，促进经济社会和人的全面发展，是按照统筹城乡发展、统筹区域发展、统筹经济社会发展、统筹人与自然和谐发展、统筹国内发展和对外开放的要求推进各项事业的改革和发展。建设节约型社会，是在社会再生产的生产、流通、消费环节中，通过健全机制、调整结构、技术进步、加强管理、宣传教育等手段，动员和激励全社会节约和高效利用各种资源，以尽可能少的资源消耗支撑全社会较高福利水平的可持续的社会发展模式。可行性研究是坚持科学发展观、建设节约型社会的有力制度和模式。

可行性研究作为投资项目中的前期工作的重要内容，对工程项目具有十分重要的作用，主要体现在以下几个方面：

(1)可行性研究是建设项目投资决策和编制设计任务书的依据。
(2)可行性研究是项目建设单位筹集资金的重要依据。
(3)可行性研究是建设单位与各有关部门签订各种协议和合同的依据。
(4)可行性研究是建设项目进行工程设计、施工、设备购置的重要依据。
(5)可行性研究是向当地政府、规划部门和环境保护部门申请有关建设许可文件的依据。
(6)可行性研究是国家各级计划综合部门对固定资产投资实行调控管理、编制发展计划、固定资产投资、技术改造投资的重要依据。
(7)可行性研究是项目考核和后评估的重要依据。

1.4.4 必要性分析

在建设工程项目直接投资活动中，在对投资项目进行可行性研究的基础上，还要进行必要性分析。必要性分析主要通过建设工程项目评估来完成，一般来说，是从工程企业整体的角度对拟投资建设项目的计划、设计、实施方案进行全面的技术经济论证和评价，从而确定投资项目未来发展的前景。还要对建设项目的结构、功能、环境匹配性、可操作性、可持续性进行系统的价值研判。

必要性分析，论证和评价从正反两方面提出意见，为决策者选择项目及实施方案提供多方面的告诫，并力求客观、准确地将与项目执行有关的资源、技术、市场、财务、经济、社会等方面的数据资料和实况真实、完整地汇集、呈现于决策者面前，使其能够处于比较有利的地位，实事求是地做出正确、合适的决策，同时也为投资项目的执行和全面检查奠定基础。

1. 必要性分析的基本原则
(1)客观、科学、公正的原则。
(2)综合评价、比较择优的原则。
(3)项目之间的可比性原则。
(4)定量分析与定性分析相结合的原则。
(5)技术分析和经济分析相结合的原则。
(6)微观效益分析与宏观效益分析相结合的原则。

2. 必要性分析的主要内容
(1)投资必要性的评估。

①项目是否符合行业规划。
②通过市场调查和预测，对产品市场供需情况及产品竞争力进行分析比较。
③对投资项目在企业发展中的作用进行评估。
④拟投资规模经济性分析。

(2)建设条件评估。
①开采资源的项目，需弄明白资源是否清楚。以矿产资源为原料的项目，是否具备相关机构批准的资源储量、品位、开采价值的报告。
②工程地质、水文地质是否适合投资建厂。
③原材料、燃料、动力等供应是否有可靠来源，是否有供货协议。
④交通运输是否有保证，运距是否经济合理。
⑤协作配套项目是否落实。
⑥环境保护是否有治理方案。
⑦购进成套项目是否经过多方案比较，是否选择最优方案；投资厂址选择是否合理。

(3)技术评估。
①投资建设项目采用的工艺、技术、设备在经济合理条件下是否先进、适用，是否符合相关国家的技术发展政策，是否注意节约能源和原材料以获得最大效益。
②购进的技术和设备是否符合投资实际，是否配套并进行多方案比较。
③投资项目所采用的新工艺、新技术、新设备是否经过科学的试验和鉴定，检验原材料和测试产品质量的各种手段是否完备。
④产品方案和资源利用是否合理，产品生产纲领和工艺、设备选择是否协调；技术方案的综合评价。

(4)项目经济数据的评估。
①生产规模及产品方案数据。
②各项技术经济指标。
③产品生产成本估算。
④销售收入及税金估算。
⑤利润预测。
⑥财务效益评估。

(5)投资项目财务评价。
①财务盈利能力分析。主要计算分析全部投资回收期、投资利润率、投资利税率、资本金利率、财务净现值、财务净现值率、财务内部收益率等评价指标。
②项目清偿能力分析。主要计算分析借款偿还期、资产负债率、流动比率、速动比率等评价指标。
③财务外汇效果分析。主要计算分析财务外汇净现值、财务换汇成本等评价指标。

(6)国民经济效益评价。国民经济效益评价又称经济评估，是根据国民经济长远发展目标和社会需要，采用费用与效益分析的方法，运用影子价格、影子汇率、影子工资和社会折现率等经济参数，计算分析项目需要国民经济为其付出的代价和它对国民经济的贡献，评估项目投资行为在宏观经济上的合理性。它的作用：是在宏观经济层次上合理配置国家有限资源的需要；是真实反映项目对国民经济净贡献的需要；是投资决策科学化的需要。

国民经济效益评价的主要内容由国民经济盈利能力分析、经济外汇效果分析、辅助经济效益分析、对环境保护做一般评估 4 个方面组成。

①国民经济盈利能力分析。即对经济内部收益率、经济净现值等指标进行计算分析。

②经济外汇效果分析。即对经济外汇净现值、经济换汇成本等指标进行分析。

③辅助经济效益分析。主要计算分析投资项目的就业效果和节能效果以及相关项目的经济效益。

④对环境保护做一般评估。建设工程项目一般会对项目所在地的自然环境、社会环境和生态环境产生不同程度的影响。对环境保护做一般评估是在分析研究项目生产建设条件中，调查分析环境条件，识别和分析拟建项目影响环境的因素，确定项目产生的污染物和污染源，研究提出相应的治理措施，比选和优化环境保护方案。

1.5 建设工程会计概述

1.5.1 会计基础

会计基础是指会计事项的记账基础，是会计确认的某种标准方式，是单位收入和支出、费用的确认的标准，对会计基础的不同选择，决定单位取得收入和发生支出在会计期间的配比，并直接影响单位工作业绩和财务成果。

在编制财务报表时，特别是为了确定收入和费用所归属的会计期间、确定资产负债表项目的金额，会计基础是为运用适合有关交易和项目的重大概念而提供的方法。

会计基础是一种计量标准，它不可能脱离会计体系整体而发挥作用，权责发生制的应用只有在有效的政府会计和财务报告制度框架下才有实际意义。

1.5.2 会计分录

会计分录是指对某项经济业务标明其应借应贷账户及其金额的记录，简称分录。会计分录由应借应贷方向、对应账户（科目）名称及应记金额三要素构成。会计分录在实际工作中，是通过填制记账凭证来实现的，它是保证会计记录正确可靠的重要环节。在会计核算中，无论发生什么样的经济业务，都需要在登记账户以前，按照记账规则，通过填制记账凭证来确定经济业务的会计分录，以便正确地进行账户记录和事后检查。按照所涉及账户的多少，分为简单会计分录和复合会计分录。简单会计分录指只涉及一个账户借方和另一个账户贷方的会计分录，即一借一贷的会计分录；复合会计分录指由两个以上（不含两个）对应账户所组成的会计分录，即一借多贷、一贷多借或多借多贷的会计分录。

1.5.3 会计报表

会计报表的雏形是一些由企业自行设计的财务记录和分类账簿，它们反映了会计报表的最初目的是为企业的业主记录和反映每天的业务活动情况，这些财务记录随意地、偶然地、时断时续地保持着和进步着。当时的银行并不信任这些大量的、一无标准二无质量控制的财务记录和分类账簿，一直到税收的出现，定期公布标准化的财务报表才提上日程。

随着会计准则的颁布和政府干预的加强，早期的财务记录和分类账簿就演变成今天广为采用的几种基本的会计报表，根据这些浓缩的会计信息可以有效地判断一个企业的财务状况。

现在的会计报表是企业的会计人员根据一定时期（例如月、季、年）的会计记录，按照既定的格式和种类编制的系统的报告文件。随着企业经营活动的扩展，会计报表的使用者对会计信息的需求不断增加，仅仅依靠几张会计报表提供的信息已经不能满足或不能直接满足他们的需求，因此需要通过报表以外的附注和说明提供更多的信息。

将这些附有详细附注和财务状况说明书的会计报表称为财务会计报告。在实际工作中，由于需要报告的表外信息越来越多，附注的篇幅就越来越大，导致会计报表仅仅成为财务会计报告中的一小部分，但其仍然是最重要、最核心的组成部分。

会计报表是综合反映企业资产、负债和所有者权益的情况及一定时期的经营成果和财务状况变动的书面文件。会计报表是会计人员根据日常会计核算资料归集、加工、汇总而形成的结果，是会计核算的最终产品。

模块小结

本模块分别讲述了工程技术与经济学的关系、工程经济学的研究对象与范围、工程经济要素的基本构成、可行性研究概述、建设工程会计概述等内容，属于总论性质的模块。学习本模块还应查阅国家和地方建设行政主管、发展改革等部门关于工程经济要素、可行性研究、项目评估的政策和文件条文，这样有助于把握最为全面和客观的定义解释。

习 题

一、单项选择题

1. （　　）通过分析工程活动的代价及其对工程目标实现的贡献，寻求以有限资源满足人们对工程活动经济效益要求的最佳方案。
   A. 工程经济　　　　　　　　　B. 可行性研究
   C. 施工组织设计　　　　　　　D. 建设工程项目管理
2. 下列工程经济的学习模块中对工程经济课程学习进行导引的是（　　）。
   A. 资金的时间价值　　　　　　B. 可行性研究
   C. 建设工程监理规划　　　　　D. 工程经济概述
3. 工程经济的核心任务是（　　）。
   A. 对工程项目技术方案的经济决策
   B. 对工程项目技术方案的经济评价
   C. 对工程项目技术方案的经济分析
   D. 对工程项目技术方案的项目建议
4. 工程经济学是（　　）相结合的边缘交叉学科。
   A. 工程施工与经济核算　　　　B. 工程技术与工程组织
   C. 工程技术与经济核算　　　　D. 工程造价与经济核算
5. 工程经济学的研究范围主要体现在（　　）个方面。
   A. 10　　　　　B. 11　　　　　C. 12　　　　　D. 15

6. 设备及工器具购置费,是指按照建设工程设计文件要求,由( )购置或自制达到固定资产标准的设备和新、扩建项目配置的首套工器具及生产家具所需的费用。
   A. 建设单位   B. 勘察单位
   C. 监理单位   D. 建设行政主管部门
7. 工程经济要素中的租入固定资产的改良是属于资产类型中的( )。
   A. 固定资产   B. 无形资产   C. 税金资产   D. 递延资产
8. 介于投资机会研究和可行性研究之间的中间阶段,属于项目生命周期中的初选阶段研究是( )。
   A. 初步可行性研究   B. 后期可行性研究
   C. 项目评估研究   D. 投标研究
9. 可行性研究报告中的"法人代表名单"应该写在( )。
   A. 封面   B. 扉页   C. 封一   D. 封二
10. 在编制财务报表时,特别是为了确定收入和费用所归属的会计期间、确定资产负债表项目的金额,为运用适合有关交易和项目的重大概念而提供的方法是( )。
    A. 会计核算   B. 赢得值   C. 会计基础   D. FNPV
11. 会计核算的最终产品是( )。
    A. 报表   B. 施工成本
    C. 工程造价   D. 初始风险目录
12. 下列选项中,不属于国民经济效益评价的主要内容是( )。
    A. 国民经济盈利能力分析   B. 清偿能力分析
    C. 辅助经济效益分析   D. 对环境保护做一般评估
13. 以开采资源的项目,需弄明白( )是否清楚。
    A. 资源   B. 资金
    C. 建设单位的支持条件 D. 盈利
14. 必要性分析主要通过建设工程项目( )来完成。
    A. 决策   B. 质量控制   C. 评估   D. 施工图预算

二、多项选择题
1. 工程经济学分析方法主要包括( )。
   A. 理论联系实际的方法
   B. 定量分析与定性分析相结合的方法
   C. 系统分析和平衡分析的方法
   D. 固定资产评价与动态评价相结合的方法
   E. 统计预测分析方法
2. 下列内容中,属于方案比较法的是( )。
   A. 运用各种统计综合指标来反映和研究社会经济现象总体的一般特征和数量关系的研究方法
   B. 利用符号、函数关系将评价目标和内容系统规定下来
   C. 用理论研究法从事实材料中引出的研究结论是否符合调查对象的实际
   D. 通过反映技术经济效果的指标体系,进行计算、比较、分析和论证
   E. 利用计算的数据,分析和确定最优

3. 下列选项中，属于工程建设其他费用的是（　　）。
   A. 迁移补偿费　　　　　　　　B. 供电外线安装工程费用
   C. 大型土石方工程费　　　　　D. 建设单位管理费
   E. 建设工程监理费
4. 下列选项中，关于工程造价说法错误的是（　　）。
   A. 工程造价一般是指项目工程预计开支或实际开支的全部固定资产投资费用
   B. 在讨论非建设投资时，经常使用工程造价这个概念
   C. 工程价格也是工程造价的含义之一
   D. 设备及工器具投资主要表现为建设单位创造的价格向建设工程中的转移
   E. 生产准备费属于建筑安装工程费中的安装工程费
5. 下列关于可行性研究概述中，说法错误的是（　　）。
   A. 投资机会研究分为一般机会研究和概率项目机会研究
   B. 技术经济可行性研究是在投资决策前，对与拟建项目有关的社会、经济和技术等各方面情况进行深入细致的调查研究
   C. 可行性研究的封三应包括编制人、校核人、工程设计证书等内容
   D. 办理土地使用手续时，经指界测量确定并办理手续的面积，就是红线内的土地面积总和
   E. 可行性研究是建设项目进行工程设计、施工、设备购置的重要依据

三、判断题

1. 定量分析与定性分析相结合是工程经济分析的主要方法。　　　　（　　）
2. 传统工程经济学面对的主要是一些宏观技术经济问题。　　　　　（　　）
3. 德尔菲法是工程经济分析的基本方法。　　　　　　　　　　　　（　　）
4. 为满足同一需要，一般可采用许多不同的彼此可以代替的技术方案是属于建立数学模型的内容之一。　　　　　　　　　　　　　　　　　　　　　　　（　　）
5. 数学模型法的基本特征有评价问题抽象化和仿真化。　　　　　　（　　）
6. 建筑安装工程费，是指施工单位用于建筑和安装工程方面的投资。（　　）
7. 建设投资可分为固定资产投资部分和动态投资部分。　　　　　　（　　）
8. 销售收入是单位产品的销售价与销售量的乘积，即企业生产经营阶段的主要收入。
　　　　　　　　　　　　　　　　　　　　　　　　　　　　　　（　　）
9. 可行性研究报告的封面应注明项目名称、研究阶段、编制单位、校核人。（　　）
10. 建筑容积率指总建筑面积与建筑用地面积的比值。　　　　　　　（　　）

四、填空题

1. 20世纪60年代以后，工程经济学研究主要集中在_____、_____和_____三个方面。
2. 工程经济学中的"经济"，主要是指在_____为实现投资目标或获得单位效用而投入资源的节约，其更多的是指社会经济活动中资源的_____。
3. 建设投资，由设备及工器具购置费、_____、工程建设其他费用、预备费和_____组成。
4. 动态投资部分，是指在建设期内，因建设期利息和国家新批准的_____、_____、_____以及_____引起的建设投资增加额。

5. 在互斥方案选择中，选择其中一个而非另一个时所放弃的最佳收益就是_____。

五、简答题

1. 什么是经济？工程经济学中的经济指的是什么？
2. 如何正确理解工程经济学的研究对象？
3. 工程技术与经济有什么关系？
4. 工程经济学的研究程序怎样？
5. 你认为工程经济学在今后 30 年中的研究重点和发展趋势是什么？

模块 2　建设工程投资估算

案例导入

某企业投资 3 000 万元（包括购置、安装、单机调试和筹建期的借款利息）增加一条生产线，该生产线折旧年限为 5 年，净残值率为 5%，每年生产 A 产品 8 万件，生产成本为 800 万元，年销售 10 万件，销售单价为 250 元/件，全年发生管理费用为 25 万元，财务费用为 10 万元，销售费用为销售收入的 2%，销售税金及附加相当于销售收入的 5%，所得税率为 25%，企业投资收益为 30 万元。

问：

（1）该企业投资总成本和生产成本各是多少？

（2）该企业年销售收入是多少？

（3）该企业年利润总额和年税后利润各是多少？

通过分析，我们发现解决以上问题，需要知道该企业的投资、成本、收入、利润和税收等问题，那么如何弄清这些问题呢？这就是我们本模块要学习的内容。

学习目标

通过本模块的学习，了解建设项目投资估算的概念、作用、范围、内容及深度和要求，掌握建设投资估算和流动资金估算的方法，能够独立编制投资估算文件。

2.1　建设工程投资估算概述

2.1.1　投资估算概述

1. 投资估算的概念

投资估算是指在项目投资决策过程中，依据现有的资料和特定的方法，对建设项目的投资数额进行的估计。在项目建议书、预可行性研究、可行性研究、方案设计阶段（包括概念方案设计和报批方案设计）应编制投资估算。投资估算是项目建设前期编制项目建议书和可行性研究报告的重要组成部分，是进行建设项目设计经济评价和投资决策的基础。投资估算的准确与否不仅影响项目建议书和可行性研究工作的质量和经济评价结果，而且也直接关系到下一阶段设计概算和施工图预算的编制，对建设项目资金筹措方案也有直接的影响，因此，全面准确地估算建设项目的工程造价，是可行性研究乃至整个决策阶段造价管理的重要任务。

2. 投资估算的作用

投资估算作为论证拟建项目的重要经济文件，既是建设项目技术经济评价和投资决策的重要依据，又是该项目实施阶段投资控制的目标值。投资估算在建设工程的投资决策、造价控制、筹集资金等方面都有重要作用。

(1)项目建议书阶段的投资估算，是项目主管部门审批项目建议书的依据之一，并对项目的规划、规模起参考作用。

(2)项目可行性研究阶段的投资估算，是项目投资决策的重要依据，也是研究、分析、计算项目投资经济效果的重要条件。

(3)项目投资估算是方案选择的重要依据，是项目投资决策的重要依据，是确定项目投资水平的依据。

(4)项目投资估算可作为项目资金筹措及制定建设贷款计划的依据，建设单位可根据批准的项目投资估算额，进行资金筹措和向银行申请贷款。

(5)项目投资估算是核算建设项目固定资产投资需要额和编制固定资产投资计划的重要依据。

(6)项目投资估算对工程设计概算起控制作用。也就是可行性研究报告被批准之后，其投资估算额作为设计任务书中下达的投资限额，即作为建设项目投资的最高限额，一般不得随意突破。设计概算不得突破批准的投资估算额，应控制在批准的投资估算额度以内。要求设计者在投资估算额范围内确定设计方案，以便控制项目建设的各项标准。

(7)合理准确的投资估算是实现真正意义的"工程全面造价管理"及工程造价事前管理、主动控制的前提条件。

2.1.2 投资估算的范围与内容

投资估算是在对项目的建设规模、技术方案、设备方案、工程方案及项目进度计划等进行研究并初步确定的基础上，估算项目投入总资金(包括建设投资和流动资金)，并测算建设期内分年资金需要量的过程。进行投资估算，首先要明确投资估算的范围。

投资估算的范围应与项目建设方案设计所确定的研究范围和各单项工程内容相一致。按照《投资项目可行性研究指南》的划分，项目投入总资金由建设投资(含建设期利息)和流动资金两项构成。投资估算时，需对不含建设期利息的建设投资、建设期利息和流动资金各项内容分别进行估算。

1. 投资估算的具体内容

(1)建筑工程费。

(2)设备及工器具购置费。

(3)安装工程费。

(4)工程建设其他费用。

(5)基本预备费。

(6)涨价预备费。

(7)建设期利息。

(8)流动资金。

其中，建筑工程费、设备及工器具购置费、安装工程费和建设期利息在项目交付使用后形成固定资产。

建设项目投资的估算包括固定资产投资估算、无形资产投资估算、其他资产投资估算和流动资金估算几部分。

项目总投资的构成如图 2-1 所示。

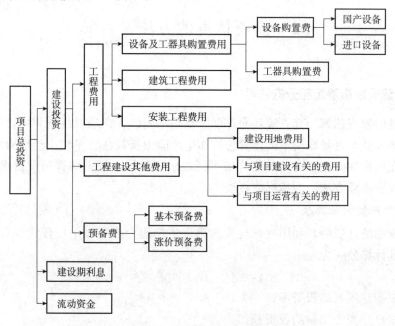

图 2-1 项目总投资的构成

在上述构成中，建设投资部分又可分为静态投资和动态投资两部分。静态投资部分由建筑工程费、设备及工器具购置费、安装工程费、工程建设其他费用、基本预备费构成；动态投资部分由涨价预备费和建设期利息构成。

2. 投资估算的深度与要求

投资项目前期工作可以概括为机会研究、初步可行性研究（项目建议书）、可行性研究和评估四个阶段。由于不同阶段工作深度和掌握的资料不同，投资估算的准确程度也不同。因此在前期工作的不同阶段，允许投资估算的深度和准确度不同。随着工作的进展，项目的逐步明确和细化，投资估算会不断深入，准确度会逐步提高，从而对项目投资起到有效的控制作用。项目前期的不同阶段对投资估算的允许误差率见表 2-1。

表 2-1 投资项目前期的不同阶段对投资估算的允许误差率

序号	投资项目前期阶段	允许投资估算的误差率
1	机会研究阶段	±30% 以内
2	初步可行性研究（项目建议书）阶段	±20% 以内
3	可行性研究阶段	±10% 以内
4	评估阶段	±10% 以内

尽管允许有一定的误差，但是投资估算必须达到以下要求：

(1) 工程内容和费用构成齐全，计算合理，不重复计算，不提高或者降低估算标准，不高估冒算或漏项少算。

(2)选用指标与具体工程之间存在标准或者条件差异时，应进行必要的换算或调整。
(3)投资估算精度应能满足投资项目前期不同阶段的要求。

2.2 投资估算的方法及计算

2.2.1 建设投资静态部分的估算

不同阶段的投资估算，其方法和允许误差都是不同的。在项目规划和项目建议书阶段，投资估算的精度低，可采取简单的计算法，如生产能力指数法、单位生产能力法、比例法、系数法等。在可行性研究阶段尤其是详细可行性研究阶段，投资估算精度要求高，需采用相对详细的投资估算方法，即指标估算法。

1. 单位生产能力估算法

依据调查的统计资料，利用相近规模的单位生产能力投资额乘以建设规模，即得拟建项目投资。其计算公式为

$$C_2 = (C_1/Q_1) \times Q_2 \times f \tag{2-1}$$

式中 C_2——拟建项目的投资额；
 C_1——已建类似项目的投资额；
 Q_2——拟建项目的生产能力；
 Q_1——已建类似项目的生产能力；
 f——新老项目建设间隔内定额、单价、费用变更等的综合调整系数。

这种方法把项目的建设投资与其生产能力的关系视为简单的线性关系，估算结果精确度较差。使用这种方法时要注意拟建项目的生产能力和类似项目的可比性，否则误差很大。

【例 2-1】 已建年产 2 000 t 某化工产品生产项目的静态投资额为 4 000 万元，现拟建年产相同产品 3 000 t 类似项目。若综合调整系数为 1.2，则采用单位生产能力估算法估计拟建项目的静态投资为多少万元。

解： $C_2 = (C_1/Q_1) \times Q \times f = (4\ 000/2\ 000) \times 3\ 000 \times 1.2 = 7\ 200$（万元）

2. 生产能力指数法

生产能力指数法又称指数估算法，是根据已建成的类似项目生产能力和投资额来粗略估算拟建项目投资额的方法，是对单位生产能力估算法的改进。其计算公式为

$$C_2 = (Q_2/Q_1)^x \times f \tag{2-2}$$

式中 x——生产能力指数。

其他符号含义同前。

上式表明造价与规模（或容量）呈非线性关系，且单位造价随工程规模（或容量）的增大而减小。在正常情况下，$0 \leqslant x \leqslant 1$。不同生产率水平的国家和不同性质的项目中，$x$ 的取值是不相同的。

【例 2-2】 已知年产 25 万吨乙烯装置的投资额为 45 000 万元，设生产能力指数为 0.7，综合调整系数为 1.1，试用生产能力指数法估算拟建年产 60 万吨乙烯的投资额。

解： $C_2 = (Q_2/Q_1)^x \times f = 45\ 000 \times (60/25)^{0.7} \times 1.1 = 91\ 359.36$（万元）

3. 系数估算法

系数估算法也称为因子估算法，是以拟建项目的主体工程费或主要设备费为基数，以其他工程费与主体工程费的百分比为系数估算项目总投资的方法。这种方法简单易行，但是精度较低，一般用于项目建议书阶段。系数估算法的种类很多，在我国国内常用的方法有设备系数法和主体专业系数法。朗格系数法是世界银行项目投资估算常用的方法。

4. 比例估算法

比例估算法是根据统计资料，先求出已有同类企业主要设备投资占全厂建设投资的比例，然后估算出拟建项目的主要设备投资，即可按比例求出拟建项目的建设投资。其表达式为

$$I = \frac{1}{K} \sum_{i=1}^{n} Q_i P_i \tag{2-3}$$

式中　I——拟建项目的建设投资；

K——拟建项目主要设备投资占拟建项目投资的比例；

n——设备种类数；

Q_i——第 i 种设备的数量；

P_i——第 i 种设备的单价（到厂价格）。

5. 指标估算法

指标估算法是把建设项目划分为建筑工程、设备安装工程、设备及工器具购置费和其他基本建设费等费用项目或单位工程，再根据各种具体的投资估算指标，进行各项费用项目或单位工程投资的估算，在此基础上，汇总成每一单项工程的投资。另外，估算工程建设其他费用和预备费，即求得建设项目总投资。

(1) 建筑工程费用估算。建筑工程费用是指为建造永久性建筑物和构筑物所需要的费用。

(2) 安装工程费估算。安装工程费通常按行业或专门机构发布的安装工程定额、取费标准和指标估算投资，在参考市场行情的基础上确定，具体可按安装费率、每吨设备安装费或单位安装实物工程量的费用估算，即

$$\text{安装工程费} = \text{设备原价} \times \text{安装费费率} \tag{2-4}$$

$$\text{安装工程费} = \text{设备吨位} \times \text{每吨安装费} \tag{2-5}$$

$$\text{安装工程费} = \text{安装工程实物量} \times \text{安装费用指标} \tag{2-6}$$

(3) 设备及工器具购置费估算。设备购置费根据项目主要设备表及价格、费用资料编制，工器具购置费按设备费的一定比例计取。对于价值高的设备应按单台（套）估算购置费，价值较低的设备可按类估算，国内设备和进口设备应分别估算。设备购置费包括设备原价和设备运杂费，即

$$\text{设备购置费} = \text{设备原价或进口设备抵岸价} + \text{设备运杂费} \tag{2-7}$$

式中，设备原价是指国产标准设备、非标准设备的原价。设备运杂费是指设备原价中未包括的包装和包装材料费、运输费、装卸费、采购费及仓库保管费、供销部门手续费等。如果设备是由设备成套公司供应的，成套公司的服务费也应计入设备运杂费中。

① 国内设备购置费的估算。国产标准设备原价是指设备制造厂的交货价，即出厂价。一般按带备件的出厂价计算；如设备由设备成套公司供应，则应以订货合同为设备原价。

国产非标准设备原价是按成本计算估价法估算的。其主要包括材料费、加工费、辅助

材料费、专用工具费、废品损失费、外购配套件费(不计利润)、包装费、利润、税金、非标准设备设计费。

设备运杂费包括运输费、装卸费、供销手续费和仓库保管费等,一般按运杂费率占设备出厂价的百分比计算。

②进口设备购置费的估算。进口设备如果采用装运港船上交货价(FOB),其抵岸价构成为

$$进口设备抵岸价 = 货价 + 国外运费 + 国外运输保险费 + 银行财务费 + 外贸手续费 + 进口关税 + 增值税 + 消费税 \tag{2-8}$$

其中,进口设备的货价计算公式如下:

$$货价 = 离岸价(FOB) \times 人民币外汇牌价 \tag{2-9}$$

国外运费:我国进口设备大部分采用海洋运输方式,少部分采用铁路运输方式,个别采用航空运输方式。

$$国外运费 = 离岸价 \times 运费费率 \tag{2-10}$$

或

$$国外运费 = 运量 \times 单位运价 \tag{2-11}$$

式中,运费费率或单位运价参照有关部门或进出口公司的规定。计算进口设备抵岸价时,再将国外运费换算为人民币。

国外运输保险费:对外贸易货物运输保险是由保险人(保险公司)与被保险人(出口人或进口人)订立保险契约,在被保险人交付议定的保险费后,保险人根据保险契约的规定对货物在运输过程中发生的承保责任范围内的损失给予经济上的补偿。计算公式为

$$国外运输保险费 = (离岸价 + 国外运费) \times 保险费费率 / (1 - 保险费费率) \tag{2-12}$$

计算进口设备抵岸价时,再将国外运输保险费换算为人民币。

银行财务费:一般指银行手续费。计算公式为

$$银行财务费 = 离岸价 \times 人民币外汇牌价 \times 银行财务费费率 \tag{2-13}$$

银行财务费费率一般为 $0.4\% \sim 0.5\%$。

外贸手续费:是指按商务部规定的外贸手续费费率计取的费用,外贸手续费费率一般取 1.5%。计算公式为

$$外贸手续费 = 进口设备到岸价 \times 人民币外汇牌价 \times 外贸手续费费率 \tag{2-14}$$

$$进口设备到岸价(CIF) = 离岸价 + 国外运费 + 国外运输保险费 \tag{2-15}$$

进口关税:关税是由海关对进出国境的货物和物品征收的一种税,属于流转性课税。计算公式为

$$进口关税 = 到岸价 \times 人民币外汇牌价 \times 进口关税税率 \tag{2-16}$$

增值税:增值税是我国政府对从事进口贸易的单位和个人,在进口商品报关进口后征收的税种。我国增值税条例规定,进口应税产品均按组成计税价格,依税率直接计算应纳税额,不扣除任何项目的金额或已纳税额。即

$$进口产品增值税额 = 组成计税价格 \times 增值税税率 \tag{2-17}$$

$$组成计税价格 = 到岸价 \times 人民币外汇牌价 + 进口关税 + 消费税 \tag{2-18}$$

增值税基本税率为 13%。

消费税:对部分进口产品(如轿车等)征收。计算公式为

$$消费税 = (关税完税价 + 关税) \times 消费税税率 / (1 - 消费税税率) \tag{2-19}$$

【例 2-3】 某拟建项目计划从日本引进某型号数控机床若干台,每台机床质量为 82 t,

离岸价为 8.6 万美元，美元的银行牌价为 6.3 元人民币，数控机床运费费率为 103 美元/t，运输保险费费率按 2.66‰ 计算，进口关税执行最低优惠税率，优惠税率为 10%，增值税税率为 13%，银行财务费为 5‰，外贸手续费为 1.5%，设备运杂费费率为 2%。请对设备进行估价。

解：根据上述各项费用的计算公式，则有

进口设备预算价格＝货价＋国外运费＋运输保险费＋银行财务费＋外贸手续费＋关税＋增值税＋国内运杂费

进口设备货价＝离岸价×人民币外汇牌价＝8.6×6.3＝54.18（万元）

国外运费＝进口设备质量×运费费率＝82×103×6.3＝5.32（万元）

运输保险费＝货价×运输保险费费率＝54.18×2.66‰＝0.14（万元）

银行手续费＝货价×银行财务费费率＝54.18×5‰＝0.27（万元）

外贸手续费＝（离岸价＋国外运费＋运输保险费）×1.5%
＝（54.18＋5.32＋0.14）×1.5%＝0.89（万元）

到岸价(CIF)＝离岸价＋国外运杂费＋运输保险费＝54.18＋5.32＋0.14＝59.64（万元）

进口关税＝到岸价×关税税率＝59.64×10%＝5.964（万元）

增值税＝（到岸价＋进口关税＋消费税）×增值税税率
＝（59.64＋5.964）×13%＝8.53（万元）

进口设备原价＝54.18＋5.32＋0.14＋0.27＋0.89＋5.964＋8.53＝75.294（万元）

设备运杂费＝进口设备原价×运杂费费率＝75.294×2%＝1.5（万元）

进口设备预算价格＝进口设备原价＋设备运杂费＝75.294＋1.5＝76.794（万元）

(4) 工程建设其他费用估算。工程建设其他费用按各项费用科目的费率或者取费标准估算。

(5) 基本预备费估算。预备费包括基本预备费和涨价预备费。基本预备费是指在项目实施中可能发生难以预料的支出，需要预先预留的费用，又称不可预见费，主要指设计变更及施工过程中可能增加工程量的费用。计算公式为

$$\text{基本预备费}＝(\text{工程费用}＋\text{工程建设其他费用})×\text{基本预备费费率} \quad (2\text{-}20)$$

基本预备费费率由工程造价管理机构根据项目特点综合分析后确定。

2.2.2 建设投资动态部分的估算

建设投资动态部分主要包括价格变动可能增加的投资额、建设期利息两部分内容。如果是涉外项目，还应该计算汇率的影响。动态部分的估算应以基准年静态投资的资金使用计划为基础来计算。其中包括涨价预备费和建设期贷款利息的计算。

(1) 涨价预备费。涨价预备费也称价差预备费，是指为在建设期内利率、汇率或价格等因素的变化而预留的可能增加的费用，也称为价格变动不可预见费。涨价预备费的内容包括人工、设备、材料、施工机具的价差费，建筑安装工程费及工程建设其他费用调整，利率、汇率调整等增加的费用。其计算公式为

$$PC=\sum_{t=1}^{n} I_t [(1+f)^t - 1] \quad (2\text{-}21)$$

式中 PC——项目建设期价格变动引起的投资增加额；

n——建设期年份数；

I_t——项目建设期第 t 年的建筑工程费、安装工程费和设备及工器具购置费,即工程费用;

t——项目建设期第 t 年($t=1,2,\cdots,n$);

f——投资价格基期指数。

【例 2-4】 某建设项目静态投资 22 310 万元,建设期为 3 年,各年投资计划额分配比例:第一年完成投资 20%,第二年 55%,第三年 25%。年均投资价格上涨率为 6%,求建设项目建设期间涨价预备费。

解:$PC_1=22\ 310\times20\%\times[(1+6\%)-1]=267.72$(万元)

$PC_2=22\ 310\times55\%\times[(1+6\%)^2-1]=1\ 516.63$(万元)

$PC_3=22\ 310\times25\%\times[(1+6\%)^3-1]=1\ 065.39$(万元)

涨价预备费 $=267.72+1\ 516.63+1\ 065.39=2\ 849.74$(万元)

(2)建设期利息。建设期利息是指项目借款在建设期内发生并计入固定资产的利息。为了简化计算,在编制投资估算时通常假定借款均在每年的年中支用,即当年贷款按半年计息,上年贷款按全年计息,根据不同资金来源及利率分别计算。即

$$Q=\sum_{j=1}^{n}(P_{j-1}+A_j/2)\times i \tag{2-22}$$

式中 Q——建设期利息;

P_{j-1}——建设期第($j-1$)年年末贷款累计金额与利息累计金额之和;

A_j——建设期第 j 年贷款金额;

i——贷款年利率;

n——建设期年数。

【例 2-5】 某新建项目,建设期为 3 年,共向银行贷款 1 300 万元,贷款时间:第 1 年 300 万元,第 2 年 600 万元,第 3 年 400 万元,年利率为 6%,计算建设期利息。

解:在建设期,各年利息计算如下:

第 1 年应计利息 $=1/2\times300\times6\%=9$(万元)

第 2 年应计利息 $=(300+9+1/2\times600)\times6\%=36.54$(万元)

第 3 年应计利息 $=(300+9+600+36.54+1/2\times400)\times6\%=68.73$(万元)

建设期利息总和:$9+36.54+68.73=114.27$(万元)

2.2.3 流动资金估算方法

流动资金是指生产经营性项目投产后,为进行正常生产运营,用于购买原材料、燃料、支付工资及其他经营费用等所需的周转资金。流动资金估算一般采用分项详细估算法,个别情况或者小型项目可采用扩大指标法。

1. 分项详细估算法

流动资金的显著特点是在生产过程中不断周转,其周转额的大小与生产规模及周转速度直接相关。分项详细估算法是根据周转额与周转速度之间的关系,对构成流动资金的各项流动资产和流动负债分别进行估算。在可行性研究中,为简化计算,仅对存货、现金、应收账款和应付账款四项内容进行估算,计算公式为

$$流动资金=流动资产-流动负债 \tag{2-23}$$
$$流动资产=应收账款+预付账款存货+现金 \tag{2-24}$$

$$\text{流动负债} = \text{应付账款} + \text{预收账款} \tag{2-25}$$

$$\text{流动资金本年增加额} = \text{本年流动资金} - \text{上年流动资金} \tag{2-26}$$

估算的具体步骤，首先计算各类流动资产和流动负债的年周转次数，然后分项估算占用资金额。

(1)周转次数计算。周转次数是指流动资金的各个构成项目在一年内完成多少个生产过程。周转次数可用一年天数(通常按360天计算)除以流动资金的最低周转天数计算，则各项流动资金年平均占用额度为流动资金的年周转额度除以流动资金的年周转次数。即

$$\text{周转次数} = 360/\text{流动资金最低周转天数} \tag{2-27}$$

存货、现金、应收账款和应付账款的最低周转天数，可参照同类企业的平均周转天数并结合项目特点确定。又因为周转次数可以表示为流动资金的年周转额除以各项流动资金年平均占用额度，所以

$$\text{各项流动资金年平均占用额} = \text{流动资金年周转额}/\text{周转次数} \tag{2-28}$$

(2)应收账款估算。应收账款是指企业对外销售商品、提供劳务尚未收回的资金，计算公式为

$$\text{应收账款} = \text{年经营成本}/\text{应收账款周转次数} \tag{2-29}$$

(3)预付账款估算。预付账款是指企业为购买各类材料、半成品或服务所预先支付的款项，计算公式为

$$\text{预付账款} = \text{外购商品或服务年费用金额}/\text{预付账款周转次数} \tag{2-30}$$

(4)存货估算。存货是指企业在日常生产经营过程中持有以备出售，或者仍然处在生产过程，或者在生产或提供劳务过程中将消耗的材料或物料等，包括各类材料、商品、在产品、半成品和产成品等。为简化计算，项目评价中仅考虑外购原材料、燃料、其他材料、在产品和产成品，并分项进行计算。计算公式为

$$\text{存货} = \text{外购原材料、燃料} + \text{其他材料在产品} + \text{产成品} \tag{2-31}$$

$$\text{外购原材料、燃料} = \text{年外购原材料、燃料费用}/\text{分项周转次数} \tag{2-32}$$

$$\text{其他材料} = \text{年其他材料费用}/\text{其他材料周转次数} \tag{2-33}$$

$$\text{在产品} = (\text{年经营成本} - \text{年营业费用})/\text{产成品周转次数} \tag{2-34}$$

其他制造费用是指由制造费用中扣除生产单位管理人员工资及福利费、折旧费、修理费后的其余部分。

(5)现金需要量估算。项目流动资金中的现金是指为维持正常生产运营必须预留的货币资金，计算公式为

$$\text{现金需要量} = (\text{年工资及福利费} + \text{年其他费用})/\text{现金周转次数} \tag{2-35}$$

年其他费用 = 制造费用 + 管理费用 + 营业费用 −
(以上三项费用中所含的工资及福利费、折旧费、摊销费、修理费)

(6)流动负债估算。流动负债是指将在一年(含一年)或者超过一年的一个营业周期内偿还的债务，包括短期借款、应付票据、应付账款、预收账款、应付工资、应付福利费、应付股利、应交税金、其他暂收应付款项、预提费用和一年内到期的长期借款等。在项目评价中，流动负债的估算可以只考虑应付账款和预收账款两项。计算公式为

$$\text{应付账款} = \text{外购原材料、燃料及其他材料年费用}/\text{应付账款周转次数} \tag{2-36}$$

$$\text{预收账款} = \text{预收的营业收入年金额}/\text{预收账款周转次数} \tag{2-37}$$

2. 扩大指标估算法

扩大指标估算法是指根据现有同类企业的实际资料，求得各种流动资金率指标，也可依据行业或部门给定的参考值或经验确定比率，将各类流动资金率乘以相对应的费用基数来估算流动资金。一般常用的基数有销售收入、经营成本、总成本费用和固定资产投资等，究竟采用何种基数依行业习惯而定。扩大指标估算法简便易行，但准确度不高，适用项目建议书阶段的估算。扩大指标估算法计算流动资金的公式为

$$年流动资金额 = 年费用基数 \times 各类流动资金率 \qquad (2-38)$$

$$年流动资金额 = 年产量 \times 单位产品产量占用流动资金额 \qquad (2-39)$$

2.3 费用与成本

2.3.1 费用与成本的关系

1. 企业支出的类别

支出是一个会计主体各项资产的流出，也就是会计主体的一切开支及耗费。会计主体的支出可分为资本性支出、收益性支出、营业外支出及利润分配支出四大类。

(1)资本性支出：资本性支出是指某项效益基于几个会计年度（或几个营业周期）的支出，如企业购置和建造固定资产、无形资产及其他资产的支出，长期投资支出等，对于这类支出在会计核算中应予以资本化，形成相应的资产。

(2)收益性支出：收益性支出是指某项效益仅基于本会计年度（或一个营业周期）的支出，这种支出应在一个会计期间内确认为费用，如企业生产经营所发生的外购材料、支付工资及其他支出，以及发生的管理费用、销售费用（营业费用）、财务费用等；另外，生产经营过程中所缴纳的税金、有关费用等也包括在收益性支出内，它是企业得以存在并持续经营的必要的社会性支出。

(3)营业外支出：营业外支出是指不属于会计主体生产经营支出，与会计主体生产经营活动没有直接的关系，但应从会计主体实现的利润总额中扣除的支出，包括债务重组损失、罚款支出、捐赠支出、非常损失（指自然灾害造成的各项资产净损失如地震损失等，还包括由此造成的停工损失和善后清理费用）、计提无形资产、固定资产和在建工程的减值准备、固定资产盘亏、固定资产清理净损失、出售无形资产净损失等。

(4)利润分配支出：利润分配支出是指在利润分配环节发生的支出，如股利分配支出等。

2. 费用及其特点

在财务会计中，费用属于会计主体的收益性支出，即会计主体为生产和销售商品或提供劳务发生的，且其作用和效益仅基于本会计年度（或一个营业周期）的支出。它是会计主体在生产和销售商品、提供劳务等日常经济活动中所发生的，会导致所有者权益减少的，与向所有者分配利润无关的经济利益的总流出。费用具有以下特点：

(1)费用是企业日常活动中发生的经济利益的流出，而不是偶发的。不是日常活动发生的经济利益的流出称为损失（营业外支出）。

(2)费用可能表现为资产的减少，或负债的增加，或者兼而有之。费用本质上是一种企

业资源的流出,是资产的耗费,其目的是取得收入。

(3)费用将引起所有者权益的减少,但与向企业所有者分配利润时的支出无关。向企业所有者分配利润只是表明所有者权益留在企业还是支付给企业所有者,而费用会导致企业所有者权益减少。

(4)费用只包括本企业经济利益的流出,而不包括为第三方或客户代付的款项及偿还债务支出,并且经济利益的流出能够可靠计量。

3. 费用的分类

费用按不同的分类标准,有不同的分类方法。如:费用按经济内容和性质进行分类,可按照形成生产力三要素分为购置劳动对象(生产活动加以改造加工的对象,如原材料、半成品、构配件等)的费用、购建劳动资料(劳动资料是劳动者用以影响和改变劳动对象的一切物质资料的总和,包括生产工具、建筑物、道路、运河、仓库、机器、设备等)的费用和支付职工薪酬的费用;从会计核算的角度,费用按经济用途分为生产费用和期间费用两类,两类费用会计核算的处理过程不同。

(1)计入产品成本的生产费用。生产费用是指为生产产品(或提供劳务)而发生的、与产品生产(或提供劳务)直接相关的费用。在会计核算中,生产费用首先应根据其具体用途计入相应成本核算对象的成本项目,会计期末根据其所处生产阶段计入产成品、在产品等,并据以编制财务报表。会计核算程序:费用确认和计量→根据费用具体用途和成本项目记账(生产成本项目)→会计期末(如月末资产负债表日)根据成本费用核算对象(费用受益对象)和权责发生制汇总结转产品成本→编制利润表、资产负债表等财务报表(其中已销售产品成本结转利润表中营业成本)。

(2)直接计入当期损益的期间费用。期间费用是为生产产品(或提供劳务)提供正常的条件和进行管理的需要,而与产品的生产本身并不直接相关的费用。工业企业的期间费用包括管理费用、销售费用(营业费用)、财务费用。期间费用的会计核算程序:费用确认和计量→根据具体用途记账(登记账簿)→会计期末(如月末资产负债表日)汇总结转利润表。

计入产品成本的生产费用和期间费用会计处理的区别如图 2-2 所示。

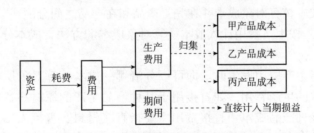

图 2-2 生产费用和期间费用的区别

需要明确的是,费用分为生产费用和期间费用的依据是费用的经济用途而不是费用的性质。如生产车间生产工人的薪酬属于生产费用中的直接人工费,生产车间管理人员薪酬属于生产费用中的制造费用;而企业管理人员薪酬属于期间费用。又如:生产车间办公费属于生产费用中的制造费用,而企业总部办公费用属于期间费用中的管理费用。

4. 成本的形成和分类

成本是针对成本核算对象而言的,即生产费用按一定方法和规则计入成本核算对象以后,形成成本,所以成本是费用的一种转化形式,是可以对象化的费用,费用的发生是成本计算的前提与基础。

(1)成本的形成过程。将生产费用对象化为成本的过程中,为了提供产品(或劳务)成本构成情况的资料,对计入产品成本的生产费用的各种用途,还应将其进一步划分为若干个项目,称为产品生产成本项目(简称成本项目)。如:工业企业生产成本项目一般分为原材料、燃料及动力费,工资及福利费,制造费用;会计期末(如月末资产负债表日)应将确认为本期(权责发生制)的生产成本项目按照成本核算对象进行归集和分配,以计算产品生产成本;为满足分期核算损益、编制会计报表等需要,产品生产成本应进一步按完工产品和在产品进行归集和分配,其中已销售的完工产品成本还应结转利润表中营业成本。以材料成本项目为例的成本形成过程如图 2-3 所示。

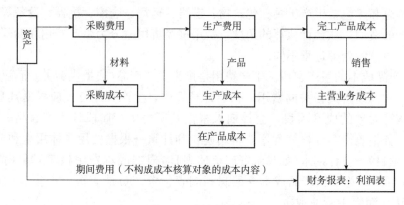

图 2-3 成本形成过程

成本核算(生产费用对象化为成本)基本程序如下:
①确定成本核算对象,设置生产成本明细账。
②对生产费用进行确认和计量。
③将应计入本期的生产费用计入相应成本核算对象。
④期末归集各成本核算对象成本并在完工产品和在产品之间分配。

(2)成本的分类。按生产费用计入成本核算对象成本的方法,成本分为直接费用和间接费用。

①直接费用是指生产费用发生时,即可以分清哪一成本核算对象所耗用,从而能直接计入该成本核算对象的生产费用。如直接用于某种产品生产的原材料费用,可以根据有关的领料单直接计入该种产品成本。直接费用主要指直接材料、直接人工。直接材料是指企业生产产品和提供劳务的过程中所消耗的、直接用于产品生产、构成产品实体的原材料、主要材料、外购半成品以及有助于产品形成的辅助材料等。直接人工是指企业在生产产品和提供劳务过程中,直接从事产品的生产的工人的工资、津贴、补贴和福利费等。

②间接费用是指生产费用发生时,不能直接归属于某一成本核算对象,而必须按照一定标准分配后才能计入相关成本核算对象成本的生产费用。如生产部门管理人员的工资、福利费,为几种产品同时加工零件的生产设备折旧费等。在制造成本法下,制造费用是最主要的间接费用,它核算企业为生产产品和提供劳务而发生的各项间接费用,包括车间管理人员的工资和福利费、折旧费、修理费、办公费、水电费、机物料消耗、劳动保护费等。需要注意的是,间接费用具有管理费用性质,但不属于管理费用。管理费用是进行整个企

业的经营管理发生的费用；制造费用是车间管理层进行产品生产管理发生的费用。

2.3.2 工程成本的确认和费用计量

1. 工程成本的确认

成本是对象化了的生产费用，所以工程成本确认本质上是施工费用的确认。我国《企业会计准则——基本准则》规定，"费用只有在经济利益很可能流出从而导致企业资产减少或者负债增加，且经济利益的流出额能够可靠计量时才能予以确认"，这是费用确认的基本标准。但由于工程施工周期较长，收入和成本确认比较特殊，应当采用合理方式确认工程成本。

2. 施工费用的计量

(1)施工费用的构成。首先需要明确的是，施工费用的构成和计量以及工程成本核算是站在施工企业会计核算的角度展开的，不同于确定工程造价时的建筑安装工程费用组成，后者是进行招标投标、结算工程价款的依据。

施工企业承建的工程项目，是按照与建设单位签订的建造合同组织生产的。施工企业在生产经营过程中，必然要发生各种各样的资金耗费，如领用材料、支付职工薪酬，发生固定资产损耗等。施工企业在一定时期内从事工程施工、提供劳务等发生的各种耗费称为生产费用，将这些生产费用按一定的对象进行分配和归集，就形成了工程成本。

工程成本是建筑安装企业在工程施工过程中发生的，按一定成本核算对象归集的生产费用总和，包括直接费用和间接费用两部分。直接费用是指直接耗用于施工过程，构成工程实体或有助于工程形成的各项支出，包括人工费、材料费、机械使用费和其他直接费用；间接费用是指施工企业所属各直接从事施工生产的单位（如施工队、项目部等）为组织和管理施工生产活动所发生的各项费用。

施工直接费用在发生时即明确其受益对象，发生时直接计入合同成本，其计量在此不讨论。这里主要讨论间接费用、固定资产、无形资产等需要分摊计量的费用。

(2)间接费用分摊。间接费用是施工企业所属各直接从事施工生产的单位为组织和管理施工生产活动所发生的各项费用，当施工企业所属直接从事施工生产的单位组织和管理多个成本核算对象时，应将其间接费用合理分摊计入合同成本。间接费用一般按各成本核算对象直接费用的百分比（水电安装工程、设备安装工程按人工费的百分比）进行分配；或者按各成本核算对象间接费用定额加权分配。

(3)固定资产折旧。固定资产折旧既指固定资产在使用过程中会逐渐损耗的现象，也指固定资产在使用过程中因逐渐损耗而转移到产品成本或商品流通费的那部分价值（管理费用中的折旧不在此讨论），是固定资产价值的一种补偿方式。通过折旧计入产品成本或商品流通费的那部分固定资产转移价值，称为"折旧费"。在会计上，折旧就是指在固定资产折旧年限内，按照确定的方法对应计折旧额进行系统分摊。应计折旧额是固定资产的原价扣除其预计净残值后的金额。已计提减值准备的固定资产，还应当扣除已计提的固定资产减值准备累计金额。

①固定资产原价。固定资产应当按照成本进行初始计量。外购固定资产的成本，包括购买价款、相关税费、使固定资产达到预定可使用状态前所发生的可归属于该项资产的运输费、装卸费、安装费和专业人员服务费等。以一笔款项购入多项没有单独标价的固定资

产，应当按照各项固定资产公允价值比例对总成本进行分配，分别确定各项固定资产的成本；自行建造固定资产的成本，由建造该项资产达到预定可使用状态前所发生的必要支出构成；投资者投入固定资产的成本，应当按照投资合同或协议约定的价值确定，但合同或协议约定价值不公允的除外。确定固定资产成本时，应当考虑预计弃置费用因素。

②预计净残值。企业应当根据固定资产的性质和使用情况，合理确定固定资产的折旧年限和预计净值。固定资产折旧年限是计提折旧的时间长短，应根据固定资产使用寿命合理确定，企业在实际计提固定资产折旧时，当月增加的固定资产，当月不计提折旧，从下月起计提折旧；当月减少的固定资产，当月计提折旧，从下月起不计提折旧。预计净残值，是指假定固定资产预计使用寿命已满并处于使用寿命终了时的预期状态，企业目前从该项资产处置中获得的扣除预计处置费用后的金额。固定资产的折旧年限、预计净残值一经确定，不得随意变更。但企业至少应当于每年年度终了，对固定资产的使用寿命、预计净残值和折旧方法进行复核。

使用寿命预计数与原先估计数有差异的，应当调整固定资产使用寿命。预计净残值预计数与原先估计数有差异的，应当调整预计净残值。

③固定资产使用寿命和折旧年限。企业确定固定资产使用寿命，应当考虑下列因素：

a. 预计生产能力或实物产量；

b. 预计有形损耗和无形损耗；

c. 法律或者类似规定对资产使用的限制。

《中华人民共和国企业所得税法实施条例》规定：除国务院财政、税务主管部门另有规定外，固定资产计算折旧的最低年限如下：房屋、建筑物，为20年；飞机、火车、轮船、机器、机械和其他生产设备，为10年；与生产经营活动有关的器具、工具、家具等，为5年；飞机、火车、轮船以外的运输工具，为4年；电子设备，为3年。

3. 固定资产折旧方法

企业应当根据与固定资产有关的经济利益的预期实现方式，合理选择固定资产折旧方法，但不应以包括使用固定资产在内的经济活动所产生的收入为基础进行折旧。可选用的折旧方法包括年限平均法、工作量法、双倍余额递减法和年数总和法等。

(1)年限平均法。年限平均法是指将固定资产按预计使用年限(折旧年限，下同)平均计算折旧均衡地分摊到各期的一种方法。采用这种方法计算的每期(年、月)折旧额都是相等的。在不考虑减值准备的情况下，其计算公式如下：

$$年折旧率 = \frac{(1-预计净残值率)}{预计使用年限} \times 100\% \qquad (2\text{-}40)$$

$$月折旧率 = 年折旧率/12 \qquad (2\text{-}41)$$

$$月折旧额 = 固定资产原价 \times 月折旧率$$

上述计算的折旧率是按个别固定资产单独计算的，称为个别折旧率，即某项固定资产在一定期间的折旧额与该固定资产原价的比率。通常，企业按分类折旧来计算折旧率，计算公式如下：

$$某类固定资产年折旧额 = (某类固定资产原值 - 预计残值 + 清理费用)/$$
$$该类固定资产的使用年限 \qquad (2\text{-}42)$$

$$某类固定资产月折旧额 = 某类固定资产年折旧额/12 \qquad (2\text{-}43)$$

$$某类固定资产年折旧率 = 该类固定资产年折旧额/该类固定资产原价 \times 100\% \qquad (2\text{-}44)$$

采用分类折旧率计算固定资产折旧,计算方法简单,但准确性不如个别折旧率。

采用平均年限法计算固定资产折旧虽然简单,但也存在一些局限性。例如,固定资产在不同使用年限提供的经济效益不同,平均年限法没有考虑这一因素。又如,固定资产在不同使用年限发生的维修费用也不一样,平均年限法也没有考虑这一因素。

因此,只有当固定资产各期的负荷程度相同,各期应分摊相同的折旧费时,采用平均年限法计算折旧才是合理的。

【例2-6】 通用机械设备的资产原值为2 500万元,折旧年限为10年,净残值率为5%,请按平均年限法计算折旧额。

解: 年折旧额:

年折旧率 $=(1-5\%)/10\times100\%=9.5\%$

年折旧额 $=2\ 500\times9.5\%=237.5$(万元)

(2)工作量法。工作量法是按照固定资产预计可完成的工作量计提折旧额的一种方法。不考虑减值准备,工作量折旧的基本计算公式如下:

$$单位工作量年折旧额=\frac{原值\times(1-预计净残值率)}{预计总工作量} \quad (2\text{-}45)$$

$$某项固定资产月折旧额=该项固定资产当月工作量\times单位工作量折旧额 \quad (2\text{-}46)$$

施工企业常用的工作量法有以下两种方法:

①行驶里程法。行驶里程法是按照行驶里程平均计算折旧的方法。它适用车辆、船舶等运输设备计提折旧。其计算公式如下:

$$单位里程年折旧额=\frac{原值\times(1-预计净残值率)}{总行驶里程} \quad (2\text{-}47)$$

某项固定资产月折旧额=该项固定资产当月行驶里程×单位里程折旧额

②工作台班法。工作台班法是按照工作台班数平均计算折旧的方法。它适用于机器、设备等计提折旧。其计算公式如下:

$$每工作台班折旧额=\frac{原值\times(1-预计净残值率)}{总工作台班} \quad (2\text{-}48)$$

某项固定资产月折旧额=该项固定资产当月工作台班×每工作台班折旧额

【例2-7】 某公司有货运卡车一辆,原值为150 000元,预计净残值率为5%,预计总行驶里程为600 000 km,当年行驶里程为60 000 km,请问该项固定资产的年折旧额为多少?

解: 单位里程折旧额 $=150\ 000\times(1-5\%)/600\ 000=0.237\ 5$(元/km)

年折旧额 $=600\ 000\times0.237\ 5=142\ 500$(元)

(3)双倍余额递减法。双倍余额递减法,是在固定资产使用年限最后两年之前的各年,不考虑固定资产预计净残值的情况下,根据每年年初固定资产净值和双倍的年限平均法折旧率计算固定资产折旧额,而在最后两年按年限平均法计算折旧额的一种方法。采用这种方法,固定资产账面余额随着折旧的计提逐年减少,而折旧率不变,因此,各期计提的折旧额必然逐年减少。双倍余额递减法是加速折旧的方法,是在不缩短折旧年限和不改变净残值率的情况下,改变固定资产折旧额在各年之间的分布,在固定资产使用前期提取较多的折旧,而在使用后期则提取较少的折旧。

$$年折旧额=\frac{2}{折旧年限}\times100\% \quad (2\text{-}49)$$

$$\text{月折旧率} = \text{年折旧率}/12 \tag{2-50}$$

$$\text{月折旧额} = \text{固定资产账面净值} \times \text{月折旧率} \tag{2-51}$$

这种方法没有考虑固定资产的残值收入,因此不能使固定资产的账面折余价值降低到它的预计残值收入以下,即实行双倍余额递减法计提折旧的固定资产,应当在其固定资产折旧年限到期的最后两年或者当采用直线法的折旧额大于等于双倍余额递减法的折旧额时,将固定资产账面净值扣除预计净残值后的余额平均摊销。

【例 2-8】 某企业一固定资产的原价为 10 000 元,预计使用年限为 5 年,预计净残值 200 元,请按双倍余额递减法计算折旧,求年折旧额。

解:双倍余额年折旧率 $= 2/5 \times 100\% = 40\%$

第 1 年应提的折旧额 $= 10\,000 \times 40\% = 4\,000$(元)

第 2 年应提的折旧额 $= (10\,000 - 4\,000) \times 40\% = 2\,400$(元)

第 3 年应提的折旧额 $= (6\,000 - 2\,400) \times 40\% = 1\,440$(元)

从第 4 年起改按平均年限法(直线法)计提折旧。

第 4、5 年的年折旧额 $= (10\,000 - 4\,000 - 2\,400 - 1\,440 - 200)/2 = 980$(元)

(4) 年数总和法。年数总和法是将固定资产的原值减去净残值后的净额乘以一个逐年递减的分数(折旧率)计算每年折旧额的一种方法。逐年递减分数的分子为该项固定资产年初时尚可使用的年数,分母为该项固定资产使用年数的逐年数字总和,假设使用年限为 N 年,分母即为 $1+2+3+\cdots+N=N(N+1)/2$。这个分数因逐年递减,为一个变量。而作为计提折旧依据的固定资产原值和净残值则各年相同,所以,采用年数总和法计提折旧,各年提取的折旧额必然逐年递减,因此也是一种加速折旧的方法。其计算公式如下:

$$\text{年折旧率} = \text{尚可使用年限}/\text{预计使用年限折数总和} \tag{2-52}$$

或

$$\text{年折旧率} = \frac{\text{折旧年限} - \text{已使用年限}}{\text{折旧年限} \times (1 + \text{折旧年限}) \div 2} \times 100\% \tag{2-53}$$

$$\text{月折旧率} = \text{年折旧率}/12 \tag{2-54}$$

$$\text{月折旧额} = (\text{固定资产原值} - \text{预计净残值}) \times \text{月折旧率} \tag{2-55}$$

【例 2-9】 某固定资产原值为 50 000 元,预计使用年限为 5 年,预计净残值为 2 000 元,计算年折旧额。

解:第 1 年折旧额:$(50\,000 - 2\,000) \times 5/15 = 16\,000$(元)

第 2 年折旧额:$(50\,000 - 2\,000) \times 4/15 = 12\,800$(元)

第 3 年折旧额:$(50\,000 - 2\,000) \times 3/15 = 9\,600$(元)

第 4 年折旧额:$(50\,000 - 2\,000) \times 2/15 = 6\,400$(元)

第 5 年折旧额:$(50\,000 - 2\,000) \times 1/15 = 3\,200$(元)

企业应当对所有固定资产计提折旧。但是,已提足折旧仍继续使用的固定资产和单独计价入账的土地除外。

4. 无形资产摊销

无形资产又称"无形固定资产",是指不具有实物形态,而以某种特殊权利、技术知识、素质、信誉等价值形态存在于企业并对企业长期发挥作用的资产,如专利权、非专利技术、租赁权、特许营业权、版权、商标权、商誉、土地使用权等。无形资产属于企业的长期资产,能在较长的时间里给企业带来效益。企业应将入账的无形资产的价值在一定年限内摊销,其摊销金额计入管理费用,并同时冲减无形资产的账面价值。

无形资产摊销包括摊销期、摊销方法和应摊销金额的确定。

企业应当于取得无形资产时分析判断其使用寿命。无形资产的使用寿命为有限的，应当估计该使用寿命的年限或者构成使用寿命的产量等类似计量单位数量；无法预见无形资产为企业带来经济利益期限的，应当视为使用寿命不确定的无形资产。

对于使用寿命不确定的无形资产不需要摊销，但每年应进行减值测试。使用寿命有限的无形资产，其应摊销金额应当在使用寿命内系统合理摊销。企业摊销无形资产，应当自无形资产可供使用时起，至不再作为无形资产确认时止。其中，无形资产的应摊销金额为其成本扣除预计残值后的金额。已计提减值准备的无形资产，还应扣除已计提的无形资产减值准备累计金额。使用寿命有限的无形资产，其残值应当视为零，但下列情况除外：有第三方承诺在无形资产使用寿命结束时购买该无形资产；可以根据活跃市场得到预计残值信息，并且该市场在无形资产使用寿命结束时很可能存在。

无形资产摊销存在多种方法，包括直线法、生产总量法等，其原理类似固定资产折旧。企业选择的无形资产摊销方法，应当反映与该无形资产有关的经济利益的预期实现方式。无法可靠确定预期实现方式的，应当采用直线法摊销。

无形资产应当按照成本进行初始计量。外购无形资产的成本，包括购买价款、相关税费以及直接归属于使该项资产达到预定用途所发生的其他支出；投资者投入无形资产的成本，应当按照投资合同或协议约定的价值确定，但合同或协议约定价值不公允的除外；非货币性资产交换、债务重组、政府补助和企业合并取得的无形资产的成本，应按相应会计准则确定。

企业至少应当于每年年度终了，对使用寿命有限的无形资产的使用寿命及摊销方法进行复核。无形资产的使用寿命及摊销方法与以前估计不同的，应当改变摊销期限和摊销方法。

2.3.3 工程成本的结算方法

工程成本是对象化了的施工费用，并在收入实现时结转成本。因此，工程成本的结算方法一般应根据工程价款的结算方式来确定。建筑安装工程价款结算，可以采取按月结算、分段结算、竣工后一次结算，或按双方约定的其他方式结算。

1. 工程成本竣工结算法

工程成本竣工结算法，是以合同工程为对象归集施工过程中发生的施工费用，在工程竣工后按照所归集的全部施工费用，结算该项工程的实际成本总额。

实行竣工后一次结算工程价款办法的工程，施工企业所属各施工单位平时应按月将该工程实际发生的各项施工费用及时登记。在工程竣工以前，归集的自开工起至本月末止的施工费用累计额，即为该项工程的未完工程（或在建工程）实际成本。工程竣工后，在清理施工现场、盘点剩余材料和残次材料、及时办理退库手续、冲减工程成本后，归集的自开工起至竣工止的施工费用累计总额，就是竣工工程的实际成本。

2. 工程成本月份结算法

工程成本月份结算法，是在按单位工程归集施工费用的基础上，逐月定期地结算单位工程的已完工程实际成本。也就是既要以建造合同为对象，于工程竣工后办理单位工程成本结算，又要按月计算单位工程中已完分部分项工程成本（这里的已完工程是指已完成的分部分项工程），办理工程成本中间结算。

3. 工程成本分段结算法

实行分段结算办法的合同工程，已完工程实际成本的计算原理，与上述月份结算法相似。所不同的是，其已完工程是指到合同约定的结算部位或阶段时已完成的工程阶段或部位，未完工程是指未完成的工程阶段或部位，不像月份结算法定期进行。

需要说明的是，工程成本的结算期虽然有上述按月、分段及竣工后结算方式，但无论定期或不定期结算已完工程成本，当月发生的施工费用必须在会计月末按照成本核算对象和成本项目进行归集与分配，以便及时掌握生产费用的发生情况和成本动态。同时，《中华人民共和国企业所得税法实施条例》规定：从事建筑、安装、装配工程业务或者提供其他劳务等，持续时间超过12个月的，按照纳税年度内完工进度或者完成的工作量确认收入的实现。《企业会计准则——基本准则》规定："企业为生产产品、提供劳务等发生的可归属于产品成本、劳务成本等的费用，应当在确认产品销售收入、劳务收入等时，将已销售产品、已提供劳务的成本等计入当期损益。"因此，成本结算还应考虑税收规定或合同约定要求。

2.4 建设工程投资估算实例

某公司拟投资建设一个化工厂。该工程项目的基础数据如下：

(1)项目实施计划：该项目建设期为3年，实施计划进度为：第1年完成项目全部投资的20%，第2年完成项目全部投资的55%，第3年完成项目全部投资的25%，第4年全部投产，投产当年项目的生产负荷达到设计生产能力的70%，第5年项目的生产负荷达到设计生产能力的90%，第6年项目的生产负荷达到设计生产能力的100%，项目的运营期总计为15年。

(2)建设投资估算：该项目工程费的估算额为52 180万元，工程建设其他费为4 000万元，预备费为5 000万元。

(3)建设资金来源：本项目的资金来源为自有资金和贷款。贷款总额为40 000万元，其中外汇贷款为2 300万美元。外汇牌价为1美元兑换6.2元人民币。人民币贷款的年利率为12.48%（按季计息）。外汇贷款年利率为8%（按年计息）。

(4)生产经营费用估计：工程项目达到设计生产能力以后，全厂定员为1 100人，工资和福利费按照每人每年7 200元估算。每年的其他费用为860万元（其中：其他制造费用为660万元）。年外购原材料、燃料及动力费估算为19 200万元。年经营成本为21 000万元，年修理费占年经营成本10%。各项流动资金的最低周转天数分别为：应收账款30天，现金40天，应付账款30天，存货40天。

需完成如下建设投资估算：
①估算建设期利息。
②用分项详细估算法估算项目的流动资金。
③估算项目的总投资。
④将数据填入建设项目固定资产投资估算表。

解：
①估算建设期利息。
建设期贷款利息计算。
人民币贷款实际利率计算。
实际利率 $i=(1+r/m)^m-1=(1+12.48\%/4)^4-1=13.08\%$

每年投资的本金数额计算。

人民币部分：贷款总额＝40 000－2 300×6.2＝25 740(万元)

第1年：25 740×20％＝5 148(万元)

第2年：25 740×55％＝14 157(万元)

第3年：25 740×25％＝6 435(万元)

美元部分：贷款总额＝2 300(万美元)

第1年：2 300×20％＝460(万美元)

第2年：2 300×55％＝1 265(万美元)

第3年：2 300×25％＝575(万美元)

每年应计利息计算。

每年应计利息＝(年初借款本利累计额＋本年借款额÷2)×年实际利率

人民币建设期贷款利息计算：

第1年利息＝(0＋5 148÷2)×13.08％＝336.68(万元)

第2年利息＝(5 148＋336.68＋14 157÷2)×13.08％＝1 643.26(万元)

第3年利息＝(5 148＋336.68＋14 157＋1 643.26＋6 435÷2)×13.08％＝3 204.92(万元)

人民币贷款利息合计＝336.68＋1 643.26＋3 204.92＝5 184.86(万元)

外币贷款利息计算：

第1年利息＝(0＋460÷2)×8％＝18.40(万美元)

第2年利息＝(460＋18.40＋1 265÷2)×8％＝88.87(万美元)

第3年利息＝(460＋18.40＋1 265＋88.87＋575÷2)×8％＝169.58(万美元)

外币贷款利息合计＝18.40＋88.87＋169.58＝276.85(万美元)

建设期贷款利息总计＝5 184.86＋276.85×6.2＝6 901.33(万元)

②估算项目的流动资金。

应收账款＝年经营成本÷年周转次数
　　　　＝21 000÷(360÷30)＝1 750(万元)

现金＝(年工资福利费＋年其他费用)÷年周转次数
　　＝(1 100×0.72＋860)÷(360÷40)＝183.56(万元)

存货：

外购原材料、燃料＝年外购原材料、燃料动力费÷年周转次数
　　　　　　　　＝19 200÷(360÷40)＝2 133.33(万元)

在产品＝(年工资福利费＋年其他制造费用＋年外购原材料、燃料动力费＋年修理费)÷
　　　　年周转次数
　　　＝(1 100×0.72＋660＋19 200＋21 000×10％)÷(360÷40)＝2 528(万元)

产成品＝年经营成本÷年周转次数
　　　＝21 000÷(360÷40)＝2 333.33(万元)

存货＝2 133.33＋2 528＋2 333.33＝6 994.66(万元)

流动资产＝应收账款＋现金＋存货
　　　　＝1 750＋183.56＋6 994.66＝8 928.22(万元)

应付账款＝年外购原材料、燃料动力费÷年周转次数＝19 200÷(360÷30)＝1 600(万元)

流动负债＝应付账款＝1 600万元

流动资金＝流动资产－流动负债＝8 928.22－1 600＝7 328.22(万元)

③估算项目的总投资。

项目总投资估算额＝建设投资＋流动资金
$$= (工程费＋工程建设其他费＋预备费＋建设期利息)＋流动资金$$
$$= (52\ 180＋4\ 000＋5\ 000＋6\ 901.33)＋7\ 328.22$$
$$= 68\ 081.33＋7\ 328.22＝75\ 409.55(万元)$$

拟建某工业建设项目，各项数据如下：

主要生产项目19 100万元(其中：建筑工程费8 800万元，设备购置费9 600万元，安装工程费700万元)。

辅助生产项目9 700万元(其中：建筑工程费3 900万元，设备购置费5 400万元，安装工程费400万元)。

公用工程4 200万元(其中：建筑工程费2 320万元，设备购置费1 660万元，安装工程费220万元)。

环境保护工程9 800万元(其中：建筑工程费3 800万元，设备购置费5 300万元，安装工程费700万元)。

总图运输工程830万元(其中：建筑工程费550万元，设备购置费280万元)。

服务性工程建筑工程费5 600万元。

生活福利工程建筑工程费2 200万元。

厂外工程建筑工程费750万元。

工程建设其他费用4 000万元。

④将数据填入建设项目固定资产投资估算表。

建设项目固定资产投资估算汇总表见表2-2。

表2-2　建设项目固定资产投资估算　　　　　　　　　　　　万元

序号	工程或费用名称	估算价值					投资比例/%
		建筑工程费	设备及工器具购置费	安装工程费	其他费用	合计	
1	工程费用	27 920	22 240	2 020		52 180	80.24
1.1	主要生产项目	8 800	9 600	700		19 100	
1.2	辅助生产项目	3 900	5 400	400		9 700	
1.3	公用项目	2 320	1 660	220		4 200	
1.4	环保项目	3 800	5 300	700		9 800	
1.5	总图服务费	550	280			830	
1.6	服务性工程	5 600				5 600	
1.7	生活福利工程	2 200				2 200	
1.8	厂外工程	750				750	
2	工程建设其他费用				4 000	4 000	1.33
	1～2 小计	27 920	22 240	2 020	4 000	56 180	
3	预备费				5 000	5 000	16.40
4	建设期贷款利息				6 901.33	6 901.33	13.08
	总计	27 920	22 240	2 020	15 901.33	68 081.33	

模块小结

投资估算是项目建设前期编制项目建议书和可行性研究报告的重要组成部分，是进行建设项目设计经济评价和投资决策的基础。投资估算的准确与否不仅影响项目建议书和可行性研究工作的质量和经济评价结果，而且也直接关系到下一阶段设计概算和施工图预算的编制，对建设项目资金筹措方案也有直接的影响，因此，全面准确地估算建设项目的工程造价，是可行性研究乃至整个决策阶段造价管理的重要任务。

掌握投资估算的基本方法及分类，通过本模块学习，绘制投资估算表并可以独立完成一个项目简单的投资估算表。

习 题

一、单项选择题

1. 投资估算的内容是估算（　　）及建设期内分年资金需要量的过程。
   A. 建筑工程费　　　　　　　　　B. 工程费用
   C. 建设投资　　　　　　　　　　D. 项目投入总资金
2. 建设投资包括（　　）。
   A. 建筑工程费、设备及工器具购置费、安装工程费
   B. 建筑工程费、设备及工器具购置费、安装工程费、工程建设其他费用、基本预备费
   C. 建筑工程费、设备及工器具购置费、安装工程费、工程建设其他费用、基本预备费、涨价预备费、建设期利息
   D. 建筑工程费、设备及工器具购置费、安装工程费、工程建设其他费用、基本预备费、涨价预备费、建设期利息、流动资金
3. 静态投资部分包括（　　）。
   A. 建筑工程费、设备及工器具购置费、安装工程费
   B. 建筑工程费、设备及工器具购置费、安装工程费、工程建设其他费用
   C. 建筑工程费、设备及工器具购置费、安装工程费、工程建设其他费用、基本预备费
   D. 建筑工程费、设备及工器具购置费、安装工程费、工程建设其他费用、基本预备费、流动资金
4. 动态投资部分由（　　）和建设期利息构成。
   A. 工程建设其他费用　　　　　　B. 基本预备费
   C. 涨价预备费　　　　　　　　　D. 流动资金
5. 投资项目前期工作不包括（　　）阶段。
   A. 机会研究　　　　　　　　　　B. 项目建议书
   C. 可行性研究　　　　　　　　　D. 评估
   E. 决策审批
6. 投资项目前期机会研究阶段对投资估算误差的要求为（　　）。
   A. ≥±30%　　　　　　　　　　　B. ±30%以内
   C. ±20%以内　　　　　　　　　　D. ±10%以内

7. 投资项目前期项目建议书阶段对投资估算误差的要求为( )。
   A. ±30%以内   B. ≥20%
   C. ±20%左右   D. ±20%以内

8. 投资项目前期评估阶段对投资估算误差的要求为( )。
   A. ±30%以内   B. ±20%以内
   C. ±10%以内   D. ±5%以内

9. 不属于投资估算必须达到的要求是( )。
   A. 工程内容和费用构成齐全，计算合理
   B. 选用指标与具体工程之间存在标准或者条件差异时，应进行必要的换算或者调整
   C. 精度应能满足投资项目前期不同阶段的要求
   D. 满足工程设计招投标及城市建筑方案设计竞选的需要

10. 建筑工程费的估算方法中有一种方法要以较为详细的工程资料为基础，工作量较大，它是( )。
    A. 单位建筑工程投资估算法
    B. 单位实物工程量投资估算法
    C. 概算指标投资估算法
    D. 扩大指标估算法

11. 下列( )不属于设备及工器具购置费范畴。
    A. 设备购置费   B. 设备涨价预备费
    C. 工具器具购置费   D. 生产家具购置费

12. 在生产性工程建设中，( )占建设投资比重的增大，意味着生产技术的进步和资本有机构成的提高。
    A. 建筑工程费
    B. 设备及工器具购置费用
    C. 安装工程费
    D. 工程建设其他费用

13. 工具、器具及生产家具购置费一般以( )为计算基数，按照部门或行业规定的工具、器具及生产家具费率计算。
    A. 建筑工程费   B. 设备及工器具购置费
    C. 设备购置费   D. 安装工程费

14. 进口设备到岸价等于( )。
    A. 进口设备货价
    B. 离岸价＋国外运费＋国外运输保险费
    C. 离岸价＋国外运费＋国外运输保险费＋进口关税＋消费税
    D. 离岸价＋国外运费＋国外运输保险费＋进口关税＋消费税＋增值税

15. 流动资金估算一般采用( )。
    A. 扩大指标估算法
    B. 单位实物工程量投资估算法
    C. 概算指标投资估算法
    D. 分项详细估算法

二、多项选择题

1. 建筑工程费的估算方法有（　　）。
   A. 单位建筑工程投资估算法
   B. 单位实物工程量投资估算法
   C. 概算指标投资估算法
   D. 分项详细估算法
   E. 扩大指标估算法

2. 建筑工程费的估算方法比较简单的有（　　）。
   A. 单位建筑工程投资估算法
   B. 单位实物工程量投资估算法
   C. 概算指标投资估算法
   D. 分项详细估算法
   E. 扩大指标估算法

3. 进口设备购置费由（　　）组成。
   A. 进口设备货价　　　　　　B. 进口从属费用
   C. 国内运杂费　　　　　　　D. 进口关税
   E. 外贸手续费

4. 进口设备税费中以进口设备到岸价为取费基数的是（　　）。
   A. 进口关税　　　　　　　　B. 进口环节增值税
   C. 外贸手续费　　　　　　　D. 银行财务费
   E. 海关监管手续费

5. 下列公式正确的是（　　）。
   A. 进口环节增值税＝进口设备到岸价×人民币外汇牌价×增值税税率
   B. 进口关税＝进口设备到岸价×人民币外汇牌价×进口关税税率
   C. 外贸手续费＝进口设备到岸价×人民币外汇牌价×外贸手续费费率
   D. 银行财务费＝进口设备到岸价×人民币外汇牌价×银行财务费费率
   E. 海关监管手续费＝进口设备到岸价×人民币外汇牌价×海关监管手续费费率

6. 属于设备及工器具购置费的是（　　）。
   A. 国产设备原价
   B. 设备国内运杂费
   C. 进口设备货价
   D. 办公及生活家具购置费
   E. 列入房屋建筑工程预算的供水、供暖、卫生、通风、煤气等设备费

7. 安装工程费内容一般包括（　　）。
   A. 生产、动力、起重、运输、传动和医疗、实验等各种需要安装的机械设备的装配费用
   B. 为测定安装工程质量，对系统设备进行系统联动无负荷试运转工作的调试费
   C. 整个车间的无负荷联合试运转发生的费用
   D. 列入房屋建筑工程预算的供水、供暖、卫生、通风、煤气等设备费用
   E. 列入建筑工程预算的各种管道、电力、电信和电缆导线敷设工程的费用

8. 基本预备费包括（　　）。
   A. 在批准的设计范围内，技术设计、施工图设计及施工过程中所增加的工程费用；设计变更、工程变更、材料代用、局部地基处理等增加的费用
   B. 一般自然灾害造成的损失和预防自然灾害所采取的措施费用
   C. 竣工验收时为鉴定工程质量对隐蔽工程进行必要的挖掘和修复费用
   D. 由于在建设期内可能发生材料、设备、人工等价格上涨引起投资增加，需要事先预留的费用
   E. 建设期利息

9. 流动资金估算的方法有（　　）。
   A. 单位建筑工程投资估算法　　B. 单位实物工程量投资估算法
   C. 概算指标投资估算法　　　　D. 分项详细估算法
   E. 扩大指标估算法

10. 扩大指标估算法估算流动资金时，常采用（　　）为计算基数。
    A. 年销售收入　　　　　　　B. 年经营成本
    C. 年总成本费用　　　　　　D. 年工资福利费
    E. 年原材料费用

三、简答题

1. 建设项目总投资由哪几部分构成？
2. 建设投资具体包括哪些内容？
3. 固定资产投资与流动资产投资的主要区别是什么？
4. 固定资产投资折旧方法的各自特点是什么？

四、计算题

1. 某企业购入货运卡车一辆，原值15万元，预计净残值率为5%，预计总行驶里程为60万km，当年行驶里程为3.6万km，该项固定资产的年折旧额是多少？

2. 某机械厂新项目，一批通用机械设备的资产原值（包括购买、安装、调试、建设期利息）为2 500万元，折旧年限为10年，预计净产值率为5%，请分别用平均年限法、双倍余额递减法和年数总和法计算其折旧费。

3. 某新建项目，建设期为三年，在建设期第一年借款3 000万元，第二年借款2 000万元，第三年借款3 000万元，每年借款平均使用，年实际利率为5.65%，请用复利法计算建设期借款利息。

4. 某公司拟从国外进口一套机电设备，质量为1 500 t，装运港船上交货价，即离岸价（FOB）为400万美元。其他有关费用参数：国际运费标准为360美元/t；海上运输保险费率为0.266%；中国银行费率为0.5%；外贸手续费费率为1.5%；关税税率为22%；增值税的税率为17%；美元的银行牌价为6.4元人民币，设备的国内运杂费率为2.5%。请对该设备进行估价（全额征收关税，免海关监管手续费）。

五、综合案例

某国际公司拟投资建厂，生产某种化工产品，年产量为2.3万t。已知条件：

（1）项目建设实施进度计划。第一年完成投资计划20%，第二年完成投资计划55%，第三年完成全部投资，第四年投产，当年生产负荷达到设计能力的70%，第五年达到设

能力的90%，第六年达产。项目生产期按15年计算。

(2)固定资产投资(建设投资)。本项目工程费用估算额52 000万元，其中需外汇3 000万美元(外汇牌价：1美元＝6.3元人民币)，本项目工程建设其他费用180万元，预备费用5 000万元。

(3)建设资金来源。该公司投资本项目的自有资金为20 000万元，其余为贷款。贷款额为40 000万元，其中外汇贷款为2 300万美元。贷款的人民币部分从中国建设银行获得，年利率为12.48%(名义利率，按季结息)。贷款的外汇部分从中国银行获得，年利率为8%(实际利率)。

(4)生产经营费用估计。达产后，全厂定员为1 100人，年销售收入36 000万元，工资及福利费按每人每年7 200元估算。年其他费用为860万元。存货占用流动资金估算为7 000万元。年外购原材料、燃料及动力费估算为19 200万元。年经营成本约为21 000万元。各项流动资金的最低周转天数：应收账款30天，现金40天，应付账款30天。

试进行下列投资估算：
(1)按分项估算法估算流动资金；
(2)估算建设期利息。

模块 3　资金的时间价值

◉ 案例导入

某生产企业修建工厂，需购置土地，与土地所有者商定的结果：现时点支付 600 万元；此后，第一个五年每半年需支付 40 万元；第二个五年每半年需支付 60 万元；第三个五年每半年支付 80 万元。按复利计算，每半年的资本利率 $i=4\%$。

问：该土地的价格相当于现时点的值是多少？

上述案例计算现时点的资金时间价值可以有几种方法？解答的方法都在考虑资金的时间价值的基础上，依据资金在不同时点的等值关系，求出土地的价格的终值与现值。那么如何考虑资金的时间价值？资金时间价值计算应用过程中，有哪些基本概念？它们之间如何计算？这些将是本模块所要学习的主要内容。

◉ 学习目标

通过本模块的学习，掌握资金时间价值的含义，掌握现金流量的概念、现金流量图的绘制及绘制规则，掌握资金等值计算与应用，掌握名义利率和有效利率的计算与应用。通过学习，能够运用资金时间价值分析并完成相关习题。

3.1　资金时间价值计算

3.1.1　资金时间价值的概念

在工程经济计算中，所消耗的人力、物力和自然资源，最后都是以价值形态，即资金的形式表现出来的。资金运动反映了物化劳动和活劳动的运动过程，而这个过程也是资金随时间运动的过程。因此，在工程经济分析时，不仅要着眼于技术方案资金量的大小（资金的收入和支出的多少），而且也要关注资金发生的时间。资金是运动的价值，资金的价值是随时间的变化而变化的，是时间的函数，随时间的推移而增值，其增值的这部分资金就是原有资金的时间价值。其实质是资金作为生产经营要素，在扩大再生产及其资金流通过程中，资金随时间周转使用的结果。

影响资金时间价值的因素很多，其中主要有以下几点：

(1) 资金的使用时间。在单位时间的资金增值率一定的条件下，资金使用时间越长，则资金的时间价值越大；使用时间越短，则资金的时间价值越小。

(2) 资金数量的多少。在其他条件不变的情况下，资金数量越多，资金的时间价值越多；反之资金的时间价值则越少。

(3) 资金投入和回收的特点。在总资金一定的情况下，前期投入的资金越多，资金的负效益越大；反之，后期投入的资金越多，资金的负效益越小。而在资金回收额一定的情况下，离现在越近的时间回收的资金越多，资金的时间价值就越大；反之，离现在越远的时间回收的资金越多，资金的时间价值就越小。

(4) 资金周转的速度。资金周转越快，在一定的时间内等量资金的周转次数越多，资金的时间价值越大；反之，资金的时间价值越小。

总之，资金的时间价值是客观存在的，生产经营的一项基本原则就是充分利用资金的时间价值并最大限度地获得其时间价值，这就是加速资金周转，早期回收资金，并不断从事利润较高的投资活动；任何资金的闲置，都是损失资金的时间价值。

3.1.2 利息与利率的概念

资金时间价值的计算方法与采用复利计算利息的方法完全相同。因为利息是资金时间价值的一种重要表现形式。而且通常用利息额的多少作为衡量资金时间价值的绝对尺度，用利率作为衡量资金时间价值的相对尺度。

1. 利息

在借贷过程中，债务人支付给债权人超过原借贷金额的部分就是利息。即

$$I = F - P \tag{3-1}$$

式中　I——利息；

　　　F——目前债务人应付（或债权人应收）总金额，即还本付息总额；

　　　P——原借贷金额，常称为本金。

从本质上看，利息是由贷款发生利润的一种再分配。在工程经济分析中，利息常常被看成资金的一种机会成本。这是因为如果放弃资金的使用权利，相当于失去收益的机会，也就相当于付出了一定的代价。事实上，投资就是为了在未来获得更大的收益而对目前的资金进行某种安排。很显然，未来的收益应当超过现在的投资，正是这种预期的价值增长才能刺激人们从事投资。因此，在工程经济分析中，利息常常是指占用资金所付出的代价或者是放弃使用资金所获得的补偿。

2. 利率

在经济学中，利率的定义是从利息的定义衍生出来的。也就是说，在理论上先承认了利息，再以利息来解释利率。在实际计算中，正好相反，常根据利率计算利息。

利率就是在单位时间内所得到利息额与原借贷金额之比，通常用百分数表示，即

$$i = \frac{I_t}{P} \times 100\% \tag{3-2}$$

式中　i——利率；

　　　I_t——单位时间内所得的利息额。

用于表示计算利息的时间单位称为计算周期，计算周期 t 通常为年、半年、季、月、周或天。

【例 3-1】 某公司现借得本金 1 000 万元，一年后付息 80 万元，则年利率是多少？

解： 按式(3-2)可得

$$i = \frac{80}{1\,000} \times 100\% = 8\%$$

利率是各国发展国民经济的重要杠杆之一，利率的高低由以下因素决定：

(1)利率的高低首先取决于社会平均利润率的高低，并随之变动。在通常情况下，社会平均利润率是利率的最高界限。因为如果利率高于平均利润率，无利可图就没人会去借款。

(2)在社会平均利润率不变的情况下，利率高低取决于金融市场上借贷资本的供求情况。借贷资本供过于求，利率便下降；反之，求过于供，利率便上升。

(3)借出资本要承担一定的风险，风险越大，利率就越高。

(4)通货膨胀对利息的波动有直接影响，资金贬值往往会使利息无形中成为负值。

(5)借出资本的期限长短。贷款期限长，不可预见因素多，风险大，利率就高；反之利率就低。

3. 利息和利率在工程经济活动中的作用

(1)利息和利率是以信用的方式动员和筹集资金的动力。以信用的方式筹集资金有一个特点就是自愿性，而自愿性的动力在于利息和利率。例如一个投资者，他首先要考虑的是投资一个项目所得到的利息是否比将这笔资金投入其他项目所得的利息多。如果多，他就可以在这个项目投资；如果所得的利息达不到其他项目的利息水平，他就可能不在这个项目投资。

(2)利息促进投资者加强经济核算，节约使用资金。投资者借款需付利息，增加了支出负担，这就促使投资者必须精打细算，把借入资金用到刀刃上，减少借入资金的占用，以少付利息。同时可以使投资者自觉减少多环节占用资金。

(3)利息和利率是宏观经济管理的重要杠杆。国家在不同的时期制定不同的利息政策，对不同的地区、不同行业规定不同的利率标准，就会对整个国民经济产生影响。例如对于限制发展的行业，利率规定得高一些；对于提倡发展的行业，利率规定得低一些，从而引导行业和企业的生产经营服从国民经济发展的总方向。同样，占用资金时间短的，收取低息；占用时间长的，收取高息。对产品适销对路、质量好、信誉高的企业，在资金供应上给予低息支持；反之，收取较高利息。

(4)利息与利率是金融企业经营发展的重要条件。金融机构作为企业，必须获取利润。由于金融机构的存贷利率不同，其差额成为金融机构的业务收入。此业务收入扣除业务费后就是金融机构的利润，所以利息和利率能刺激金融企业的经营发展。

3.1.3 利息的计算

利息的计算有单利和复利之分。当计息周期在一个以上时，就需要考虑"单利"与"复利"的问题。

1. 单利

所谓单利是指在计算利息时，仅用最初本金来计算，而不计入先前计算周期中所累积增加的利息，即通常所说的"利不生利"的计算方法。其计算公式如下：

$$I_t = P \times i_{单} \tag{3-3}$$

式中 I_t——第 t 期计算周期的利息额；

P——本金；

$i_{单}$——计算周期单利利率。

而 n 期末单利本利和 F 等于本金加上总利息，即

$$F = P + I_n = P(1 + n \times i_单) \tag{3-4}$$

式中 I_n——n 个计息周期所付或所收的单利总利息，即

$$I_n = \sum_{t=1}^{n} I_t = \sum_{t=1}^{n} P \times i_单 = P \times i_单 \times n \tag{3-5}$$

在以单利计息的情况下，总利息与本金、利率以及计息周期数成正比关系。

此外，在计算本利和 F 时，要注意式中 n 和 $i_单$ 反映的时期要一致。如 $i_单$ 为年利率，则 n 应为计息的年数；若 $i_单$ 为月利率，即 n 应为计息的月数。

【例 3-2】 某公司以单利方式借入 1 000 万元，年利率为 8%，第四年年末偿还，则各年利息与本利和见表 3-1。

表 3-1 单利计算分析表　　　　　　　　　　万元

使用期	年初款额	年末利息	年末本利和	年末偿还
1	1 000	1 000×8%=80	1 080	0
2	1 080	80	1 160	0
3	1 160	80	1 240	0
4	1 240	80	1 320	1 320

由表 3-1 可见，单利的年利息额都仅由本金所产生，其新生利息不再加入本金产生利息，也就是"利不生利"。由于单利计算方法没有反映资金随时都在"增值"的概念，也没有完全反映资金的时间价值。因此，单利在工程经济分析中使用较少，通常只适用短期投资或短期贷款。

2. 复利

所谓复利是指在计算某一计息周期的利息时，其先前周期上所累积的利息要计算利息，即"利生利""利滚利"的计息方式。其表达式如下：

$$I_t = i \times F_{t-1} \tag{3-6}$$

式中 i——计息周期复利利率；

F_{t-1}——第 $(t-1)$ 期末复利本利和。

而第 t 期末复利本利和的表达式如下：

$$F_t = F_{t-1} \times (1+i) \tag{3-7}$$

根据式 (3-7) 可得出复利计息的本利和公式表达式如下：

$$F = P(1+i)^n \tag{3-8}$$

则复利计息的利息表达式如下

$$I = P(1+i)^n - P \tag{3-9}$$

【例 3-3】 数据同例 3-2，按复利计算，则各年利息和本利和见表 3-2。

表 3-2 复利计算分析表　　　　　　　　　　万元

使用期	年初款额	年末利息	年末本利和	年末偿还
1	1 000	1 000×8%=80	1 080	0
2	1 080	1 080×8%=86.4	1 166.4	0

续表

使用期	年初款额	年末利息	年末本利和	年末偿还
3	1 166.4	1 166.4×8%=93.312	1 259.712	0
4	1 259.712	1 259.712×8%=100.777	1 360.489	1 360.489

从表 3-1 和表 3-2 中可以看出，同一笔借款，在利率和计息周期均相同的情况下，用复利计算出的利息金额比用单利计算出的利息金额多，例 3-1 与例 3-2 相差 40.49(1 360.49－1 320)万元。本金越大，利率越高，计息周期越长时，两者差距就越大。复利计息比较符合资金在社会再生产过程中运动的实际状况，因此，其在实际中也得到了广泛的应用。在工程经济分析中，一般采用复利计息。

复利计算有间断复利和连续复利之分。按期(年、半年、季、月、周、日)计算复利的方法为间断复利(普通复利)；按瞬时计算复利的方法称为连续复利。在实际使用中都是采用间断复利，这一方面是出于习惯，另一方面是因为会计通常在年底结算一年的进出款，按年支付税金、保险金和抵押费用，因而采用间断复利考虑问题更适应。

3.2 资金等值计算及应用

资金有时间价值，即使金额相同，因其发生在不同时间，其价值就不同。反之，不同时点绝对数额不等的资金在时间价值的作用下却有可能具有相等的价值。这些不同时期，不同数额但其"价值等效"的资金称为等值，又叫等效值。资金等值计算公式和复利计算公式的形式是相同的。常用的等值复利计算公式有一次支付的终值和现值计算公式，等额支付系列的终值、现值、资金回收和偿债基金计算公式。

3.2.1 现金流量图的绘制

1. 现金流量的概念

在进行工程经济分析时，可把所考察的技术方案视为一个系统。投入的资金、花费的成本和获取的收益，均可看成以资金形式体现的该系统的资金流入或资金流出。这种在考察技术方案整个期间各时点 t 上实际发生的资金流入或资金流出称为现金流量，其中流入系统的资金称为现金流入，用符号 CI_t 表示；流出系统称为现金流出，用符号 CO_t 表示；现金流入与现金流出之差称为净现金流量，用符号 $(CI-CO)_t$ 表示。

通常现金流量是以现金流量表或现金图的形式表现。

2. 现金流量图的绘制

对于一个技术方案，其每次现金流量的流向(支出或收入)、数额和发生时间都不尽相同，为了正确地进行工程经济分析计算，我们有必要借助现金流量图来进行分析。所谓现金流量图就是一种反映技术方案资金运动状态的图示，即把技术方案的现金流量绘入时间坐标图，表示出各现金流入、流出与相应时间的对应关系，如图 3-1 所示。运用现金流量图，就可全面、形象、直观地表达出技术方案的资金运动状态。

现以图 3-1 说明现金流量图的作图方法和规则：

(1)以横轴为时间坐标轴,时间间隔相等,向右延伸表示时间的延续,轴上每一刻度表示一个时间单位,时间单位可以根据需要取年、半年、季、月、周、日等;时间轴上的点称为时点,时点表示该期的期末,同时也是下一期的期初,0表示时间序列的起点,即第1期开始之时点。

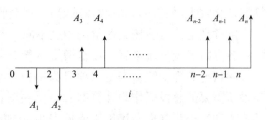

图 3-1 现金流量图

(2)相对于时间坐标的垂直箭线代表不同时点的现金流量情况,现金流量的性质(流入与流出)是对特定人而言的。对投资人而言,在横轴上方的箭线表示现金流入,即表示收益;在横轴下方的箭线表示现金流出,即表示费用。

(3)在现金流量图中,箭线长短与现金流量数值大小本应成比例。但由于项目中各时点现金流量常常差额悬殊而无法成比例绘出,故在现金流量图绘制中,箭线长短只要能适当体现各时点现金流量数值的差异,并在各箭线上方(或下方)注明其现金流量的数值即可。

(4)箭线与时间轴的交点即为现金流量发生的时点。

总之,要正确绘制现金流量图,必须把握好现金流量的三要素,即现金流量的大小(现金流量数额)、方向(现金流入或现金流出)和作用点(现金流量发生的时点)。

在项目建设和运行时,资金并不只是发生在时间单位的期初或期末。例如,某一年的投资按月支付,每月支付100万元,但如果用年做单位,就需要按照一定的规则对期间发生的现金流量进行简化处理,方法如下:

(1)年末习惯法:建设现金发生在每期的期末。
(2)年初习惯法:假设现金发生在每期的期初。
(3)均匀分布法:假设现金发生在每期的期中。

3.2.2 现金流量表

现金流量表是表示现金流量的又一工具,由现金流入、现金流出和净现金流量构成(表3-3),其具体内容随工程经济分析的范围和经济评价方法的不同而不同,其中财务现金流量表主要用于财务评价。

表 3-3 现金流量表

序号	项目	计算期					合计
		1	2	3	…	n	
1	现金流入						
1.1							
…							
2	现金流出						
2.1							
…							
3	净现金流量						
…							

财务现金流量表的计算方法与常规会计计算方法不同,前者是只计算现金收支,不计

算非现金收支(如折旧和应收账款等)，现金收支按发生的时间列入相应的年份。

财务现金流量表按其评价的角度不同，分为项目财务现金流量表、资本金财务流量表、投资各方财务现金流量表、项目增量财务现金流量表和资本金增量财务现金流量表。

项目财务现金流量表是以项目为一独立系统，从融资前的角度进行设置的。它将项目建设所需要的总投资作为计算基础，反映项目在整个计算期(包括建设期和运营期)内现金的流入和流出，其现金流量构成见表3-4。通过项目财务现金流量表可计算项目财务内部收益率、财务净现值和投资回收期等评价指标，并可考察项目的盈利能力，为各个方案进行比较建立共同的基础。

表 3-4　项目财务现金流量表

序号	项目	计算期					合计
		1	2	3	…	n	
1	现金流入(CI_t)						
1.1	销售(营业)收入						
1.2	回收固定资产余值						
1.3	回收流动资产						
2	现金流出(CO_t)						
2.1	建设投资(不含建设期利息)						
2.2	流动资金						
2.3	经营成本						
2.4	销售税金及附加						
2.5	增值税						
3	净现金流量$(CI-CO)_t$						
4	累计净现金流量						

计算指标：
　　财务净现值($i_c=0/0$)；
　　财务内部收益率；
　　投资回收期

说明：在财务评价中计算销售(营业)收入及生产成本所采用的价格，可以是含增值税的价格，也可是不含增值税的价格，应在评价时说明采用何种计价方法。表3-4及以下各现金流量表均是按含增值税的价格设计的。

资本金财务现金流量表是从项目法人(或投资者整体)角度出发，以项目资本金作为计算的基础，把借款本金偿还和利息作为现金流出，用以计算资本金内部收益率，反映投资者权益投资的获利能力。资本金财务现金流量构成见表3-5。

表 3-5　资本金财务现金流量表

序号	项目	计算期					合计
		1	2	3	…	n	
1	现金流入(CI_t)						
1.1	销售(营业)收入						

续表

序号	项目	计算期 1	2	3	...	n	合计
1.2	回收固定资产余值						
1.3	回收流动资产						
2	现金流出(CO_t)						
2.1	项目资本金						
2.2	借款本金偿还						
2.3	借款利息支付						
2.4	经营成本						
2.5	销售税金及附加						
2.6	增值税						
2.7	所得税						
3	净现金流量$(CI-CO)_t$						
计算指标: 资本金内部收益率							

投资各方财务现金流量表是分别从各个投资者的角度出发，以投资者的出资额作为计算的基础，用以计算投资各方收益率。投资各方财务现金流量构成见表3-6。

表3-6 投资各方财务现金流量表

序号	项目	计算期 1	2	3	...	n	合计
1	现金流入(CI_t)						
1.1	股利分配						
1.2	资产处置收益分配						
1.3	租赁费收入						
1.4	技术转让费收入						
1.5	其他现金流入						
2	现金流出(CO_t)						
2.1	股利投资						
2.2	租赁资产支出						
2.3	其他现金流出						
3	净现金流量$(CI-CO)_t$						
计算指标: 投资各方收益率							

项目增量财务现金流量表是对既有法人项目，按"有项目"和"无项目"对比的增量现金流量，计算项目财务内部收益率、财务净现值和投资回收期等评价指标，考察项目的盈利能力。项目增量财务现金流量构成见表3-7。

表 3-7　项目增量财务现金流量表

序号	项目	计算期					合计
		1	2	3	…	n	
1	现金流入(CI_t)						
1.1	销售(营业)收入						
1.2	回收固定资产余值						
1.3	回收流动资产						
2	现金流出(CO_t)						
2.1	项目资本金						
2.2	借款本金偿还						
2.3	借款利息支付						
2.4	经营成本						
2.5	销售税金及附加						
2.6	增值税						
2.7	所得税						
3	有项目净现金流量$(CI-CO)_t$						
4	无项目净现金流量						
5	增量净现金流量(3)-(4)						
计算指标: 财务净现值($i_c=0/0$); 财务内部收益率; 投资回收期							

资本金增量财务现金流量表是对既有法人项目，以资本金增量作为计算基础，用以计算既有项目法人资本金增量内部收益率。资本金增量财务现金流量构成见表3-8。

表 3-8　资本金增量财务现金流量表

序号	项目	计算期					合计
		1	2	3	…	n	
1	现金流入(CI_t)						
1.1	销售(营业)收入						
1.2	回收固定资产余值						
1.3	回收流动资产						
2	现金流出(CO_t)						
2.1	建设投资(不含建设期利息)						
2.2	流动资金						
2.3	经营成本						
2.4	销售税金及附加						
2.5	增值税						
3	有项目净现金流量$(CI-CO)_t$						
4	无项目净现金流量						
5	增量净现金流量(3)-(4)						
计算指标: 资本金内部收益率							

3.2.3 资金等值的计算

资金有时间价值,即使金额相同,因其发生在不同时间,其价值就不相同;反之,不同时点数目不等的资金在时间价值的作用下可能具有相等的价值。这些不同时期、不同数额"价值等效"的资金称为等值,又称为等效值。资金等值的计算公式和复利计算公式是相同的。

根据现金流量的时间分布,现金流量可分为一次支付和多次支付。常用的等值复利计算公式有一次支付的终值和现值计算公式,等额支付系列的终值、现值、资金回收和偿债基金计算公式。

1. 一次支付的终值和现值计算

(1)一次支付现金流量。由式(3-6)和式(3-7)可看出,如果一周期一周期地计算,周期数很多的话,计算是十分烦琐的,而且在式(3-7)中没有直接反映出本金 P、本利和 F、利率 i、计算周期数 n 等要素的关系。所以有必要对式(3-6)和式(3-7)根据现金流量支付情形进一步简化。其中,一次支付是最基本的现金流量情形。

一次支付又称整存整付,是指所分析系统的现金流量,无论是流入或流出只发生一次,如图3-2所示。一次支付情形的复利计算式是复利计算的基本公式。

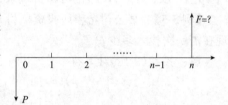

图3-2 一次支付现金流量图

从图3-2可知, i 为计息期复利率; n 为计息的期数; P 为现值(现值的资金价值或本金,Present Value),资金发生在(或折算为)某一特定时间序列起点时的价值; F 为终值(n 期末的资金值或本利和,Future Value),资金发生在(或折算为)某一特定时间序列终点的价值。

(2)终值计算(已知 P 求 F)。现有一项资金 P,年利率 i,按复利计算, n 年后的本利和是多少?根据复利的定义即可求得 n 年本利和(终值 F),见表3-9。

表3-9 一次性支付终值公式推算表

计息期	期初金额(1)	本期利息额(2)	期末本利和 $F=(1)+(2)$
1	P	$P \cdot i$	$F=P+P \cdot i=P(1+i)$
2	$P(1+i)$	$P(1+i) \cdot i$	$F_2=P(1+i)+P(1+i) \cdot i=P(1+i)^2$
3	$P(1+i)^2$	$P(1+i)^2 \cdot i$	$F_3=P(1+i)^2+P(1+i)^2 \cdot i=P(1+i)^3$
⋮	⋮	⋮	⋮
n	$P(1+i)^{n-1}$	$P(1+i)^{n-1} \cdot i$	$F=F_n=P(1+i)^{n-1}+P(1+i)^{n-1} \cdot i=P(1+i)^n$

由表3-9可知,一次支付 n 期期末终值(本利和) F 的计算公式:

$$F=P(1+i)^n \quad (3-10)$$

式中, $(1+i)^n$ 称为一次支付终值系数,用 $(F/P, i, n)$ 表示,式(3-10)又可写成

$$F=P(F/P, i, n) \quad (3-11)$$

在$(F/P, i, n)$这类符号中,括号内斜线上的符号表示所求的未知数,斜线下的符号表示已知数,即表示在已知P、i和n的情况下求解F的值,该系数可通过查表得出。

【例3-4】 某公司借款1 000万元,年复利率$i=10\%$,试问第5年年末连本带利一次需偿还多少?

解:按式(3-10)计算得

$$F=P(1+i)^n=1\ 000\times(1+10\%)^5$$
$$=1\ 000\times1.610\ 51=1\ 610.51(万元)$$

(3)现值计算(已知F求P)。由式(3-10)的逆运算即可得出现值P的计算公式为

$$P=\frac{F}{(1+i)^n}=F(1+i)^{-n} \tag{3-12}$$

式中,$(1+i)^{-n}$称为一次支付现值系数,用符号$(P/F, i, n)$表示。式中(3-12)又可写成

$$P=F(P/F, i, n) \tag{3-13}$$

一次支付现值系数这个名称描述了它的功能,即未来一笔资金乘上该系数就可求出其现值。计算现值P的过程叫"折现"或"贴现",其所使用的利率常称为折现率或贴现率。故$(1+i)^{-n}$或$(P/F, i, n)$也可叫折现系数或贴现系数,同样可通过查表得出。

【例3-5】 某公司希望所投资项目5年年末有1 000万元资金,年复利率$i=10\%$,试问现在需一次投入多少?

解:按式(3-12)计算得

$$P=F(1+i)^{-n}=1\ 000\times(1+10\%)^{-5}$$
$$=1\ 000\times0.620\ 9=620.9(万元)$$

从上面计算可知,现值与终值的概念和计算方法刚好相反,因为现值系数与终值系数互为倒数,即$(F/P, i, n)=\frac{1}{(P/F, i, n)}$。在$P$一定,$n$相同时,$i$越高,$F$越大;在$i$相同时,$n$越长,$F$越大,见表3-10。在$F$一定,$n$相同时,$i$越高,$P$越小;在$i$相同时,$n$越长,$P$越小,见表3-11。

表3-10 一元现值与终值的关系

利率/% \ 时间	1年	5年	10年	20年
1	1.010 0	1.051 0	1.104 6	1.220 2
5	1.050 0	1.276 3	1.628 9	2.653 3
8	1.080 0	1.469 3	2.158 9	4.661 0
10	1.100 0	1.610 5	2.597 3	6.727 5
12	1.120 0	1.762 3	3.105 8	9.646 3
15	1.150 0	2.011 4	4.045 6	16.366 5

表3-11 一元终值与现值的关系

利率/% \ 时间	1年	5年	10年	20年
1	0.990 10	0.951 47	0.905 29	0.819 54
5	0.952 38	0.783 53	0.613 91	0.376 89

续表

时间 利率/%	1年	5年	10年	20年
8	0.925 93	0.680 58	0.463 19	0.214 55
10	0.909 09	0.620 92	0.385 54	0.148 64
12	0.892 86	0.567 43	0.321 97	0.103 67
15	0.869 57	0.497 18	0.247 18	0.061 10

从表 3-10 可知，按 12% 的利率，时间为 20 年，现值与终值约相差 9.6 倍。在工程经济分析中，现值比终值应用更为广泛。

在工程经济评价中，由于现值评价常常是选择现在同一时点，把方案预计的不同时期的现金流量折算成现值，并按现值的代数和大小做出决策，因此，在工程经济分析时应注意以下两点：

①正确选取折现率。折现率是决定现值大小的一个重要因素，必须根据实际情况选用。

②注意现金流量的分布情况。从收益方面来看，获得的时间越早、数额越多，其现值也越大。因此，应使技术方案早日完成，早日实现生产能力，早获收益，多获收益，才能达到最佳经济效益。从投资方面看，在投资额一定的情况下，投资支出的时间越晚、数额越少，其现值也越小。因此，应合理分配各年投资额，在不影响技术方案正常实施的前提下，尽量减少建设初期投资额，加大建设后期投资比重。

2. 等额支付系列的终值、现值、资金回收和偿债基金计算

等额支付系列现金流量序列是连续的，且数额相等，即

$$A_t = A = 常数 \quad (t=1, 2, 3, \cdots, n)$$

式中，A 为年金，发生在（或折算为）某一特定时间序列各计息期末（不包括零期）的等额资金序列的价值。例如，每月相同的工资收入、每月支付相同的房租等。

年金的形式多种多样，按其发生的时点不同，可分为普通年金、即付年金、递延年金和永续年金等几种。普通年金是指一定时期内每期期末等额收付的系列款项；即付年金是指发生在每期期初的等额收付的系列款项；递延年金是指第一次收付款项发生的时间不在第一期期末，而是隔若干期后才开始发生在相应期末的系列款项；永续年金是指无限期等额收付的系列款项。一般情况下，没有特别指明都是指普通年金。

(1) 普通年金终值计算（已知 A 求 F）。等额支付系列现金流量是指各期的现金流量序列是连续的，且数额相等，如图 3-3 所示。

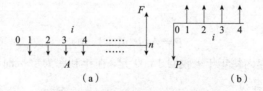

图 3-3 等额支付系列现金流量示意

(a) 年金与终值关系；(b) 年金与现值关系

图 3-3 中 A 称为年金，是发生在（或折算为）某一特定时间序列各计息期末（不包括零期）的等额资金序列的价值。

由式(3-10)可得出等额支付系列现金流量的终值为

$$F = \sum_{t=1}^{n} A_t(1+i)^{n-1} = A[(1+i)^{n-1} + (1+i)^{n-2} + \cdots + (1+i) + 1]$$

$$F = A \frac{(1+i)^n - 1}{i} \tag{3-14}$$

式中，$\frac{(1+i)^n - 1}{i}$ 称为等额支付系列终值系数或年金终值系数，用符号$(F/A, i, n)$表示。则式(3-14)又可写成

$$F = A(F/A, i, n) \tag{3-15}$$

【例 3-6】 若10年内每年年末存1 000元，年利率为8%，问到10年年末本利和是多少？

解：按式(3-14)计算得

$$F = A \frac{(1+i)^n - 1}{n} = A(F/A, i, n)$$

$$= 1\,000 \times \frac{(1+8\%)^{10} - 1}{8\%} = 1\,000(F/A, 8\%, 10)$$

$$= 1\,000 \times 14.487 = 14\,487(元)$$

(2) 偿债基金计算(已知F求A)。由式(3-14)的逆运算即可得出偿债基金计算公式为

$$A = F \frac{i}{(1+i)^n - 1} \tag{3-16}$$

式中，$\frac{i}{(1+i)^n - 1}$ 称为等额支付系列偿债基金系数，用符号$(A/F, i, n)$表示。则式(3-16)又可写成

$$A = F(A/F, i, n) \tag{3-17}$$

【例 3-7】 欲在5年终了时获得10 000元，若每年存款金额相等，年利率为10%，则每年年末需存款多少？

解：按式(3-16)计算得

$$A = F \frac{i}{(1+i)^n - 1} = 10\,000 \times \frac{10\%}{(1+10\%)^5 - 1}$$

$$= 10\,000 \times 0.163\,8 = 1\,638(元)$$

(3) 普通年金现值计算(已知A求P)。由式(3-12)和式(3-14)得

$$P = F(1+i)^{-n} = A \frac{(1+i)^n - 1}{i(1+i)^n} \tag{3-18}$$

式中，$\frac{(1+i)^n - 1}{i(1+i)^n}$ 称为等额支付系列现值系数或年金现值系数，用符号$(P/A, i, n)$表示。则式(3-18)又可写成

$$P = A(P/A, i, n) \tag{3-19}$$

【例 3-8】 欲在5年内每年年末收回1 000元，在年利率为10%时，问开始需一次投资多少？

解：按式(3-19)计算得

$$P = F(1+i)^{-n} = A \frac{(1+i)^n - 1}{i(1+i)^n}$$

$$= 1\,000 \times \frac{(1+10\%)^5 - 1}{10\% \times (1+10\%)^5}$$

$$= 1\,000 \times 3.790\,8 = 3\,790.8(元)$$

(4)资金回收计算(已知 P 求 A)。由式(3-18)的逆运算即可得出资金回收计算公式为

$$A = P\frac{i(1+i)^n}{(1+i)^n - 1} \qquad (3\text{-}20)$$

式中，$\frac{i(1+i)^n}{(1+i)^n - 1}$ 称为等额支付系列资金回收系数，用符号 $(A/P, i, n)$ 表示。则式(3-20)又可写成

$$A = P(A/P, i, n) \qquad (3\text{-}21)$$

【例 3-9】 若投资 10 000 元，每年回收率为 8%，在 10 年内收回全部本利和，则每年应收回多少？

解：按式(3-20)计算得

$$A = P\frac{i(1+i)^n}{(1+i)^n - 1}$$
$$= 10\,000 \times \frac{8\% \times (1+8\%)^{10}}{(1+8\%)^{10} - 1}$$
$$= 10\,000 \times 0.149\,03 = 1\,490.3(元)$$

根据上述复利计算公式，可知等值基本公式相互关系，见表 3-12。

表 3-12 等值基本公式相互关系

系数名称	已知	求解	表示
一次支付终值系数	P	F	$(F/P, i, n)$
一次支付现值系数	F	P	$(P/F, i, n)$
等额系列终值系数	A	F	$(F/A, i, n)$
偿债基金系数	F	A	$(A/F, i, n)$
等额系列现值系数	A	P	$(P/A, i, n)$
资金回收系数	P	A	$(A/P, i, n)$

3. 等值计算公式使用注意事项

(1)计息期数为时点或时标，本期期末即等于下期期初。0 点就是第一期期初，也叫作零期；第一期期末即等于第二期期初；其余类推。

(2)P 是在第一计息期开始时(0 期)发生。

(3)F 发生在考察期末，即 n 期末。

(4)各期的等额支付 A，发生在各期期末。

(5)当问题包括 P 与 A 时，系列的第一个 A 与 P 隔一期。即 P 发生在系列 A 的前一期期末。

(6)当问题包括 A 与 F 时，系列的最后一个 A 是与 F 同时发生的。不能把 A 定在每期期初，因为公式的建立与它是不相符的。

4. 等值计算的应用

根据上述复利计算公式可知，等值基本公式相互关系如图 3-4 所示。

【例 3-10】 设 $i=10\%$，现在的 1 000 元等于第 5 年年末的多少元？

解：画出现金流量图，如图 3-5 所示。

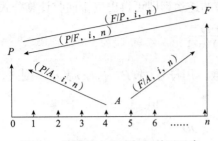

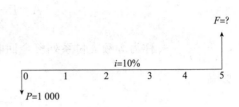

图 3-4 等值基本公式相互关系示意　　　　图 3-5 现金流量图

根据式(3-10)可计算出 5 年年末的本利和 F 为

$$F=P(1+i)^n=1\,000\times(1+10\%)^5=1\,000\times1.610\,5=1\,610.5(元)$$

计算表明,在年利率为 10% 时,现在的 1 000 元,等值于 5 年年末的 1 610.5 元;或 5 年年末的 1 610.5 元,当 $i=10\%$ 时,等值于现在的 1 000 元。

如果两个现金流量等值,则对任何时刻的价值必然相等。现用例 3-10 说明如下:

(1)计算第 3 年年末的价值。按 $P=1\,000$ 元计算第 3 年年末的价值,根据计算可得

$$F_3=P(1+i)^n=1\,000\times(1+10\%)^3=1\,000\times1.331=1\,331(元)$$

若用 $F=1\,610.5$ 元计算时,相对于第 5 年,计算的是 2 年前的价值(注意:这时 $n'=5-3=2$),即计算 2 年前的现值 P',根据计算得

$$P'=F(1+i)^{-n'}=1\,610.5\times(1+10\%)^{-2}=1\,610.5\times0.826\,4=1\,331(元)$$

(2)若计算第 7 年年末的价值:按 $P=1\,000$ 元计算第 7 年年末的价值,根据计算得

$$F_7=P(1+i)^n=1\,000\times(1+i)^7=1\,000\times1.948\,7=1\,948.7(元)$$

若按 $F=1\,610.5$ 元计算时,相对于第 5 年,计算的是 2 年后的价值(注意:这时 $n''=7-5=2$),即计算 2 年后的终值,此时 $P''=F=1\,610.5$ 元,根据计算得

$$F_7'=P''(1+i)^n=1\,610.5\times(1+10\%)^2=1\,610.5\times1.21=1\,948.7(元)$$

影响资金等值的因素有三个:资金数额的多少、资金发生的时间长短(换算的期数)、利率(或折现率)的大小。其中利率是一个关键因素,一般等值计算中是以同一利率为依据的。

在工程经济分析中,等值是一个十分重要的概念,它为我们提供了一个计算某一经济活动有效性或者进行方案比较、优选的可能性。因为在考虑资金的时间价值的情况下,其不同的时间发生的收入或支出是不能直接相加减的。而利用等值的概念,则可把不同的时点发生的资金换算成同一时点的等值概念,然后进行比较。因此在工程经济分析中,方案比较都是采用资金等值的概念来进行分析、评价和选定的。

3.3　名义利率与有效利率

在经济分析中,复利计算通常以年为计息周期。但在实际经济活动中,计息周期有半年、季、月、周、日等多种。当利率的时间单位与计息期不一致时,就出现了名义利率和有效利率的概念。

3.3.1　名义利率与有效利率的计算

名义利率 r 是指计息周期利率 i 乘以一年内的计息周期数 m 所得的年利率。即

$$r = i \times m \tag{3-22}$$

若计息周期月利率为1%，则年名义利率为12%。很显然，计算名义利率时忽略了前面各期利息再生的因素，这与单利的计算相同。通常所说的年利率都是名义利率。

有效利率是指资金在计息中所发生的实际利率，包括计息周期有效利率和年有效利率两种情况。

(1) 计息周期有效利率的计算。计息周期有效利率，即计算周期利率 i，其计算由式(3-22)可得：

$$i = \frac{r}{m} \tag{3-23}$$

(2) 年有效利率的计算。若用计息周期利率来计算年有效利率，并将年内的利息再生因素考虑进去，这时所得的年利率为年有效利率(又称年实际利率)。根据利率的概念可推导出年有效利率的计算式。

已知某年初有资金 P，名义利率为 r，一年内计息 m 次，如图3-6所示，则计息周期利率 $i = r/m$。根据一次支付终值公式可得该年的本利和 F，即

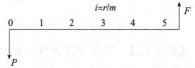

图3-6 年有效利率计算现金流量图

$$F = P\left(1 + \frac{r}{m}\right)^m \tag{3-24}$$

根据利息的定义可得该年的利息 I 为

$$I = F - P = P\left(1 + \frac{r}{m}\right)^m - P = P\left[\left(1 + \frac{r}{m}\right)^m - 1\right] \tag{3-25}$$

再根据利率的定义可得该年的实际利率，即年有效利率 i_{eff} 为

$$i_{\text{eff}} = \frac{I}{P} = \left(1 + \frac{r}{m}\right)^m - 1 \tag{3-26}$$

由此可见，名义利率与有效利率的关系实质跟单利和复利的关系一样。

【例3-11】 现设年名义利率 $r = 10\%$，则计息周期分别为年、半年、季、月、日的年有效利率见表3-13。

表3-13 名义利率与有效利率比较表

年名义利率(r)/%	年计息次数(m)	计息期利率($i=r/m$)/%	年有效利率(i_{eff})/%
10	1	10	10
	2	5	10.25
	4	2.5	10.38
	12	0.833	10.46
	365	0.0274	10.51

从式3-25和表3-13可以看出，每年计息周期 m 越多，i_{eff} 与 r 相差越大；另外，名义利率为10%，按季度计息时，按季度利率2.5%计息与按年利率10.38%计息，两者是等价的。所以，在经济分析中，如果各技术方案的计息期不同，就不能简单地使用名义利率来评价，而必须换算成有效利率来评价，否则会得出不正确的结论。

3.3.2 名义利率与有效利率的应用

当计息周期小于(或等于)资金收付周期时，等值的计算方法有以下两种：
(1)按收付期实际利率计算。
(2)按计息周期利率计算，即

$$F=P\left(F/P, \frac{r}{m}, mn\right)$$

$$P=F\left(P/F, \frac{r}{m}, mn\right)$$

$$F=A\left(F/A, \frac{r}{m}, mn\right)$$

$$P=A\left(P/A, \frac{r}{m}, mn\right)$$

【例 3-12】 现在存款 1 000 元，年利率为 10%，半年复利一次。问第 5 年年末存款金额为多少？

解：现金流量如图 3-7 所示。

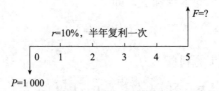

图 3-7 现金流量示意

按年有效利率计算

$$i_{\text{eff}}=(1+10\%/2)^2-1=10.25\%$$

则　　　　$F=1\ 000\times(1+10.25\%)^5=1\ 000\times1.628\ 89=1\ 628.89(元)$

按计息周期利率计算

$$F=\left[F/P, \frac{10\%}{2}, 2\times5\right]$$
$$=1\ 000(F/P, 5\%, 10)=1\ 000\times(1+5\%)^{10}$$
$$=1\ 000\times1.628\ 89=1\ 628.89(元)$$

有时上述两种方法计算结果有很小的差异，这是因为一次支付终值系数略去尾数误差造成的，此差异是允许的。

但应注意，对等额支付系列流量，只有计息周期与收付周期一致时才能按计息期利率计算。否则，只能用收付期实际利率来计算。

【例 3-13】 每半年存款 1 000 元，年利率为 8%，每季度复利一次。问第 5 年年末存款金额为多少？

解：现金流量如图 3-8 所示。

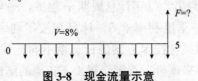

图 3-8 现金流量示意

由于本例计息周期小于收付周期，不能直接采用计息期利率计算，故只能用实际利率来计算。

计息期利率 $i=r/m=8\%/4=2\%$

半年期实际利率 $i_{\text{eff半}}=(1+2\%)^2-1=4.04\%$

则 $F=1\ 000(F/A,4.04\%,2\times5)=1\ 000\times12.029=12\ 029(元)$

模块小结

资金运动反映了物化劳动和活劳动的运动过程，而这个过程也是资金随时间运动的过程。因此，在工程经济分析时，不仅要着眼于技术方案资金量的大小(资金的收入和支出的多少)，而且也要关注资金发生的时间。资金是运动的价值，资金的价值是随时间的变化而变化的，是时间的函数，随时间的推移而增值，其增值的这部分资金就是原有资金的时间价值。

资金有时间价值，即使金额相同，因其发生在不同时间，其价值就不相同；反之，不同时点数目不等的资金在时间价值的作用下可能具有相等的价值。当利率的时间单位与计息期不一致时，就出现了名义利率和有效利率的概念。并掌握单利及复利计算、资金等值原理及计算、名义利率与有效利率计算。

习题

一、简答题

1. 什么是现金流量？绘制现金流量图的目的及主要注意事项是什么？
2. 在工程经济分析中是如何对时间因素进行研究的？试举例说明。
3. 何谓资金时间价值？如何理解资金时间价值？
4. 单利与复利的区别是什么？试举例说明。
5. 什么是终值、现值、等值？
6. 什么是名义利率、有效利率？
7. 为什么要计算资金等值？影响资金等值的要素有哪些？

二、单项选择题

1. 当名义利率一定时，按半年计息时，有效利率(　　)名义利率。
   A. 等于　　　　　　B. 小于　　　　　　C. 大于　　　　　　D. 不确定
2. 单利计息与复利计息的区别在于(　　)。
   A. 是否考虑资金的时间价值
   B. 是否考虑本金的时间价值
   C. 是否考虑先前计息周期累计利息的时间价值
   D. 采用名义利率还是实际利率
3. 某人贷款购房，房价为15万元，贷款总额为总房价的70%，年利率为6%，贷款期限为6年，按单利计息，则6年后还款总额为(　　)万元。
   A. 12.71　　　　　B. 17.21　　　　　C. 14.28　　　　　D. 18.24
4. 一次支付终值系数和一次支付现值系数的关系是(　　)。
   A. 一定的倍数关系　　　　　　B. 互为倒数
   C. 差值为1　　　　　　　　　D. 没有任何关系

5. 某工程项目，建设期分为4年，每年投资额见表3-14，年利率为6.23%，则其投资总额 F 是（　　）万元。

表3-14　每年投资额

期末投资	1	2	3	4
投资额/万元	80	95	85	75

  A. 367.08 B. 387.96 C. 357.08 D. 335.00

6. 有效利率是指在名义利率包含的单位时间内，按（　　）复利计息所形成的总利率。
  A. 月利率 B. 周期利率 C. 年利率 D. 季利率

7. 已知名义利率为12%，年有效利率为12.68%，则一年内实际计息次数为（　　）。
  A. 2 B. 4 C. 12 D. 6

8. 已知年利率为15%，按季度计息，则年有效利率为（　　）。
  A. 15.56% B. 12.86% C. 15.87% D. 15.62%

9. 某企业为扩大经营，现向银行贷款1 000万元，按年利率12%的复利计算，若该企业在第4年的收益很高，则决定在该年一次还本付息，应偿还（　　）万元。
  A. 1 573.52
  C. 1 537.25
  B. 1 600.00
  D. 1 480.00

10. 某人向银行贷款，年利率为10%，按月计息，一年末应归还本利和为1 899.9万元，则该人当年贷款总额为（　　）万元。
  A. 1 573.52
  C. 1 537.25
  B. 1 600.00
  D. 1 480.00

11. 有一笔贷款10 000元，年利率10%，每个月计息一次，求一年末的本利和为（　　）万元。
  A. 11 047 B. 11 000 C. 11 200 D. 15 000

12. 某人存入银行1 000元，一年半后本利和为1 120元，则年利率为（　　）。
  A. 12% B. 8% C. 7.85% D. 11.2%

13. 某夫妇估计10年后儿子上大学需要一笔大约5万元的资金，年利率为3%，现需存入（　　）万元，才能保证10年后儿子上学所需。
  A. 4.313 B. 4.288 C. 4.244 D. 4.868

14. 某工程向银行贷款500万元，到期还款总额为870万元，贷款利率为6%，按复利计息，则贷款期限为（　　）年。
  A. 8 B. 9 C. 10 D. 9.5

15. 某人每月月末向银行存入1 000元，年利率为12%，每月计息一次，5年后取出本利和为（　　）元。
  A. 81 669.67
  C. 8 166.97
  B. 6 352.85
  D. 66 000.00

16. 某项目每年年初向银行贷款100万元，贷款年利率为6%，则第3年年末还款总额为（　　）万元。
  A. 337.46 B. 318.36 C. 318.00 D. 300.00

17. 公式 $A=F(A/F,i,n)$ 中 F 应发生在( )。
   A. 第一期等额支付时刻的前一期
   B. 与最后一期等额支付时刻相同
   C. 与第一期等额支付时刻相同
   D. 任意时期
18. 某工程建成后 10 年经营期内,每年年末可获利 250 万元,年利率为 10%,10 年的总收益现值为( )万元。
   A. 1 563.54   B. 1 546.14   C. 936.86   D. 15 363.14
19. 某夫妇已积蓄 100 万元资金,现拿该笔资金去做生意,年利率为 10%,则今后 5 年每半年等额纯收入( )万元,才能把全部本金及利息恰好收回。
   A. 12.95   B. 19.25   C. 19.52   D. 15.29

三、多项选择题

1. 关于有效利率和名义利率,下列说法错误的是( )。
   A. 当每年计息周期数 $m>1$ 时,有效利率>名义利率
   B. 实际利率比名义利率更能反映资金的时间价值
   C. 当 $m=1$ 时,有效利率=名义利率
   D. 名义利率提高,计息周期越短,有效利率与名义利率差异越小
   E. 名义利率取 12%,按月计息,则有效利率为 12.55%
2. 下列关于资金时间价值论述正确的是( )。
   A. 资金的时间价值是指等额资金在不同时间发生的价值上的差别
   B. 盈利和利息是资金时间价值的两种表现形式
   C. 资金的时间价值分析是一种动态分析方法
   D. 利率是衡量资金时间价值的相对尺度
   E. 只有实际利率才能反映资金的时间价值
3. 在投资现金流量表中,现金流出包括( )。
   A. 贷款利息   B. 固定资产投资
   C. 流动资金   D. 折旧费
   E. 经营成本
4. 在投资现金流量表中,现金流入不包括( )。
   A. 折旧   B. 销售收入
   C. 银行贷款   D. 回收固定资产余值
   E. 流动资金回收

四、计算题

1. 现有一项目,其现金流量:第 1 年年初投资 1 000 万元,第 2 年收益 100 万元,第 3 年收益 200 万元,第 4 年收益 300 万元,第 5 年收益 400 万元,第 6 年到第 10 年每年年收益 500 万元,第 11 年收益 450 万元,设年利率为 12%,求:(1)现值;(2)终值。
2. 某企业预计在 10 年内每年从银行提取 100 万元,银行利率为 6%,问:现在至少应存入多少元?
3. 在银行存入 1 000 元,存期 5 年,试计算下列两种情况的本利和:

(1)单利,年利率7%;(2)复利,年利率5%。

4. 以按揭贷款方式购房,贷款20万元,假定年名义利率为12%,10年内按月等额分期付款,每月应付多少?

5. 某项目融资采取银行借入长期借款的方式,已知企业可选择两种计息方式,其一是年利率为5%,按月计息;其二是年利率为6%,按半年计息。那么企业应选择哪种计算方式?

模块4　工程经济评价的基本指标及方法

案例导入

为修建某河的大桥，经考虑有A、B两处可供选点：在A地建桥其投资为1 200万元，年维护费2万元，水泥桥面每10年翻修一次需5万元；在B点建桥，预计投资1 100万元，年维护费8万元，该桥每3年粉刷一次3万元，每10年整修一次4万元，若利率为10%。

问：两个方案哪个为最优？

学习目标

通过本模块的学习，要求掌握多方案之间的经济关系类型及其特点，掌握寿命相同互斥方案的比选方法、净现值法、净现值率法、内部收益率法、最小费用法等；掌握独立方案的比选原则和比选方法，熟悉其他方案比选的基本原则和方法。

4.1　经济评价的基本指标

4.1.1　技术方案计算期的确定

技术方案的计算期是指在经济效果评价中为进行动态分析所设定的期限，包括建设期和运营期。

1. 建设期

建设期是指技术方案从资金正式投入开始到建成投产为止所需要的时间。建设期应根据方案实施内容、工程量大小、技术难易程度、资金保障程度、实施条件和管理组织等多因素综合研究确定。

2. 运营期

运营期分为投产期和达产期两个阶段。

(1)投产期是指技术方案投入生产，但生产能力尚未完全达到设计能力时的过渡阶段。

(2)达产期是指生产运营达到设计预期水平后的时间。

运营期一般应根据技术方案主要设施和设备的经济寿命期(或折旧年限)、产品寿命期、主要技术的寿命期等多种因素综合确定。

综上可知，技术方案计算期的长短主要取决于技术方案本身的特性，因此无法对技术方案计算期做出统一规定。

计算期以时间为单位，计算期较长时多以年为时间单位。计算期较短的技术方案，在较短的时间间隔内(如月、季或半年)现金流水平可能会有较大变化,则需根据技术方案的具体情况选择合适的计算现金流量的时间单位。

由于折现评价指标受计算时间的影响较大,所以对需要比较的技术方案应取相同的计算期。

4.1.2 基准投资收益率

基准投资收益率,是企业或者投资者以动态的观点所确定的评价指标,它体现的是技术方案最低标准的收益水平。该指标在本质上体现了投资决策者对技术方案资金时间价值的判断,是投资资金应获取的最低盈利水平,它是评价和判断技术方案在经济上是否可行和不同技术方案比选的主要依据。因此,基准收益率确定得合理与否会直接影响技术方案经济效果的评价结论。所以基准收益率是一个重要的经济参数。

基准收益率的测定如下:

(1)在政府投资项目以及按政府要求进行财务评价的建设项目中采用的行业财务基准收益率,应根据政府的政策导向进行确定。

(2)在企业各类技术方案的经济效果评价中参考选用的行业财务基准收益率,应在分析一定时期内国家和行业发展战略、发展规划、产业政策、资源供给、市场需求、资金时间价值、技术方案目标等情况的基础上,结合行业特点、行业资本构成情况等因素综合测定。

(3)在中国境外投资的技术方案财务基准收益率的测定,应首先考虑国家风险因素。

(4)投资者自行测定技术方案的最低可接受财务收益率,还应根据自身的发展战略和经营策略、技术方案的特点与风险、资金成本、机会成本等因素综合测定。

①资金成本是为取得资金使用权所支付的费用,主要包括筹资费和资金的使用费。

②机会成本是指投资者将有限的资金用于拟实施技术方案而放弃的其他投资机会所能获得的最大收益。机会成本虽不是实际支出,但在工程经济分析时,应作为一个因素加以认真考虑,有助于选择最优方案。

由上可得,投资者自行测定的基准收益率可确定如下:

若技术方案现金流量是按当年价格预测估算的,则应以年通货膨胀率 i_3 修正 i_c。即

$$i_c=(1+i_1)(1+i_2)(1+i_3)-1\approx i_1+i_2+i_3 \tag{4-1}$$

若技术方案的现金流量是按几年不变价格预测估算的,预测结果已排除通货膨胀因素的影响,就不再重复考虑通货膨胀的影响去修正值,即

$$i_c=(1+i_1)(1+i_2)-1\approx i_1+i_2 \tag{4-2}$$

上述近似处理的前提条件是 i_1、i_2、i_3 都为小数。

总之,合理确定基准收益率,对于投资决策极为重要。

4.1.3 静态评价指标

经济评价指标可以按不同的标准进行分类,按是否考虑时间因素,可以把经济评价指标分为静态评价指标和动态评价指标。静态评价指标不考虑时间因素,而动态评价指标则必须考虑时间因素,在计算过程中需要将资金的时间价值计算进去。

静态评价指标因无须考虑时间价值,故计算较为简便,但其不能准确地反映方案的经济效益,因而一般只作为辅助指标使用;动态评价指标计算虽然复杂,但其充分地体现了

资金的增值规律,准确反映了方案的经济效益状况,所以是常用的评价指标。经济评价指标体系如图 4-1 所示。

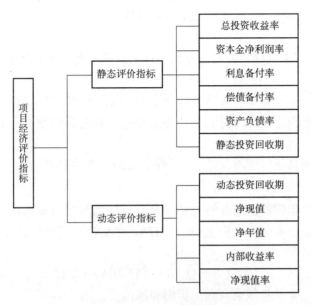

图 4-1 经济评价指标体系

1. 总投资收益率(ROI)

总投资收益率(ROI)表示技术方案总投资的盈利水平,按下式计算:
$$ROI = EBIT/TI \tag{4-3}$$

式中 TI——技术方案总投资(包括建设投资、建设期贷款利息和全部流动资金);

$EBIT$——技术方案运营期内正常年份的年息税前利润或运营期内年平均息税前利润,$EBIT$=净利润+计入年总成本的利息+所得税税金。

技术方案总投资收益率高于同行业的总投资收益率参考值,表明项目满足盈利能力要求,投资收益率是反映全部投资收益能力的静态指标。

2. 资本金净利润率(ROE)

技术方案资本金净利润率(ROE)表示技术方案资本金的盈利水平,按下式计算:
$$ROE = NP/EC \tag{4-4}$$

式中 EC——技术方案资本金;

NP——技术方案正常年份的年净利润或运营期内年平均净利润,净利润=利润总额—所得税。

技术方案资本金净利润率高于同行业的净利润率参考值,表明用资本金净利润率表示的技术方案盈利能力满足要求。

【例 4-1】 已知某技术方案拟投入建设投资 3 540 万元(其中资本金为 1 840 万元),建设期利息 60 万元,全部流动资金 800 万元,年均息税前利润 595.4 万元,年均净利润为 404.06 万元,计算其总投资收益率和资本金净利润率。

解:$ROI = 595.4/4\,400 \times 100\% = 13.53\%$

$ROE = 404.06/1\,840 \times 100\% = 21.96\%$

3. 利息备付率(ICR)

利息备付率也称已获利息倍数，指在技术方案借款偿还期内各年企业可用于支付利息的息税前利润与当期应付利息的比值。按下式计算：

$$ICR = EBIT/PI \tag{4-5}$$

式中 $EBIT$——息税前利润，即利润总额与计入总成本费用的利息费用之和；

PI——计入总成本费用的应付利息。

利息备付率应分年计算，它从付息资金来源的充裕性角度反映企业偿付债务利息的能力，表示企业使用息税前利润偿付利息的保证倍率。利息备付率高，表明利息偿付的保障程度高。

一般情况下，利息备付率不宜低于2，并满足债权人的要求。

4. 偿债备付率(DSCR)

偿债备付率是从偿债资金来源的充裕性角度反映偿付债务本息的能力，是指在借款偿还期内，各年可用于还本付息的资金($EBITDA-TAX$)与当期应还本付息金额(PD)的比值。按下式计算：

$$DSCR = (EBITDA - TAX)/PD \tag{4-6}$$

式中 $EBITDA$——企业息税前利润加折旧和摊销费；

TAX——企业所得税；

PD——应还本付息的金额，包括当期应还贷款本金额及计入总成本费用的全部利息。融资租赁费用可视同借款偿还；运营期内的短期借款本息也应纳入计算。

如果企业在运行期内有维持运营的投资，可用于还本付息的资金应扣除维持运营的投资。

偿债备付率应分年计算，它表示企业可用于还本付息的资金偿还借款本息的保证倍率。偿债备付率低，说明偿付债务本息的资金不充足，偿债风险大。正常情况偿债备付率应当大于1，并结合债权人的要求确定。当指标小于1时，表示企业当年资金来源不足以偿付当期债务，需要通过短期借款偿付已到期债务。一般情况下，偿债备付率不宜低于1.3。

5. 资产负债率(LIAR)

资产负债率又称举债经营比率，它是用以衡量企业利用债权人提供资金进行经营活动的能力，以及反映债权人发放贷款的安全程度的指标，通过将企业的负债总额与资产总额相比较得出，反映在企业全部资产中属于负债比率。按下式计算：

$$LIAR = TL/TA \tag{4-7}$$

式中 TL——期末负债总额；

TA——期末资产总额。

适度的资产负债率，表明企业经营安全、稳健，具有较强的筹资能力，也表明企业和债权人的风险较小。对该指标的分析，应结合国家宏观经济状况、行业发展趋势、企业所处竞争环境等具体条件判定。在项目财务分析中，长期债务还清后，可不再计算资产负债率。

如果资产负债比率达到100%或超过100%说明公司已经没有净资产或资不抵债。

6. 静态投资回收期

(1)概念。投资回收期(Payback Period)又称投资返本期，是指从项目投建之日起，用于项目各年的净收入(年收入减年支出)将全部投资回收所需要的期限。其单位通常用"年"

表示；计算投资回收期时，根据是否考虑资金的时间因素，可分为静态投资回收期和动态投资回收期。

投资回收期的起点一般应从项目投资建设之日算起，有时也从投产之日或贷款之日算起。

(2)定义式。静态投资回收期，可以表示成如下的通式：

$$\sum_{t=0}^{T_P}(CI-CO)_t=0 \quad (4-8)$$

式中　CI——第 t 年的现金流入；
　　　CO——第 t 年的现金流出(包括投资)；
　　　T_P——静态投资回收期。

(3)应用式。静态投资回收期可借助技术方案投资现金流量表，根据净现金流量计算，其具体计算又分以下两种情况：

①当技术方案实施后各年的净收益(即净现金流量)均相同时，静态投资回收期的计算公式如下：

$$T_P=I/A \quad (4-9)$$

式中　I——技术方案总投资；
　　　A——技术方案每年的净收益，即 $A=(CI-CO)_t$。

【例 4-2】　某技术方案估计总投资 2 800 万元，技术方案实施后各年净收益为 320 万元，则该技术方案的静态投资回收期为多少？

解： $T_P=I/A=2\ 800/320=8.75$（年）

②当技术方案实施后各年的净收益不相同时，静态投资回收期可根据累计净现金流量求得，也就是在技术方案投资现金流量表中累计净现金流量由负值变为零的时点。其计算公式为

$$T_P=T-1+\frac{\text{第}(T-1)\text{年的累计现金流量的绝对值}}{\text{第}T\text{年的净现金流量}} \quad (4-10)$$

式中　T——项目各年累计净现金流量首次出现正值或零的年份。

(4)静态投资回收期的判别。

运用静态投资回收期指标评价技术方案时，需要与基准投资回收期 T_b 相比较。

若 $T_P \leqslant T_b$，则方案可以考虑接受；

若 $T_P > T_b$，则方案应予拒绝。

(5)静态投资回收期的表格计算方法。对于各年净收入不同的项目，投资回收期通常用列表法求解。某建设项目的投资及各年收入和支出情况见表 4-1。

表 4-1　某建设项目的投资及各年收入和支出情况　　　　　万元

年份	0	1	2	3	4	5	6	7	8	9	10	合计
1. 建设投资	180	240	80									500
2. 流动资金			250									250
3. 总投资(1+2)	180	240	330									750
4. 收入				300	400	500	500	500	500	500	500	3 700
5. 支出(不含投资)				250	300	350	350	350	350	350	350	2 650

续表

年份	0	1	2	3	4	5	6	7	8	9	10	合计
6.净收入(4-5)				50	100	150	150	150	150	150	150	1 050
累计净现金流量	-180	-420	-750	-700	-600	-450	-300	-150	0	150	300	

根据表格法,计算静态投资回收期的实用公式为

$$T_P = T - 1 + \frac{第(T-1)年的累计现金流量的绝对值}{第 T 年的净现金流量}$$

使用表格法,在表 4-1 的最后一行对项目的累计净现金流量进行计算,在第 8 年恰好为零,故该项目的静态投资回收期为 8 年。若建设项目的基准投资回收期为 10 年,则该项目可以考虑接受。

【例 4-3】 根据表 4-2 中数据计算静态投资回收期。若基准投资回收期为 7 年,项目是否可行?

表 4-2 静态投资回收期计算表   万元

t	0	1	2	3	4	5	6	7	8	9
$(CI-CO)_t$	-10 000	200	500	900	1 200	1 800	2 300	3 300	4 000	5 000
$\sum(CI-CO)_t$	-10 000	-9 800	-9 300	-8 400	-7 200	-5 400	-3 100	200	4 200	9 200

解:

$$T_P = T - 1 + \frac{第(T-1)年的累计现金流量的绝对值}{第 T 年的净现金流量}$$

$$T_P = 7 - 1 + \frac{3\ 100}{3\ 300} = 6.94(年)$$

因为计算出的静态投资回收期小于基准投资回收期,故项目可行。

(6)静态投资回收期的特点。技术方案的决策面临着未来的不确定因素,这种不确定因素所带来的风险随着时间的延长而增加,因为未来的时间越远,人们所确定的东西就越少,风险就越大,为了降低风险,投资者必然希望投资回收期越短越好。

①静态投资回收期的优点:概念清晰,简单易行,直观,宜于理解;不仅在一定程度上反映了技术方案的经济性,而且反映了技术方案的风险大小和投资的补偿速度,既可判定单个方案的可行性,也可用于方案间的比较。

②静态投资回收期指标的缺点:没有反映资金的时间价值,由于它舍弃了方案在回收期以后的收入和支出情况,故难以全面反映方案在整个寿命期内的真实效益;没有考虑期末残值。方案的投资额相差较大时,比较的结论难以确定。静态投资回收期作为能够反映技术方案的经济性和风险性的指标,在建设项目评价中具有独特的地位和作用,被广泛用作建设项目评价的辅助性指标。

4.1.4 动态评价指标

1. 动态投资回收期

为了克服静态投资回收期未考虑资金时间价值的缺点,在投资项目评价中有时采用动态投资回收期。动态投资回收期是能使下式成立的值(单位:年)。

$$\sum_{t=0}^{T_P}(CI-CO)_t(1+i_0)^{-t}=0 \qquad (4-11)$$

用动态投资回收期评价投资项目的可行性,需要与基准投资回收期 T_b 相比较。判别准则为

若 $T_P \leqslant T_b$,则方案可以考虑接受;

若 $T_P > T_b$,则方案应予拒绝。

【例 4-4】 某项目有关数据见表 4-3。基准折现率 $i=10\%$,基准投资回收期 $T_b=8$ 年,试计算动态投资回收期,并判断该项目的可行性。

表 4-3 动态投资回收期计算表　　　　　　　　　　　　　　万元

年份 t	0	1	2	3	4	5
1. 投资支出	−20	−500	−100			
2. 净收入				150	250	250
3. 净现金流量 $(CI-CO)_t$	−20	−500	−100	150	250	250
4. 折现值系数 $(1+10\%)^{-t}$	1.0	0.9091	0.8264	0.7513	0.6830	0.6209
5. 折现值	−20.0	−454.6	−82.6	112.7	170.8	155.2
6. 累积折现值	−20	−474.6	−557.2	−444.5	−273.7	−118.5

年份 t	6	7	8	9	10
1. 投资支出					
2. 净收入	250	250	250	250	250
3. 净现金流量 $(CI-CO)_t$	250	250	250	250	250
4. 现值系数 $(1+10\%)^{-t}$	0.5645	0.5132	0.4665	0.4241	0.3855
5. 折现值	141.1	128.3	116.6	106.0	96.4
6. 累计折现值	22.6	150.9	267.5	373.5	469.9

解: 计算各年净现金流量的累积折现值。很明显,投资回收期应在第 5 年和第 6 年之间。可以采用插值法计算,如下式:

$$T_P = (累计折现值出现正值的年份)-1+\frac{上年累计折现值的绝对值}{当年净现金流量的现值}$$

本例,在第 6 年出现正值,所以: $T_P=6-1+\dfrac{|-118.5|}{141.1}=5.84$(年)

$T_P < T_b$,项目可以被接受。

与静投资回收期指标相比较,动态投资回收期考虑了资金的时间价值,但计算较为复杂。通常只宜用于辅助性评价。

根据表 4-4 现金流量序列,计算其静态投资回收期和动态投资回收期,并判断项目可行性,其中: $i=10\%$, $T_b=8$ 年。

解: 各年现金流量列于表 4-4 中,计算得

静态投资回收期 $T_P=8-1+\dfrac{|-84|}{150}=7.56$(年)

由静态投资回收期判断, $T_P < T_b$,项目可接受。

动态投资回收期 $T_p = 11 - 1 + \dfrac{|-2.94|}{150} = 10.02$(年)

由动态投资回收期判断，$T_P > T_b$，项目不可接受。

由此可判断，一般投资项目的动态投资回收期大于静态投资回收期。

表 4-4　现金流量表　　　　　　　　　　　　　　　　　　　　万元

年份	净现金流量	累计净现金流量	折现系数	净现金流量折现值	累计折现值
1	−180	−180	0.909 1	−163.64	−163.63
2	−250	−430	0.826 4	−206.60	−370.24
3	−150	−580	0.751 3	−112.70	−482.94
4	84	−496	0.683 0	57.37	−425.57
5	112	−384	0.620 9	69.54	−356.03
6	150	−234	0.564 5	84.68	−271.35
7	150	−84	0.513 2	76.98	−194.37
8	150	66	0.466 5	69.98	−124.39
9	150	216	0.424 1	63.62	−60.77
10	150	366	0.385 5	57.83	−2.94
11	150	516	0.350 3	52.57	49.63

2. 净现值

(1) 概念。净现值(NPV)是反映技术方案在计算期内盈利能力的动态评价指标。技术方案的净现值是指用一个预定的基准收益率(或设定的折现率)，分别把整个计算期间内各年所发生的净现金流量都折现到技术方案开始实施时的现值之和。

表达式

$$NPV = \sum_{t=0}^{n} (CI - CO)_t (1 + i_c)^{-t} \tag{4-12}$$

式中　NPV——净现值；

　　　CI——第 t 年的现金流入额；

　　　CO——第 t 年的现金流出额；

　　　n——项目寿命年限(或计算期)；

　　　i_c——基准折现率。

(2) 判别准则。净现值是评价技术方案盈利能力的绝对指标。当 $NPV > 0$ 时，除了满足基准收益率要求的盈利之外，还能得到超额收益的现值，换句话说，技术方案现金流入的现值和大于现金流出的现值和，该技术方案有超额收益的现值，故该技术方案财务上可行；当 $NPV = 0$ 时，说明该技术方案基本能满足基准收益率要求的盈利水平，即技术方案现金流入的现值正好抵偿技术方案现金流出的现值，该技术方案财务上还是可行的；当 $NPV < 0$ 时，说明该技术方案不能满足基准收益率要求的盈利水平，即技术方案收益的现值不能抵偿支出的现值，该技术方案财务上不可行。

对多个互斥技术方案评价时，在所有 $NPV > 0$ 的技术方案中，以净现值最大的技术方案为财务上相对更优的方案。

【例 4-5】 已知某技术方案的现金流量见表 4-5,设 $i_c=8\%$,计算净现值。

表 4-5 技术方案的现金流量表

年份	1	2	3	4	5	6	7
净现金流量/万元	−4 200	−4 700	2 000	2 500	2 500	2 500	2 500

解:

$$NPV=-4\,200\times\frac{1}{(1+8\%)}-4\,700\times\frac{1}{(1+8\%)^2}+2\,000\times\frac{1}{(1+8\%)^3}+2\,500\times\frac{1}{(1+8\%)^4}+$$
$$2\,500\times\frac{1}{(1+8\%)^5}+2\,500\times\frac{1}{(1+8\%)^6}+2\,500\times\frac{1}{(1+8\%)^7}$$
$$=-4\,200\times0.925\,9-4\,700\times0.857\,3+2\,000\times0.793\,8+2\,500\times0.735\,0+$$
$$2\,500\times0.680\,6+2\,500\times0.630\,2+2\,500\times0.583\,5$$
$$=242.76(万元)$$

由于 $NPV=242.76$ 万元>0,所以该技术方案在经济上可行。

(3)优劣。财务净现值指标的优点:考虑了资金的时间价值,并全面考虑了技术方案在整个计算期内现金流量的时间分布的状况;经济意义明确直观,能够直接以货币额表示技术方案的盈利水平;判断直观。缺点:必须首先确定一个符合经济现实的基准收益率,而基准收益率的确定往往是比较困难的;在互斥方案评价时,财务净现值必须慎重考虑互斥方案的寿命,如果互斥方案寿命不等,必须构造一个相同的分析期限,才能进行各个方案之间的比选;财务净现值也不能真正反映技术方案投资中单位投资的使用效率;不能直接说明在技术方案运营期间各年的经营成果;没有给出该投资过程确切的收益大小,不能反映投资的回收速度。

3. 净现值率

(1)概念。净现值率(NPVR)又称净现值比、净现值指数,是指项目净现值与原始投资现值的比率。净现值率是一种动态投资收益指标,用于衡量不同投资方案的获利能力大小,说明某项目单位投资现值所能实现的净现值大小。净现值率小,单位投资的收益就低,净现值率大,单位投资的收益就高。

(2)表达式。

$$NPVR=\frac{NPV}{I_P} \tag{4-13}$$

式中 $NPVR$——净现值率;

NPV——项目累计现金净流量现值;

I_P——投资 I 的现值。

【例 4-6】 已知某技术方案现金流量见表 4-6,计算净现值率。

表 4-6 技术方案现金流量表 万元

项目	建设期/年		经营期/年					合计
	0	1	2	3	4	5	6	
现金净流量	−1 000	−1 000	550	950	1 020	1 230	1 500	3 250
累计现金净流量	−1 000	−2 000	−1 450	−500	520	1 750	3 250	

续表

项目	建设期/年		经营期/年					合计
	0	1	2	3	4	5	6	
折现系数(12%)	1	0.892 9	438.46	676.21	648.21	697.9	759.9	
现金净流量现值	−1 000	−892.9	438.46	676.21	648.21	697.9	759.9	1 327.78
累计现金净流量现值	−1 000	−1 892.9	−1 454.44	−778.23	−130.02	567.88	1 327.78	

解：$I_P = 1 829.9$ 万元

$NPV = 1 327.78$ 万元

$NPVR = \dfrac{NPV}{I_P} = \dfrac{1 327.78}{1 892.9} = 0.70$

(3)优劣。净现值率的优点：从动态角度反映项目投资的资金投入与净产出之间的关系。缺点：无法直接反映投资项目的实际收益率水平。

4. 净年值

(1)概念。净年值(NAV)是指按给定的折现率，通过等值换算将方案计算期内各个不同时点的净现金流量分摊到计算期内各年的等额年值。

(2)表达式。

$$NAV = NPV(A/P, i_c, n) \tag{4-14}$$

【例 4-7】 试计算图 4-2 中现金流量系统的净年值(单位：万元。基准折现率 $i_c = 15\%$)。

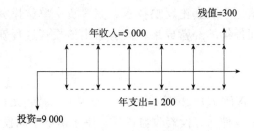

图 4-2　现金流量系统

解：根据公式得 $NAV = -9 000(A/P, 15\%, 6) + 5 000 - 1 200 + 300(A/F, 15\%, 6)$
$= -9 000 \times 0.264 2 + 5 000 - 1 200 + 300 \times 0.114 2 = 1 456.46$(万元)

(3)优劣。净年值指数(NAV)指标虽然可以同时克服净现值对于投资额过大和寿命期过长的方案的偏差，但是由于其经济效益表达不直观，因此指标缺乏说服力，一般不用于单个方案的评价。即使多个方案的比较评价时，净年值指数也只是作为辅助指标来考虑。

5. 内部收益率

(1)概念。内部收益率(IRR)又称内部报酬率。在所有的经济评价指标中，内部收益率是最重要的评价指标之一，它是对项目进行盈利能力分析时采用的主要方法。进行财务评价，分析项目的财务盈利能力时，主要计算和考察项目财务内部收益率；进行国民经济评价，分析项目的国民经济盈利能力时，主要计算和考察项目经济内部收益率。简而言之，就是净现值为零时的折现率。

内部收益率是指项目在整个计算期内各年净现金流量的现值累计等于零(或净年值等于零)时的折现率。

内部收益率是效率型指标，它反映项目所占用资金的盈利率，是考察项目资金使用效率的重要指标。

(2)表达式。

$$NPV(i) = \sum_{t=0}^{n} (CI-CO)_t (1+i)^{-t} \qquad (4-15)$$

工程经济中常规技术方案的财务净现值函数曲线在其定义域（$-1<i<+\infty$）内，随着折现率的逐渐增大，财务净现值由大变小，由正变负，NPV与i之间的关系一般如图4-3所示。

从图4-3可以看出，按照财务净现值的评价准则，只要$NPV(i) \geqslant 0$，技术方案就可接受。但由于$NPV(i)$是i的递减函数，故折现率定得越高，技术方案被接受的可能性越小。那么i最大可以大到多少，仍使技术方案可以接受呢？很明显可以大到使$NPV(i)=0$，这时$NPV(i)$曲线与横轴相交，i达到了其临界值i^*，可以说i^*就是财务净现值评价准则的一个分水岭，i^*就是财务内部收益率。

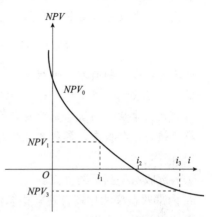

图4-3 常规技术方案的净现值函数曲线

$$NPV(IRR) = \sum_{t=0}^{n} (CI-CO)_t (1+IRR)^{-t} = 0 \qquad (4-16)$$

式中 IRR——财务内部收益率。

财务内部收益率是一个未知的折现率，由公式(4-16)可知，求方程式中的折现率需解高次方程，不易求解。在实际工作中，一般通过计算机直接计算，手算时可采用内插法确定内部收益率。

计算公式为

$$IRR = i_1 + \frac{NPV_1}{NPV_1 - |NPV_2|}(i_2 - i_1) \qquad (4-17)$$

(3)判别准则。内部收益率计算出来后，与基准收益率i_c进行比较。

当$IRR \geqslant i_c$时，则表明项目的收益率已达到或超过设定折现率水平，项目可行，可以接受；

当$IRR < i_c$时，则表明项目的收益率未达到设定折现率水平，项目不可行，应予拒绝。

【例4-8】 某项目净现金流量见表4-7。当基准折现率$i_c=10\%$时，试用内部收益率指标判断该项目在经济效果上是否可以接受。

表4-7 某项目净现金流量

时点/年	0	1	2	3	4	5
净现金流量/万元	−2 000	300	500	500	500	1 200

解：用内插法计算内部收益率。

列出方程：

$$NPV(i) = -2\,000 + 300 \times (1+i)^{-1} + 500 \times (1+i)^{-2} + 500 \times (1+i)^{-3} +$$
$$500 \times (1+i)^{-4} + 1\,200 \times (1+i)^{-5} = 0$$

第一次试算，依经验先取一个收益率，取 $i_c=12\%$，代入方程，求得
$$NPV(i_1)=-2\,000+300\times0.892\,9+500\times(0.797\,2+0.711\,8+\\0.635\,5)+1\,200\times0.567\,4=21(万元)<0$$

由净现值函数曲线的特性知，收益率的取值偏小，应再取大些。

第二次试算，取 $i_c=14\%$，代入方程求得 $NPV(i_2)=-91(万元)<0$

可见，内部收益率必然为 $12\%\sim14\%$，代入内插法计算式可求得
$$IRR=12\%+21\times\frac{14\%-12\%}{21+91}=12.4\%$$

第三步：分析判断方案可行性。

因为，$IRR=12.4\%$ 大于 $i_c=10\%$，所以，该方案是可行的。

内部收益率被普遍认为是项目投资的盈利率，反映了投资的使用效率，概念清晰明确。比起净现值与净年值来，各行各业的经济工作者更喜欢采用内部收益率。

(4)优劣。

①内部收益率指标的优点：

a. 内部收益率法比较直观，概念清晰、明确，并可直接表明项目投资的盈利能力和反映投资使用效率的水平。

b. 内部收益率是内生决定的，即由项目的现金流量系统特征决定的，不是事先外生给定的。这与净现值法和净年值法等都需要事先设定一个基准折现率才能进行计算和比较来说，操作起来困难小，容易决策，而基准收益率的确定是十分困难的。目前国家已编制和确定了一些行业的基准收益率可参照使用，但还有大量的行业和部门至今未制定出可以参照的基准收益率。

②内部收益率指标的缺点：

a. 内部收益率指标计算烦琐，对于非常规项目有多解和无解问题，分析、检验和判别比较复杂。

b. 内部收益率指标虽然能明确表示出项目投资的盈利能力，但实际上当项目的内部收益率过高或过低时，往往失去实际意义。

c. 内部收益率法适用独立方案的经济评价和可行性判断，但多方案分析时，一般不能直接用于比较和选优。

4.2 方案经济性分析比较的基本方法

4.2.1 单指标比较方法

单指标比较方法是用单一指标作为选择方案的标准。

在实际工作中，往往通过方案的预选，确定一些其他方面的指标符合基本要求的方案，再根据一个重要的指标来确定优劣。

4.2.2 多指标综合比较方法

(1)多指标综合比较用一系列指标来综合比较方案的优劣。

(2)多指标综合比较的过程。
①确定目标。
②确定评价范围。
③确定评价的指标。
④确定评价指标的评价标准。
⑤确定指标的权重。
⑥确定综合评价的判据和方法。
(3)综合评价值的计算。综合评价值的计算(采用加权平均法)如下：

$$S_i = \sum S_{ij} W_j \tag{4-18}$$

式中　S_i——第 i 个方案的综合评价值，$i=1,2,\cdots,n$；

　　　S_{ij}——第 i 个方案的第 j 个指标的指标值，$j=1,2,\cdots,m$；

　　　W_j——第 j 个指标的权重，$\sum W_j = 1$。

4.2.3　优劣平衡分析方法

优劣平衡分析，又称为损益平衡分析，是方案比较分析中应用较广的一种方法。它是根据某个评价指标(包括多指标的综合评价值)在某个因素变动情况下，对方案的优劣变化的比较。

损益平衡分析的基本过程如下：

(1)确定比较各方案优劣的指标 r。

(2)确定各方案的指标值随变动因素变化的函数关系。

$$r_i = f_i(x) \tag{4-19}$$

式中　r_i——第 i 个方案的指标值；

　　　x——变动因素；

　　　$f_i(x)$——第 i 个方案的指标值随着自变量 x 变化的函数关系。各方案的指标随变动因素变化曲线的交点即为方案之间的优劣分歧点(损益平衡点)，由此可确定对应的变动因素 x 的值。

4.3　工程项目多方案的经济比较与选择

4.3.1　方案的创造和制定

(1)提出和确定被选方案的途径：机构内的个人灵感、经验和创新意识以及集体智慧；技术招标、方案竞选；技术转让、技术合作、技术入股和技术引进；技术创新和技术扩散；社会公开征集；专家咨询和建议。

(2)方案创造的方法：
①BS法(头脑风暴法)——畅谈会。
②哥顿法(模糊目标法)——主要用于新产品、新方案的创新。
③专家调查法(德尔菲法)。
④检查提问法。

⑤特征列举法——多用于新产品的设计。
⑥缺点列举法——多用于老产品的改进设计。
⑦希望点列举法——先提出改进的希望，再按这些希望改进设计方案。

4.3.2 多方案之间的关系类型及其可比性

1. 建设项目经济分析的基本内容

建设项目经济分析的基本内容包括单方案检验、多方案比选和不确定性分析。

(1)单方案检验。单方案检验是指对某个初步选定的投资方案，根据项目收益与费用的情况，通过计算其经济评价指标，确定项目的可行性。

单方案检验的方法比较简单，其主要步骤如下：

①确定项目的现金流量情况，编制项目现金流量表或者绘制现金流量图。
②根据公式计算项目的经济评价指标。
③根据计算出的指标值以及相对应的判别准则来确定项目的可行性。

(2)多方案比选。在实践中，往往面临许多项目的选择，每个项目又会有很多方案，这些方案或是采用不同的技术工艺和设备，或是有不同的规模和坐落位置，或是利用不同的原料和半成品等。当这些方案在技术上都可行，经济上也都合理时，经济分析的任务就是从中选择最好的方案。因此，多方案比选就是指对根据实际情况所提出的多个备选方案，通过选择适当的经济评价方法与指标，来对各个方案的经济效益进行比较，最终选择出具有最佳投资效果的方案。

(3)不确定性分析。建设项目不确定性分析是指项目经济评价中，对预测和估算的各项投入、产出数据的不确定性给项目经济评价指标带来影响程度的项目方案分析。它是深化项目经济评价的重要方法。不确定性分析包括财务评价的不确定性分析和国民经济评价的不确定性分析，其主要方法是盈亏平衡分析、敏感性分析和概率分析。

2. 多方案比选要考虑的内容

(1)备选方案的筛选，剔除不可行的方案，因为不可行的方案是没有资格参加方案比选的。备选方案的筛选实际上就是单方案检验，利用经济评价指标的判断准则来剔除不可行的方案。

(2)进行方案比选时所考虑的因素。多方案比选可按方案的全部因素计算多个方案的全部经济效益与费用，进行全面的分析对比，也可仅就各个方案的不同因素计算其相对经济效益和费用，进行局部的分析对比。另外还要注意各个方案间的可比性，要遵循效益与费用计算口径相一致的原则。

(3)各个方案的结构类型。对于不同结构类型的方案要选用不同的比较方法和评价指标，考察的结构类型所涉及的因素有方案的计算期是否相同，方案所需的资金来源有否限制，方案的投资额是否相差过大等。

3. 多方案之间的关系类型

一般来讲，根据多方案之间的经济关系类型，一组备选方案之间存在着各种关系类型，如互斥关系、独立关系、混合关系、互补关系、条件(从属)关系、现金流量相关关系等。

(1)互斥关系。互斥关系是指各个方案之间存在着互不相容、互相排斥的关系，各个方案可以互相代替，方案具有排他性。进行方案比选时，在多个备选方案中只能选择一个，其余的均必须放弃，不能同时存在。这类多方案在实际工作中最常见到。互斥方案可以指同一项目的不同备选方案，如一个建设项目的工厂规模、生产工艺流程、主要设备、厂址选择等；也可以指不同的投资项目，如是进行基础设施的投资，还是工业项目的投资，工业项目投资是投资钢铁生产项目，还是石油开采项目等。

互斥项目可以按以下因素进行分类。

①按寿命期长短的不同进行分类：

a. 寿命期相同的互斥方案，即参与比选的所有方案的寿命期均相同。

b. 寿命期不同的互斥方案，即参与比选的所有方案的寿命期不全相同。

c. 寿命无限的互斥方案，即参与比选的方案中有永久性工程或寿命期很长可以看作寿命无限的工程，如大型水坝、运河等。

②按规模不同进行分类：

a. 相同规模的方案，即参与比选的方案具有相同的产出量或容量，在满足相同功能方面和数量要求方面具有一致性和可比性。

b. 不同规模的方案，即参与比选的方案具有不同的产出量或容量，在满足相同功能方面和数量要求方面不具有一致性和可比性。对于具有此类关系类型的互斥方案，通过评价指标的适当变换使其在满足功能和数量要求方面具有可比性。

(2)独立关系。独立关系是指各投资方案的现金量是独立的，不具有相关性，选择其中一个方案并不排斥接受其他方案，即一个方案的采用与否只与自己的可行性有关，而与其他方案是否采用没有关系。

(3)混合关系。在一组方案中，方案之间有些具有互斥关系，有些具有独立关系，则称这一组方案为混合方案。混合方案在结构上又可组织成两种形式。

①在一组独立多方案中，每个独立方案下又有若干个互斥方案的形式。例如，某大型零售业公司现欲投资在两个相距较远的A城和B城各建一座大型仓储式超市，显然A、B是独立的。在A城有3个可行地点A1、A2、A3供选择，在B城有2个可行地点B1、B2供选择，则A1、A2、A2是互斥关系，B1、B2也是互斥关系。

②在一组互斥多方案中，每个互斥方案下又有若干个独立方案的形式。例如，某大型企业集团面临两个投资机会：一个是投资房地产开发项目C，一个是生物制药项目D，由于资金有限只能在这两个项目中选择其一。房地产开发项目是某市一个大型的城市改造项目，其中有居住物业C1、商业物业C2，还有一处大型的体育设施项目(包括游泳馆、体育馆和室外健身场地等)C3，该企业可以选择全部进行投资，也可选择其中的一个或两个项目进行投资；生物制药项目有D1和D2两个相距遥远的地区都急需投资以充分利用当地资源，该企业的资金也可以同时支持D1和D2两个项目的选择。

(4)互补关系。互补方案是执行一个方案会增加另一个方案的效益，方案之间存在互为利用、互为补充的关系。在大型商场设置餐饮和儿童娱乐设施会增加商场的收益，但餐饮和儿童娱乐设施并非是商场项目的必备条件。

(5)条件(从属)关系。条件关系又称从属关系，是指某一方案的接受是以另一方案的接受为前提的。例如，要建设煤矿，则必须同时建设铁路来完成煤炭的外运，那么铁路和煤矿项目无论在建设时间和建设规模上都应该彼此适应，相辅相成，缺少其中一个，另一个就无法运行，这两者之间就是条件(从属)关系。

互补关系和条件(从属)关系的多方案可以合并为一个方案进行经济分析。

(6)现金流量相关关系。现金流量相关关系是指在一组方案中,方案之间不完全是排斥关系,也不完全是独立关系,但其中某一方案的采用与否会对其他方案的现金流量带来一定的影响,进而影响其他方案的采用或拒绝。例如,在两地之间修建铁路和(或)公路,其中铁路项目和公路项目的关系就是典型的现金流量相关关系,铁路和公路可以单独修建,也可以同时修建,但与独立方案是不同的,如果两个项目同时选择,那么由于交通分流的影响,每个项目的现金流量与单独选择该项目时的现金流量是不同的,要充分考虑两个项目的相互影响,合理估计影响后的现金流量。

4. 方案的可比性

(1)资料数据的可比性。数据资料收集整理方法统一,定额标准、价格水平、计算范围、计算方法一致。

(2)同一功能的可比性。

(3)时间上的可比性。

4.3.3 互斥方案的比较选择

互斥方案的经济效果评价应包含以下两部分内容:

一是考察各个方案自身的经济效果,即进行绝对(经济)效果检验,以保证每个参选方案的可行性。

二是考察哪个方案相对最优,即相对(经济)效果检验,以保证选中的方案是最优的。相对(经济)效果检验是指用经济效果评价标准(如 $\Delta NPV \geqslant 0$,$\Delta NAV \geqslant 0$,$\Delta IRR \geqslant i_0$),检验两个方案差额现金流量的经济性的方法。

两种检验的目的和作用不同,通常缺一不可。只有在众多互斥方案中必须选择其中之一(非选不可)时,才可以只进行相对效果检验。

互斥方案经济效果评价常用增量分析法,进行方案的相对效果检验及比选。

比选时应注意方案间的可比性:如计算期的可比性;收益与费用的性质及计算范围的可比性;方案风险水平的可比性以及评价方法所使用假定的合理性(如内部收益率的再投资假设)等。

1. 互斥方案的选择步骤

(1)按项目方案的投资额从小到大将方案排序。

(2)以投资额最低的方案为临时最优方案,计算其绝对经济效果指标并判别方案的可行性。

(3)依次计算各方案的相对经济效果,并判别找出最优方案。

2. 互斥方案比选必须具备的条件

(1)被比较方案的费用及效益计算方式一致。

(2)被比较方案在时间上可比。

(3)被比较方案现金流量具有相同的时间特征。

3. 寿命期相同的互斥方案的评价

净现值、净年值、投资回收期、内部收益率等评价指标都可用于增量分析,相应地有差额净现值、差额净年值、差额投资回收期、差额内部收益率等增量评价指标。

增量分析法:实质是判断增量投资(或称差额投资)的经济合理性,即判断增量投资是否可行。

差额净现值：$\Delta NPV = NPV_A - NPV_B \geqslant 0$，则取投资大的方案。

差额内部收益率：$\Delta IRR \geqslant i_0$，则取投资大的方案。

差额净年值：$\Delta NAV \geqslant 0$，则取投资大的方案。

(1)差额净现值。设 A、B 为两个投资额不等的互斥方案，A 方案的投资较大，则两方案的差额净现值可由下式求出：

$$\Delta NPV = \sum_{t=0}^{n}[(CI_A - CO_A)_t - (CI_B - CO_B)_t](1+i_0)^{-t} = NPV_A - NPV_B \quad (4-20)$$

式中　ΔNPV——差额净现值；

$(CI_A - CO_A)_t$——方案 A 第 t 年的净现金流；

$(CI_B - CO_B)_t$——方案 B 第 t 年的净现金流；

NPV_A、NPV_B——方案 A 与方案 B 的净现值。

判据：用增量分析法进行互斥方案比选时：

若 $\Delta NPV \geqslant 0$，表明增量投资不仅达标而且还有超额收益，是可以接受的，所以投资（现值）大的方案经济效果较好。

若 $\Delta NPV < 0$，表明增量投资不可接受，投资（现值）小的方案经济效果较好。

【例 4-9】　某项目净现金流量见表 4-8。当基准折现率 $i_0 = 10\%$ 时，试用差额净现值法判断项目优劣。

表 4-8　某项目净现金流量表　　　　　　　　　　　　　　　　　　　万元

年份	0	1～10
A 的净现金流量	-200	39
B 的净现金流量	-100	20
增量净现金流量	-100	19

解：

$$NPV_A = -200 + 39(P/A, 10\%, 10) = 39.64(万元)$$
$$NPV_B = -100 + 20(P/A, 10\%, 10) = 22.89(万元)$$

判别：$NPV_A > NPV_B > 0$

计算差额净现值：

$$\Delta NPV = -100 + 19(P/A, 10\%, 10) = 16.75(万元)$$
$$\Delta NPV > 0$$

则多投资的资金是值得的，即 A 方案优于 B 方案。

(2)差额内部收益率。差额内部收益率 ΔIRR 是指根据增量净现金流计算的差额净现值为零时的收益率。差额内部收益率的方程式为

$$\Delta NPV = \sum_{t=0}^{n}[(CI_A - CO_A)_t - (CI_B - CO_B)_t](1+\Delta IRR)^{-t}$$
$$= NPV_A - NPV_B \quad (4-21)$$

式中　ΔIRR——A、B 方案的差额内部收益率。

差额内部收益率定义的另一种表述方式是：两互斥方案净现值（或净年值）相等时的折

现率。其计算方程式也可以写成

$$\sum_{t=0}^{n}(CI_A-CO_A)_t(1+\Delta IRR)^{-t}-\sum_{t=0}^{n}(CI_B-CO_B)_t(1+\Delta IRR)^{-t}=0 \qquad (4-22)$$

注意：ΔIRR 并不等于两方案 IRR 之差。

用差额内部收益率比选方案的判别准则如下：

若 $\Delta IRR \geqslant i_0$（基准折现率），则投资（现值）大的方案为优；

若 $\Delta IRR < i_0$，则投资（现值）小的方案为优。

【例 4-10】 某项目净现金流量见表 4-9。当基准折现率 $i_0 = 15\%$ 时，试用差额内部收益率法判断项目优劣。

表 4-9 某项目净现金流量表　　　　　　　　　　　　　　　　　　万元

年份	0	1~10	10（残值）
A 的净现金流量	−5 000	1 200	200
B 的净现金流量	−6 000	1 400	0
增量净现金流量	−1 000	200	−200

解：

①绝对经济效果检验，计算 NPV：

$NPV_A = -5\ 000 + 1\ 200(P/A, 15\%, 10) + 200(P/F, 15\%, 10) = 1\ 072(万元)$

$\qquad NPV_B = -6\ 000 + 1\ 400(P/A, 15\%, 10) = 1\ 027(万元)$

判别：$NPV_A > NPV_B > 0$，即 A、B 方案均可行。

②进行相对经济效果检验，计算 ΔIRR：

$\Delta NPV = [-6\ 000 + 1\ 400(P/A, \Delta IRR, 10)] -$
$\qquad\qquad [-5\ 000 + 1\ 200(P/A, \Delta IRR, 10) + 200(P/F, \Delta IRR, 10)]$
$\qquad = 0$

取 $i_1 = 12\%$，$i_2 = 15\%$

$\Delta NPV(i_1) = [-6\ 000 + 1\ 400(P/A, 12\%, 10)] -$
$\qquad\qquad [-5\ 000 + 1\ 200(P/A, 12\%, 10) + 200(P/F, 12\%, 10)]$
$\qquad = 66(万元)$

$\Delta NPV(i_2) = [-6\ 000 + 1\ 400(P/A, 15\%, 10)] -$
$\qquad\qquad [-5\ 000 + 1\ 200(P/A, 15\%, 10) + 200(P/F, 15\%, 10)]$
$\qquad = -45(万元)$

$$\Delta IRR = i_1 + \frac{\Delta NPV(i_1)}{\Delta NPV(i_1) + |\Delta NPV(i_2)|}(i_2 - i_1) = 13.8\%$$

判别：$\Delta IRR < i_0$，即投资小的方案 A 为优选方案。

(3) 寿命期不等的互斥方案的选择。对寿命期不等的互斥方案进行比选，要满足方案间具有可比性的要求，需要解决两方面的问题：一是设定一个合理的共同分析期；二是对寿命期大于或小于分析期的方案，应选择合理的方案重复更新假设或者残值回收假定。

寿命期不同的互斥方案的评价，可以采用的指标主要有 NAV、NPV、ΔIRR、PC、AC 等。大多数方法是在方案重复更新假设基础上的。

年值法是指投资方案在计算期的收入及支出，按一定的折现率换算成等值年值，用以评价或选择方案的一种方法。年值法使用的指标有 NAV 与 AC。

用年值法进行寿命期不等的互斥方案比选，隐含着一个假设：各备选方案在其寿命期结束时均可按原方案重复实施或以原方案经济效果水平相同的方案接续。

计算公式：
$$NPVA = NPV(A/P, i, n) \tag{4-23}$$

【例 4-11】 已知 A、B 两种设备均能满足使用要求，A 设备的市场价为 100 万元，计算期为 4 年，每年可带来收入 40 万元；B 设备的市场价为 200 万元，计算期为 6 年，每年可带来收入 53 万元，试在基准折现率为 10% 的条件下选择经济上有利的方案。

解：
$$NPVA(A) = 40 - 100(A/P, 10\%, 4) = 8.5(万元)$$
$$NPVA(B) = 53 - 200(A/P, 10\%, 6) = 7.1(万元)$$

故方案 A 好。

4.3.4 独立方案和混合方案的比较选择

1. 独立方案

独立方案，是指作为评价对象的各个方案的现金流是独立的，不具有相关性，且任一方案的采用与否都不影响其他方案的决策。如果决策的对象是单一方案，则可以认为是独立方案的特例。

独立方案的评价特点：独立方案的采用与否，只取决于方案自身的经济性，即只需检验它们是否能够通过净现值、净年值或内部收益率指标的评价标准。因此，多个独立方案与单一方案的评价方法是相同的。

所谓绝对(经济)效果检验是指用经济效果评价标准(如 $NPV \geq 0$，$NAV \geq 0$，$IRR \geq i_0$)，只检验方案自身的经济性的方法。也就是将技术方案自身的经济效果指标与评价标准相比较，达标即可。

独立方案经济评价常用的评价指标有 NPV、IRR、NAV 等。

凡通过绝对效果检验的方案，就认为它在经济效果上是可以接受的，否则就应予以拒绝。

【例 4-12】 某公司有一组投资项目，见表 4-10，受资金总额的限制，只能选择其中部分方案。设资金总额为 400 万元。求最优的投资组合。

表 4-10 投资项目比较　　　　　　　　　　　　　　　　万元

项目	投资现值	净现值
A	100	54.33
B	300	89.18
C	250	78.79

解： 基本思路：

把各个有投资限额的独立方案进行组合，其中每一个组合方案就代表一个相互排斥的方案，这样就可以利用互斥方案的评选方法，选择最优的方案组合。

基本步骤：

(1) 列出全部相互排斥的组合方案。

(2) 在所有组合方案中除去不满足约束条件的组合，并且按投资额大小顺序排序。

(3)采用净现值率、差额内部收益率等方法选择最佳组合方案。

①列出所有的互斥方案，并计算出各方案的投资总额和净现值，见表4-11。

表4-11 各方案的投资总额和净现值

序号	A	B	C	$\sum K$/万元	$\sum NPV$/万元
1	1	0	0	100	54.33
2	0	1	0	300	89.18
3	0	0	1	250	78.79
4	1	1	0	400	143.51
5	1	0	1	350	133.12
6	0	1	1	550	
7	1	1	1	650	

计算可得：方案B+C和方案A+B+C总投资超过400万元，故舍去。

②计算剩下投资方案的净现值率并进行排序，见表4-12。

表4-12 剩下投资方案的净现值率

序号	A	B	C	$\sum K$/万元	$\sum NPV$/万元	NPVR/%	排序
1	1	0	0	100	54.33	54.33	1
2	0	1	0	300	89.18	29.73	5
3	0	0	1	250	78.79	31.52	4
4	1	1	0	400	143.51	35.88	3
5	1	0	1	350	133.12	38.03	2

由计算可得优先顺序为A、A+C、A+B、C、B；即最优方案为A方案。

2. 混合方案

混合方案中的独立方案只要有足够的资源就可以任意选取，但每个独立方案中的互斥方案则只能选其中的一个。

选择方法如下：

(1)将各独立的方案组成可能的方案组合，但每个独立方案中的互斥方案，则只能选其中之一。

(2)将不大于资源供应量的各方案组合，按其初始投资的大小从小到大排列。

(3)按互斥方案的比较与选择方法选出在有限资源条件下的最优方案。

4.3.5 短期多方案的比较选择

短期方案是指寿命为一年或一年以内的方案，这类方案的比较通常不必再采用折现的方法，而可以直接计算比较。

【例4-13】某施工单位承担某工程施工任务，该工程混凝土总需要量2 500 m³，工期为9个月。对该工程的混凝土供应提出了两个方案。

A方案：现场搅拌混凝土方案。现场建一个搅拌站，初期一次性建设费用，包括基础、集料仓库、设备的运输及装拆等费用,总共 100 000 元;搅拌设备的租金与维修费 22 000 元/月;每 m^3 混凝土的制作费用,包括水泥、集料、添加剂、水电及工资等总共 270 元。

B 方案:商品混凝土方案。由某构件厂供应商品混凝土,送到施工现场的价格为 350 元/m^3。

问题:采用哪个方案有利?

解:方案 A 的成本为

$$(100\ 000+22\ 000\times 9)/2\ 500+270=389.2(元/m^3)$$

方案 B 的成本为 350 元/m^3。

因此,采用方案 B 有利。

4.4 价值工程

4.4.1 价值工程的概念

价值工程(Value Engineering,VE),也称价值分析(Value Analysis,VA),是指以产品或作业的功能分析为核心,以提高产品或作业的价值为目的,力求以最低寿命周期成本实现产品或作业使用所要求的必要功能的一项有组织的创造性活动,有些人也称其为功能成本分析。

价值工程涉及价值、功能和寿命周期成本三个基本要素。价值工程是一门工程技术理论,其基本思想是以最少的费用换取所需要的功能。这门学科以提高工业企业的经济效益为主要目标,以促进老产品的改进和新产品的开发为核心内容。

1. 价值(Value)

价值工程中所说的"价值"有其特定的含义,它是一种"评价事物有益程度的尺度,价值高说明该事物的有益程度高、效益大、好处多;价值低则说明有益程度低、效益差、好处少"。例如,人们在购买商品时,总是希望商品"性价比"高,即花费最少的代价换取最多、最好的商品。价值工程把"价值"定义为:"对象所具有的功能与获得该功能的全部费用之比",即

$$V=F/C \tag{4-24}$$

式中 V——价值;

F——功能,广义讲是指产品或作业的功用和用途;

C——成本,即寿命周期成本。

功能是指产品的功能、效用、能力等,即产品所担负的职能或者说是产品所具有的性能。

成本指产品周期成本,即产品从研制、生产、销售、使用过程中全部耗费的成本之和。衡量价值的大小主要看功能(F)与成本(C)的比值如何。人们一般对商品有"物美价廉"的要求,"物美"实际上就是反映商品的性能、质量水平。"价廉"就是反映商品的成本水平,顾客购买时考虑"是否划算"就是针对商品的价值而言的。

价值工程的主要特点:以提高价值为目的,要求以最低的寿命周期成本实现产品的必要功能;以功能分析为核心;以有组织、有领导的活动为基础;以科学的技术方法为工具。

提高价值的基本途径有 5 种:

(1)节约型——功能不变,成本降低,价值提高。

(2)改进型——成本不变,功能提高,价值提高。
(3)投资型——功能提高的幅度高于成本增加的幅度。
(4)牺牲型——功能降低的幅度小于成本降低的幅度。
(5)双向型——功能提高,成本降低,价值大大提高。

2. 功能(Function)

价值工程认为,功能对于不同的对象有着不同的含义:对于物品来说,功能就是它的用途或效用;对于作业或方法来说,功能就是它所起的作用或要达到的目的;对于人来说,功能就是他应该完成的任务;对于企业来说,功能就是它应为社会提供的产品和效用。总之,功能是对象满足某种需求的一种属性。认真分析一下价值工程所阐述的"功能"内涵,实际上等同于使用价值的内涵,也就是说,功能是使用价值的具体表现形式。任何功能无论是针对机器还是针对工程,最终都是针对人类主体的一定需求目的,最终都是为了人类主体的生存与发展服务,因而最终将体现为相应的使用价值。因此,价值工程所谓的"功能"实际上就是使用价值的产出量。

在分析一个产品的功能时,必须对其功能下一个确切的定义。通过下定义可知一个项目或产品不止一个功能,通常有多个功能。这就需要加以解剖,分成子项目、部件或零件,再一个一个地下功能定义。所谓下定义就是用最简明的语言来描述功能。一般用一个"动词"加一个"名词"来表达。如接通电源、传递信息、疏通渠道等。这里的动词是十分重要的,必须准确,因为动词部分决定着改进方案的方向和实现的手段。如"提供光源"与"反射光源"虽然仅仅是动词不同,但有本质的不同。名词部分应尽量便于定量分析为好。功能定义是否难以确定,取决于价值工程的工作人员对分析对象是否精通,因此工作人员必须对分析对象做深入的研究工作。

3. 成本(Cost)

价值工程中产品成本是指产品寿命周期的总成本。产品寿命周期从产品的研制开始算起,包括产品的生产、销售、使用等环节,直至报废的整个时期。在这个时期发生的所有费用成本,就是价值工程的产品成本。

$$寿命周期费用=生产成本+使用成本$$

与一般意义上的成本相比,价值工程的成本最大的区别在于:将消费者或用户的使用成本也算在内。这使得企业在考虑产品成本时,不仅要考虑降低设计与制造成本,还要考虑降低使用成本,从而使消费者或用户既买得合算,又用得合算。

产品的寿命周期与产品的功能有关,这种关系的存在,决定了寿命周期费用存在最低。

4.4.2 价值工程的工作程序与方法

1. 价值工程的工作程序

价值工程以功能分析为核心,它有一套发现问题、分析问题和解决问题的、科学的、系统的、卓有成效的方法。

(1)选择价值工程对象。价值工程的主要途径是进行分析,选择对象是在总体中确定功能分析的对象。它是根据企业、市场的需要,从得到效益出发来分析确定的。对象选择的基本原则:在生产经营上有迫切的必要性,在改进功能、降低成本上有取得较大成果的潜力。

(2)收集情报。通过收集情报,可以从情报中得到进行价值工程活动的依据、标准、对比对象,同时可以受到启发、打开思路,深入地发现问题,科学地确定问题的所在和问题的性质,以及设想改进方向、方针和方法。

(3)功能分析。功能分析也称功能研究,对新产品来讲,也叫功能设计。它是价值工程的核心。

价值工程的活动就是围绕这个中心环节进行的。因为价值工程的目的是用最低的寿命周期成本,可靠地实现用户所需的必要的功能。所以,价值工程是对产品的分析。

首先不是分析产品的结构,而是分析产品的功能。也即从传统的对产品结构的分析(研究)转移到对产品功能的分析(研究)。这样就摆脱现存结构对设计思路的束缚,为广泛联系科学技术的新成果,找出实现所需功能的最优方案,提供了一种有效方法。

功能分析包括功能定义、功能分类和功能整理。功能定义是指用来确定分析对象的功能。功能分类是指确定功能的类型和重要程度,如基本功能、辅助功能,使用功能、美观功能,必要功能、不必要功能等。功能整理是指制作功能系统图,用来表示功能间的"目的"和"手段"关系,确定和去除不必要功能。

①确定功能定义。功能定义所回答的是"它是做什么用的?"的提问。对功能要给予科学的定义,进行按类整理,理顺功能之间的逻辑关系,为功能分析提供系统资料。

②功能整理。功能整理目的是确切地定义功能,正确地划分功能类别,科学地确定功能系统,发现和提出不必要的功能和不正确的或可以简化的功能。

③功能评价。功能评价所回答的是"成本是多少?"和"价值是多少?"的提问。其目的是寻求功能最低的成本。它是用量化手段来描述功能的重要程度和价值,以找出低价值区域,明确实施价值工程的目标、重点和大致的经济效果。功能评价的主要尺度是价值系数,可由功能和费用来求得。此时,要将功能用成本来表示,以此将功能量化,并可确定与功能的重要程度相对应的功能成本。

进行功能评价的步骤如下:

a. 确定零件或功能的现实成本;

b. 采用一定的方式使功能量化;

c. 计算零件或功能的价值;

d. 确定改善幅度;

e. 按价值从小到大顺序排队,确定价值工程活动的首选对象。

2. 创造新方案

创造新方案所回答的是"有没有实现同样功能的新方案?"的提问。为了改进设计,就必须提出改进方案,麦尔斯曾说过,要得到价值高的设计,必须有20~50个可选方案。提出实现某一功能的各种各样的设想,逐步使其完善和具体化,形成若干个在技术上和经济上比较完善的方案。提改进方案是一个创造的过程,在进行中应注意以下几点:

(1)要敢于打破框架,不受原设计的束缚,完全根据功能定义来设想实现功能的手段,要从各种不同角度来设想。

(2)要发动大家参加这一工作,组织不同学科、不同经验的人在一起提改进方案,互相启发。

(3)把不同想法集中,发展成方案,逐步使其完善。

3. 分析与评价方案

分析与评价方案是回答"新方案的成本是多少?"的提问。在提出设想阶段形成的若干种改进新方案,不可能十分完善,也必然有好有坏。因此,一方面要使方案具体化;另一方面要分析其优缺点,进行评价,最后选出最佳方案。方案评价要从两方面进行:一方面要从满足需要、满足要求、保证功能等方面进行评价;另一方面要从降低费用、降低成本等经济方面进行评价。总之,要看是否提高了价值,增加了经济效果。

4. 验证和定案

为了确保选用的方案是先进可行的,必须对选出的最优方案进行验证。验证的内容有方案的规格和条件是否合理、恰当,方案的优缺点是否确切,存在的问题有无进一步解决的措施。它回答"新方案能否满足要求?"的提问。

价值工程的工作程序见表4-13。

表4-13 价值工程的工作程序

价值工程工作阶段	设计程序	工作步骤		价值工程对应问题
		基本步骤	详细步骤	
准备阶段	制订工作计划	确定目标	1. 对象选择	1. 这是什么?
			2. 信息搜集	
分析阶段	规定评价(功能要求事项实现程度的)标准	功能分析	3. 功能定义	2. 这是干什么用的?
			4. 功能整理	
		功能评价	5. 功能成本分析	3. 它的成本是多少?
			6. 功能评价	4. 它的价值是多少?
			7. 确定改进范围	
创新阶段	初步设计(提出各种设计方案)	制定改进方案	8. 方案创造	5. 有其他方法实现这一功能吗?
	评价各设计方案,对方案进行改进、优选		9. 概略评价	6. 新方案的成本是多少?
			10. 调整完善	
			11. 详细评价	
	书面化		12. 提出提案	7. 新方案能满足功能要求吗?
实施阶段	检查实施情况并评价活动成果	实施评价成果	13. 审批	8. 偏离目标了吗?
			14. 实施与检查	
			15. 成果鉴定	

4.4.3 价值工程的应用

1. 价值工程在施工项目成本控制中的应用

价值工程是以功能分析为核心,使产品或作业达到适当的价值,即用最低的成本来实现其必要功能的一项有组织的活动。因此,应用价值工程,既要研究技术,又要研究经济,即研究在提高功能的同时不增加成本,或在降低成本的同时不影响功能,把提高功能和降低成本统一在最佳方案之中。

(1)施工项目成本控制的意义和目的。施工项目的成本控制,通常是指在项目成本的形成过程中,对生产经营所消耗的人力资源、物质资源和费用开支,进行指导、监督、调节和限制,及时纠正将要发生和已经发生的偏差,把各项生产费用控制在计划成本的范围之内,以保证成本目标的实现。施工项目成本控制的目的,在于降低项目成本,提高经济效益。

(2)价值、功能和成本的关系。价值工程的目的是力图以最低的成本使产品或作业具有适当的价值,也即实现其应该具备的必要功能。因此,价值、功能和成本三者之间的关系为:$V=F/C$。

由上述公式可得到启示,产品的生产者和作业提供者,可从下列 5 条途径提高产品或作业的价值:

①功能不变,成本降低;
②成本不变,功能提高;
③功能提高,成本降低;
④成本略有提高,功能大幅度提高;
⑤功能略有下降,成本大幅度下降。

由上述途径可知,在项目施工时,在对工程结构、施工条件等进行分析的同时,还要对项目建设的施工方案及其功能进行分解,以确定实现施工方案及其功能的最低成本计划,即施工预算。

【例 4-14】 某项目施工方案 A 的生产成本为 400 万元;在相同条件下,其他项目生产成本为 350 万元。这可以表示为

施工方案 A 功能评价值:350 万元

施工方案 A 功能的实际投入:400 万元

施工方案 A 的价值:$350/400=0.875$

如果施工方案 B 花费 350 万元能完成该项目施工,则

施工方案 B 功能评价值:350 万元

施工方案 B 功能的实际投入:350 万元

施工方案 B 的价值:$350/350=1$

从上述描述可以看出,最恰当的价值应该为 1,因为满足用户要求的功能最理想、最值得的投入是与实际投入一致。但在一般情况下价值往往小于 1,因为技术不断进步,"低成本"战略将逐渐被重视,竞争也将更激烈。随之,同一产品的功能评价值也将降低。

2. 根据 $V=F/C$,判定功能价值系数的结果

$V=1$,表示功能评价值等于功能现实成本。这表明评价对象的功能现实成本与实现功能所必需的最低成本大致相当,说明评价对象的价值为最佳,一般无须改进。

$V<1$,此时功能现实成本大于功能评价值。表明评价对象的现实成本偏高,而功能要求不高,一种可能是存在着过剩的功能;另一种可能是功能虽无过剩,但实现功能的条件或方法不佳,致使实现功能的成本大于功能的实际需要。

$V>1$,说明该评价对象的功能比较重要,但分配的成本较少,即功能现实成本低于功能评价值。应具体分析,可能功能与成本分配已较理想,或者有不必要的功能,或者应该提高成本。

$V=0$ 时,因为只有分子为 0,或分母为∞时,才能是 $V=0$。根据上述对功能评价值 F 的定义,分子不应为 0 而分母也不会为∞,要进一步分析。如果是不必要的功能,则取消该评价对象;但如果是最不重要的必要功能,要根据实际情况处理。

4.5 费用—效益分析

4.5.1 费用—效益分析的理论基础

经济费用效益评估与费用效果评估,也称国民经济效益评估,是按照资源合理配置的原则,从国民经济宏观角度,考察投资项目的效益、效果和费用。它是用影子价格、影子工资、影子汇率和社会折现率等经济参数,分析、计算投资项目对国民经济的净贡献,用以判断投资项目在宏观经济上的合理性。

1. 经济费用效益分析

经济费用效益分析从资源合理配置的角度,分析项目投资的经济效率和对社会福利所做出的贡献,评价项目的经济合理性。

2. 费用效果分析

费用效果分析也称成本效果分析,是通过比较所达到的效果与所付出的耗费,用以分析判断所付出的代价是否值得。

需要进行经济费用效益(效果)评价的项目范围如下:
(1)价格扭曲大的项目(自然垄断项目)。
(2)公共产品项目(如基础性、公益性项目,国家投资项目)。
(3)具有明显外部效果的项目。
(4)资源开发项目。
(5)涉及国家经济安全的项目。
(6)受过度行政干预的项目。

以上需要进行经济费用效益评价项目的共同特点如下:

①项目的产出物不具有市场价格。由于公共产品和外部效应等因素的影响,无法对其进行市场定价。

②市场价格虽然存在,但无法确切地反映投入物和产出物的边际社会效益和成本,因而在竞争性市场上提供这些服务得到的收益将无法充分地反映这些供给所产生的社会净效益。

【例 4-15】 一个大城市,一座主要的桥梁在征收通行费,城市交通管理局正考虑是否取消通行费。私人轿车通过要付 0.75 美元,卡车、客车通过要付 3 美元。每年的总收入为 3 000 万美元,每年的费用,包括桥的维护费用 600 万美元和收取通行费的成本 200 万美元,共 800 万美元。另经调研查明,车辆等候时间致使桥梁使用者、私人和公司产生 7 120 万美元的成本。应如何决策?

解:(1)从财务评价角度:

每年净利润=3 000−600−200=2 200(万美元)

(2)从国民经济评价角度：

收费情况下的成本：7 120+800=7 920(万美元)

不收费情况下的成本：600万美元

取消收费可节省：7 920-600=7 320(万美元)

故应该取消收费。

4.5.2 费用—效益分析的基本方法

1. 费用—效益分析的应用条件

(1)备选方案不少于两个，且为互斥方案或可转化为互斥型的方案。

(2)备选方案应具有共同的目标，目标不同的方案、不满足最低效果要求的方案不可进行比较。

(3)备选方案的费用应能货币化，且资金用量不应突破资金限制。

(4)效果应采用统一非货币计量单位衡量，如果有多个效果，其指标加权处理形成单一综合指标。

(5)备选方案应具有可比的寿命周期。

2. 费用—效益分析的基本程序

(1)确立项目目标。

(2)构想和建立备选方案。

(3)将项目目标转化为具体的可量化的效果指标。

(4)识别费用与效果要素，并估算各个备选方案的费用与效果。

(5)利用指标关系，综合比较、分析各个方案的优点及缺点。

(6)推荐最佳方案或提出优先采用的次序。

3. 费用估算要点

(1)费用应包括整个计算期内发生的全部费用。

(2)费用可采用现值或年值表示，备选方案计算期不一致时应采用年值。

4. 效益计量单位的选择

效益可以采用有助于说明项目效能的任何计量单位。选择的计量单位应能切实度量项目目标实现的程度，且便于计算。

例如，供水工程可以选择供水量(吨)、教育项目选择受教育人数等。若项目的目标不止一个，或项目的效果难于直接度量，需要建立刺激分解目标加以度量时，需要用科学的方法确定权重，借助层次分析法对项目的效果进行加权计算，处理成统一的综合指标。

5. 费用—效益分析基本指标和计算

(1)费用现值(PC)。费用现值是指用净现值指标评价投资方案的经济效果，要求用货币单位计算项目的收益，如销售收入额、成本节约额等。按下式计算：

$$PC = \sum_{t=1}^{n} (CO)_t (P/F, i, t) \qquad (4-25)$$

式中 PC——费用现值；

$(CO)_t$——第 t 期现金流出量；

n——计算期；

i——折现率；

$(P/F, i, t)$——现值系数。

(2) 费用年值（AC）。在对多个方案比较选优时，如果诸方案产出价值相同，或者诸方案能够满足同样需要，但其产出效益难以用价值形态（货币）计量（如环保、教育、保健、国防类项目）时，可以通过对各方案费用年值的比较进行选择。

计算公式：

$$AC = \left[\sum_{t=1}^{n}(CO)_t(P/F, i, t)\right](A/P, i, n) \quad (4-26)$$

式中 AC——费用年值；

$(CO)_t$——第 t 期现金流出量；

n——计算期；

i——折现率；

$(P/F, i, t)$——现值系数，

$(A/P, i, n)$——资金回收系数。

备选方案的计算期不一致时，应采用费用年值公式。

(3) 费用效果分析基本指标是效果费用比。费用效果分析可采用效果费用比为基本指标。

计算公式：

$$R_{E/C} = \frac{E}{C} \quad (4-27)$$

式中 $R_{E/C}$——效果费用比；

E——项目效果；

C——项目的计算期费用，用现值或年值表示。

模块小结

工程经济评价指标是进行工程建设项目经济分析比较的基础。经济评价指标选择的准确与否与项目建议书和可行性研究工作的质量和方案选择结果息息相关，对项目建设全过程造成深远影响。因此，正确地选用工程经济评价指标，是建设工程决策阶段项目管理工作的重要任务。

通过本模块的学习，掌握工程经济评价的基本指标和多方案的经济比较方法，能够进行多方案的比选。

习 题

一、简答题

1. 经济评价指标如何分类？
2. 什么是投资回收期？
3. 静态投资回收期和动态投资回收期的区别是什么？

二、计算题

1. 已知某方案的现金流量见表 4-14，其基准收益率为 10%。

表 4-14 某方案的现金流量表

年份	0	1	2	3	4	5
现金流量/万元	−2 000	450	550	650	700	800

试计算：

(1)该方案的投资回收期；

(2)该方案的净现值 NPV；

(3)该方案的内部收益率。

2. 某项目各年净现金流量见表 4-15。

表 4-15 某项目各年净现金流量表

年份	0	1	2～9
现金流量/万元	−25	−20	12

如果行业的基准投资回收期为 8 年，试用静态投资回收期指标分析该项目的可行性。

3. 某项目总投资 120 万元(固定资产 100 万元，流动资产 20 万元)，其中资本金 50 万元，寿命期 5 年，年总成本 40 万元，每年计入成本的利息为 5 万元，年销售收入 100 万元，年销售税金及附加 10 万元，所得税率 25%，试求各年总投资收益率以及资本金净利润率？ ($i=10\%$)

4. 某设备的购价为 4 000 元，每年的运行收入为 1 500 元，年运行费用 350 元，4 年后该设备可以按 500 元转让，如果基准收益率 $i_0=20\%$，问此项设备投资是否值得？

5. 某项目建设期 2 年，生产期 10 年，建设期初投资 1 000 万元，第二年年末投资 300 万元，当年投产，并有年收益 200 万元，项目结束，回收 400 万元，$i=8\%$，求 $FNPV$，判断是否可行。

6. 某厂拟用 40 000 元购置一台八成新的旧机床，年费用估计为 32 000 元，该机床寿命期为 4 年，残值 7 000 元。该厂也可用 60 000 元购置一台新机床，其年运行费用为 16 000 元，寿命期也为 4 年，残值为 15 000 元。若基准收益率为 10%，应选择哪个方案？

模块 5　建设项目可行性研究

案例导入

项目基本概况：
(1)项目名称：嘉陵村九院危旧改项目。
(2)项目地址：重庆市北碚区朝阳街道，嘉陵村 E15—18/01 地块危旧改工程。场地东临城市次干道，远眺嘉陵江。
(3)项目性质：新建项目。
(4)建设单位：重庆市碚城建设开发有限责任公司。
(5)建设规模及主要建设内容。
①用地面积：建设用地面积为 13 148.29 m^2。
②总建筑面积：本项目总建筑面积为 55 648.77 m^2，总的计容建筑面积为 37 844.69 m^2。
③本项目新建房屋 4 栋(1、2、3、5 号楼)，占地面积约 20 亩(1 亩＝666.67 m^2)，改造建筑面积约 5.5 万 m^2，配套建设水电气、照明、综合管网、道路、绿化、消防、停车库、社区用房、物管用房等附属设施。
建筑 1 号楼为 13 层 1 梯 6 户商住楼(1～3 层为商业用房，建筑面积为 3 188.77 m^2)，2 号楼为 17 层 1 梯 5 户住宅，3 号楼为 18 层 1 梯 6 户住宅楼，5 号楼为 18 层 1 梯 8 户住宅楼(1 层为商业网点)，小区设置地下停车库 3 层，总停车数为 485 个，为Ⅰ类大型汽车库。在 2 号楼负一层车库外围布置了社区配套用房、物业管理用房、消防控制室，并可以直通室外。
(6)工程建设期。项目建设期为 36 个月。
(7)项目总投资。总建筑面积为 55 648.77 m^2，总投资为 43 762.61 万元，包括工程费用 24 042.49 万元，工程建设其他费用 14 660.00 万元(其中土地费用 10 900.00 万元)，预备费 1 562.97 万元，建设期利息 3 497.15 万元。单方造价指标：7 864.07 元/m^2。
问：
(1)根据案例背景资料，通过网络等资源搜索，简述国家和重庆市近年来危旧改的相关政策有哪些。
(2)根据危旧改相关政策以及老旧小区现状，提出本项目的建设必要性。

学习目标

掌握建设项目建设程序，熟悉可行性研究报告的主要内容。

5.1　建设项目的建设程序

建设程序是指一个工程项目从构思提出到竣工验收过程中，各阶段建设活动的先后顺序和相互关系。它是工程建设活动客观规律的反映,是人们在长期工程建设实践过程中总结出来的。

我国的建设程序分为六个阶段,即项目建议书阶段、可行性研究阶段、设计工作阶段、建设准备阶段、建设施工阶段和竣工验收交付使用阶段。其中,项目建议书阶段和可行性研究阶段称为"决策阶段"或者"建设前期阶段"。

5.1.1 建设项目的概念

建设项目是一个建设单位在一个或几个建设区域内,根据上级下达的计划任务书和批准的总体设计和总概算书,经济上实行独立核算,行政上具有独立的组织形式,严格按基建程序实施的基本建设工程。一般指符合国家总体建设规划,能独立发挥生产功能或满足生活需要,其项目建议书和可行性研究报告均经批准立项的建设任务。如工业建设中的一座工厂、一个矿山,在工业建设中,一般以一个企业作为一个建设项目,如一个钢铁公司、一座纺织厂等;在民用建设中,一个居民区、一幢住宅、一所学校等作为一个建设项目,如一所学校、一所医院等。建设项目包括基本建设项目(新建、扩建等扩大生产能力的建设项目)和技术改造项目。

5.1.2 项目建设程序

1. 项目建议书阶段

项目建议书是建设单位(又称业主单位)向国家或上级主管部门提出的要求建设某一工程项目的建议文件。它是从拟建设项目的必要性和可能性角度考虑,对建设项目的初步设想。在客观上,工程项目要符合国民经济长远规划要求,符合部门、行业和地区规划的要求。

2. 可行性研究阶段

项目建议书批准后,要进行可行性研究。可行性研究是对建设项目在技术上是否可行,经济上是否合理进行科学分析和论证,为项目决策提供依据。可行性研究的主要任务是市场研究、技术研究和经济研究三项,最后编制可行性研究报告,呈上级主管部门审批。可行性研究报告被批准后,项目就正式确立,即"立项"。

3. 设计工作阶段

项目立项后,紧接着就进入设计阶段,项目一般分为两阶段设计,即初步设计和施工图设计。对技术上比较复杂而缺乏设计经验的项目,在初步设计后还要加上技术设计。

4. 建设准备阶段

在工程项目实施前必须做好各项准备工作,建设准备的主要工作内容包括:征地、拆迁和场地平整;完成施工现场通水、通电、通路等工程;组织设备、材料订货;准备施工图纸;组织施工招标投标。

5. 建设施工阶段

施工是建设程序中的一个主要环节,整个过程中要严格按照施工图实施,要坚持合理的、正确的施工程序,严格执行施工质量查验规范,按照质量检验评定标准进行各个分部分项工程质量查验,不合格的工程不能交工。

6. 竣工验收交付使用阶段

当工程项目按设计文件和合同规定的内容全部建设完成后，便可组织验收。其中，生产性项目要求经负荷试运转和试生产合格，非生产性项目符合设计要求，能够正常使用，验收通过以后，便可以办理移交。

5.2 可行性研究报告的主要内容

5.2.1 总论

总论是可行性研究报告中的重要组成部分，它是对整个项目基本情况的一个概括，通常可以作为可行性研究报告的缩略本，当项目巨大或复杂时，可以单独出版缩略本，便于投资决策者以及评估人员在内的读者快速掌握项目总貌。总论高度概括项目的基本情况和研究结论以及存在的问题等，研究结论和观点以及问题与建议应清晰明确。

1. 概述

概述是可行性研究报告中的一个重要组成部分，是研究项目基本信息的简要的叙述，能让读者从中快速了解项目的基本情况，概述应包含的内容有以下几个方面：

(1)项目名称；

(2)主办单位基本情况；

(3)主要投资者情况介绍；

(4)项目提出的背景，投资的目的、意义和必要性；

(5)可行性研究报告编制的依据、指导思想和原则；

(6)研究范围。

2. 研究结论

(1)研究的简要综合结论。从项目建设的必要性、装置规模、产品(服务)方案、市场、原料、工艺技术、场(厂)址选择、公用工程、辅助设施、协作配套、节能节水、环境保护、投资及经济评价等方面给出简要明确的结论性意见。简要说明投资项目是否符合国家产业政策要求，是否符合行业准入条件，是否与所在地的发展规划或城镇规划等相适应。境外投资项目还要提出项目遇到的特殊情况及处理措施等。提出可行性研究报告推荐方案的主要理由。应根据不同类型和性质的项目，归纳列出项目的主要技术经济指标，包括主要工程和经济类指标等，可列表表示。

(2)存在的主要问题和建议。提出投资项目在工程、技术及经济等方面存在的主要问题和主要风险，提出解决主要问题和规避风险的建议。

5.2.2 市场预测分析

市场预测分析是项目可行性研究报告的重点内容，尤其是产品竞争力分析是可行性研究的核心内容之一。在市场竞争激烈的领域，产品竞争力分析更凸显其重要性。

1. 市场预测分析的主要内容

(1)产品(服务)市场分析。

①产品用途。根据项目设定的主要产品或服务,分品种、牌号及类别叙述其应用领域和用途,分析应用领域和用途变化的原因及发展趋势。

②国外市场预测分析。国外市场预测分析的主要内容有市场供应现状及预测、市场需求现状及预测、市场供需平衡分析等。

③国内市场预测分析。国内市场预测分析的主要内容有市场供应现状及预测、市场需求现状及预测、市场供需平衡分析等。

④公共产品的社会需求预测。根据社会需求调查和预测的结果,结合项目可能对技术、经济、环境和社会等方面产生的影响,提出社会各界对项目建设规模、建设方案及功能定位的期望和要求,确定拟建项目如何有效满足社会需求。

(2)主要投入物市场预测。对于重要的、影响较大的、供应有缺口或被垄断的原材料、燃料、动力等主要投入物包括服务应进行供应分析,做供需平衡预测。在我国,水资源短缺,在一些缺水地区,针对大量用水项目,还需要做水平衡分析。

①主要投入物供应现状。简述设定投入物在我国的供应状况,国内外市场主要供应方式、供应量以及供应商情况;分析设定投入物的进出口情况;分析主要需求方及潜在需求方对市场供应的影响;以项目的计算期为期限,预测设定投入物国内需求总量、消费区域分布以及消费结构变化趋势。

②主要投入物供需平衡预测。根据市场供应、需求现状分析和预测,结合进出口情况,包括进口品种和来源,得出国内投入物市场的供需平衡状况;分析投入物供应能力以及地区间的供需差距及贸易流向,预测今后的供需变化趋势及发展前景。预测年份为项目计算期内。

(3)市场竞争力分析。市场竞争力分析是项目可行性研究的核心内容之一,随着我国市场经济的不断深化和完善,全球经济一体化步伐加快,竞争会越来越激烈,项目的产品能否进入市场的关键是是否具有竞争力。

市场竞争力分析是一项复杂的工作,不同类型项目的竞争格局不同,要求也不一样,应根据具体项目情况采用灵活的方法和步骤开展工作。

市场竞争力分析主要内容有以下两个方面:

①目标市场分析。目标市场分析主要从目标市场选择与结构分析、主要用户分析等方面进行。

②产品竞争力优劣势分析。产品竞争力优劣势分析主要从竞争者、产品质量与结构、产品成本和盈利空间、企业在组织管理和营销等方面的优劣势、产品综合竞争力等几个方面进行。

(4)营销策略。对规模较大、市场竞争比较激烈的项目产品,必要时应进行营销策略研究。主要研究目标产品进入市场和扩大销售份额在营销方面应采取的策略。一般投资项目可以不进行营销策略分析。对实施营销方案必需的设施和费用,应计入投资估算。

(5)主要投入物与产出物价格预测:

①产品价格现状及预测;

②主要原辅材料、燃料、动力价格现状及预测。

(6)市场风险分析:

①风险因素的识别;

②风险程度估计;

③风险对策与反馈。

5.2.3 建设方案研究与比选

建设方案研究与比选是项目决策分析与评价的核心内容之一，是在市场分析的基础上，通过多方案比选、构造和优化项目建设方案，进行估算项目投资，选择融资方案，进行项目经济、环境、安全和社会评价等，进而判别项目的可行性和合理性的基础。一般工业项目建设方案的内容包括以下几个方面。

1. 项目规模的确定

项目规模一般有两种表示方法："项目建设规模"和"项目生产规模"，它们均是指项目设定的正常生产运营年份可能达到的生产能力或者使用效力。项目规模的确定，就是要合理选择拟建项目的生产规模，再由生产规模确定建设规模，每一个建设项目都存在着一个合理规模的选择问题。生产规模过小，资源将得不到有效配置，从而单位产品成本较高，经济效益低下；生产规模过大，超过了项目产品市场的需求量，则会导致开工不足、产品积压或降价销售，致使项目经济效益低下。因此，规模的确定，关系到项目合理性和未来企业的经济效益。一般情况，我们可以用盈亏平衡产量法确定项目规模。

(1) 初步确定规模区间(图5-1)。任何一个项目，不管生产规模有多大，都有一部分成本不能改变，这部分成本称为固定成本；另外一部分成本随着产量的增加而发生变化，称为可变成本。

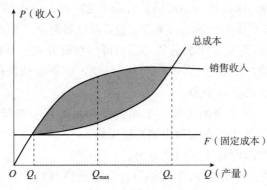

图 5-1　合理经济规模区间

通过市场研究中竞争对手及市场经济发展趋势分析，初步确定建设项目规模区间，确定最大建设规模。

(2) 制定不同项目规模的投资方案。建设项目的规模不同，投资额也有差异，带来的经济效益也不同，因此在初步确定规模区间的基础上，假定几个生产规模(建设规模)，通过调查计算，确定不同项目规模下的投资额及收益情况。

(3) 确定项目合理经济的建设规模。一般在资金允许的情况下，决策者会选择收益率较高方案作为建设方案。

2. 工艺技术方案的选择

项目工艺技术方案是指在项目产品生产过程中为保证项目正常运转而采用的生产工艺技术或项目产品生产制造方法。工艺技术方案的选择直接关系到项目产品的质量、产量、成本和竞争力，因此它直接关系到项目运行的成败和企业的生死存亡。随着科技的进步，生产同一种产品的工艺技术方案越来越多，以服装生产为例，可以建设现代化的制衣厂来进行加工，也可以开一个缝纫店小作坊进行生产，其中的投资额和生产效率会有很大的差别。

一般在产品方案已经确定的前提下，为能生产出符合规定质量、性能和规格标准的产品，首先要选择能满足产品功能要求的生产工艺技术和设备，这是实现产品方案的前提。在选择生产技术方案过程中，应先明确投资项目所需采用技术的类型和水平；然后，根据项目的技术要求，对多种不同的可供选择的技术和生产工艺方案进行分析论证；最后，选取最佳的和最适宜的技术工艺方案。

进行技术工艺方案的选择时，必须从以下几个方面来考虑：

(1)技术工艺方案的合理性。主要是项目工艺方法和过程符合项目产品生产的客观规律和要求，并能够科学合理地利用资源和人力，减少不必要的资源和时间浪费，使项目运行达到科学、高效。

(2)技术工艺方案的适用性。项目所使用的技术工艺方案要适应项目能够获得的各类原材料、项目所在地的气候条件和地理条件等。

(3)技术工艺方案的可靠性。项目所选择的技术工艺方案必须成熟、可靠，能够实现产品各种技术要求，同时生产过程中能够保证设备和人员的安全。技术工艺方案可靠是选择项目技术工艺方案的前提条件，如果技术工艺方案不可靠，项目未来的运营活动就无法正常运行。

(4)技术工艺方案的先进性。项目所选的技术工艺方案要先进，不应使用落后技术，防止随着技术工艺的进步和革新，出现项目被淘汰出局的局面。

(5)技术工艺方案的经济性。同类型的不同技术工艺方案，其产品质量都可能满足设计要求，但项目所获得的经济效益并不一样，因此项目所采用的技术工艺方案最好是产品制造成本低而经济效益高。另外，项目运行的组织和人员等方面的变化会对技术工艺方案的经济性有一定影响，因此应要求技术工艺方案能够适应项目组织人员的调整。

3. 建设条件分析与厂(场)址选择

建设项目的地理位置对于企业的成败有很大的影响，选址的好坏与项目的建设进度、投资额、经济效益和环境保护等方面关系密切，所以建设条件分析和厂(场)址选择是一个重要环节。

(1)建设条件分析。建设条件包括建设地点的自然条件、社会经济条件、外部交通条件、公用工程配套条件、用地条件、生态与环境条件、安全与卫生条件等。

①自然条件。自然条件包括地理条件，地形、地貌条件，工程地质、水文地质条件，洪涝水位等内容。

②社会经济条件。社会经济条件主要调查建设地区社会人文经济条件及发展规划，研究其对投资项目产生的影响，提出存在的问题和建议采取的办法，如区域建筑施工队伍情况与水平，建筑、设备材料制造水平与能力，市场配套状况等。属于经济特区、经济技术开发区、工业园区等区域或属于三资企业、国际组织、政府贷款或投资的项目，应结合项目具体情况说明可享受的有关优惠政策。

③外部交通运输状况。调查建设地区交通运输条件及发展规划，说明港口、码头、车站管道等能力和吞吐量，目前运量平衡现状，潜在的能力，研究它们对投资项目的影响。

④公用工程条件。

a. 说明本工程最大用水量，拟选水源的供水能力，可供本工程使用的水量，可否满足本工程需要，并说明水源的水质情况以及水源地距场(厂)址距离等。

b. 说明本工程的最大排水量，接纳水体的情况，包括水体的流量、接收标准、距场(厂)址的距离等。

c. 电源与供电情况，说明地区电网、发电厂、区域变电所等区域位置，实际容量、规划容量、可为本项目提供容量，距项目的距离。

d. 无线通信信号情况，网络建设情况等现代通信设施基础情况。

e. 供热工程情况，供热现状及发展规划，现有管网情况，热源距离本工程的距离，可供本工程的热负荷及参数和价格情况。

f. 各种气源、区域空分装置配套情况，气价情况及供应稳定性。

g. 消防设施情况，最近的消防队配备情况、规模以及到厂的距离和时间。

⑤用地条件。调查区域土地使用现状，说明占用土地的性质，是否属于经过土地资源部门批准的规划用地。说明获得土地使用权或征用土地的各种费用、补偿方式、税金，需要动迁的要说明搬迁的人口数量和补偿情况及动迁人的态度，维护公众利益。

⑥生态、环境、安全和卫生条件。调查区域生态现状、环境现状，环境容量状况以及环保法规情况，区域环境保护设施，接纳本项目的能力等。研究生态、环境状况对投资项目的影响。

对于生产、制造、储存易燃、易爆产品的建设项目地址的选择，应远离城镇和居民密集的地区，场(厂)址距离应符合国家有关部门规定的安全要求。

区域设备制造能力与水平，机、电、仪等维修水平与能力情况。

(2)厂(场)址选择。厂(场)址选择是确定何处建厂或建立服务设施。在相当广阔的区域选择建厂或建立服务设施的地区，并在地区、地点范围内从几个可供考虑的厂(场)址方案中选择最优厂(场)址方案的分析评价过程。

建设项目地址选择一般应考虑以下几个条件：

①厂(场)址位置。所选厂(场)址位置是否符合当地城镇发展规划，当地与工矿企业关系是否协调，能否满足项目建设和生产运营的要求，当地政府和群众是否支持和接受。

②占地面积。根据项目建设规模及组成，计算项目需要占用的土地面积，所选厂(场)址面积需满足项目要求，如需分期建设还应考虑占地面积留有发展余地。

③地形、地貌、地质与气候条件。厂(场)址的地形地貌关系到土石方工程量及所需的工程费用，而地质条件要重点了解有无滑坡、泥石流、断层等不良地质段，气候条件需满足项目建设要求。

④土地费用及征地拆迁移民安置方案。征地拆迁费是项目投资的重要组成部分，因此，在选址中要重点分析项目拟建地的移民数量、补偿标准、安置途径、安置工作量及所需投资等。

⑤环境保护条件。在厂(场)址选择中，环境保护条件是不容被忽视的环节，特别是对于本身就有的严重污染的工业项目来说，项目是否有配套的污染整治方案，成为其能否被当地政府、居民接受的重要条件之一。因此，建设项目需符合国家环境保护法规要求，能被当地环境容量所接受。

⑥项目所在地的生活福利设施。主要包括住宅、学校、医院、体育、娱乐设施等要满足建设项目需求。

4. 原材料与燃料动力供应

(1)资源条件分析。建设项目在建设和投入使用中，都会用到资源，特别是投产以后，会大量、持续地需求某些资源，因此在项目实施前，要明确项目所需资源的性质和种类，并分析市场的供应数量，对于稀缺资源、需进口的资源，需要分析开辟新资源的可能前景以及替代资源的途径。

(2)燃料、动力供应条件分析。建设项目进入实施阶段，燃料、动力供应能不能得到保证，直接关系到项目建设能不能如期进行，投产后能不能顺利生产。燃料、动力供应条件分析包括所需资源、供水、供电以及其他动力现在及未来的供应条件。

(3)原料供应条件分析。项目在建成投产后生产经营过程中所需各种原料、主要材料、辅助材料及半成品等的供应数量、质量、价格、供应来源、运输距离及仓储设施等方面的条件，是工业生产所必备的基本条件。

原材料供应条件分析的主要内容包括原材料质量是否符合生产工艺要求；原材料的供应数量是否满足生产能力的要求；原材料的价格、运费及其变化趋势对项目产品成本的影响；原材料的仓储设施条件。

(4)外部协作配套条件和同步建设分析。外部协作配套条件是指与项目的建设和生产具有密切联系、互相制约的协作厂，例如为项目生产提供半成品、零部件和包装物的上游企业和为其提供产品的下游企业。同步建设是指项目建设、生产所需的交通运输等方面的配套建设，特别是大型项目，应考虑配套项目的同步建设所需要的相关投资。

外部协作配套条件和同步建设分析的主要内容包括全面了解协作厂的供应能力、运输条件和技术力量，从而分析协作厂的保证程度，分析协作厂供货物的质量、价格、运费，对项目产品质量和成本的影响，分析评价项目的上游企业、下游企业内部配套项目以及在建设进度上、生产技术上和生产能力上与拟建项目同步建设问题。

5. 总图运输

总图运输是根据建厂(场)地区地理、自然和环境等条件，按照工艺要求、物料流程以及有关工程建设标准，正确选定厂(场)址，合理确定工业(园)区及工业企业内，各种建构筑物、交通运输设施、综合管线的平面关系、竖向关系、空间关系及与生产活动的有机联系。总图运输方案研究包括总平面布置、竖向布置、总图主要工程量、全厂运输等。

(1)总平面布置。总平面布置编制内容包括总平面布置的原则。说明厂区规划、总用地面积以及各装置、设施占地并列表。分析比较不同的总图布置方案，提出推荐方案，并列出推荐方案总图的主要参数指标，包括土地利用技术经济指标，提出工厂绿化方案及绿化面积等。

(2)竖向布置。当新建厂区占地面积较大，或自然地形坡度较大，或施工、生产、运输等方面有特殊要求时，应做竖向方案比较，提出推荐的竖向布置方案及设防说明，提出工厂防洪标准及措施、场地排水方式、土石方工程量等。

(3)总图主要工程量。简述主要工程量，包括用地面积、道路长度、土石方量等，并将主要工程量列表表示。

(4)全厂运输。根据当前市场情况，结合建厂所在地区特点，尽可能依托社会运输力量。对于建设规模较大，或建厂地区的协作条件较差的地区，应对自建和依托社会做技术经济比较。

全厂运输的编制内容包括说明运输方案基本情况；厂内道路及车辆选择，厂内道路应做到人流、货流分道行驶；公路运输、公路等级及长度、季节性原因对通行的影响，以地图表示的公路网。

6. 工程方案及配套工程方案

(1)工程方案。工程方案的选择是在已选定的项目建设规模、技术方案和设备方案的基础上，围绕着工艺生产装置在建筑、结构、给排水、供电、供热、维修、服务等方面进行系统配套与完善，形成完整的运行体系。一般的工业项目的建设方案主要包括工程地质概况、建筑设计、结构设计等内容。

(2)系统配套工程。建设项目的系统配套工程是指公用工程、辅助工程和厂外配套工程等。

①公用和辅助工程。公用和辅助工程一般包括给水排水工程、供电与通信工程、供热工程、空调系统、采暖通风系统、压缩风(含压缩空气、仪表空气)和氮气等系统以及分析化验、维修设施、仓储设施、环保设施、安全设施、消防设施等。

②厂外配套工程。厂外配套工程通常包括防洪设施、铁路专用线、道路、业主码头、水源及输水管道、排水管道、供电线路及通信线路、供热及原材料输送管道、厂外仓储及原材料堆场、固体废弃物堆场、危险废物填埋场或处置场、固体物料输送工程等。

7. 环境保护

环境保护是可行性研究报告中的重要内容之一。建设项目实行环境保护一票否决权机制。

国家为了实施可持续发展战略，预防因开发利用自然资源(如矿产开采等)、项目建设、海岸工程建设和海洋石油勘探开发实施后对环境造成不良影响，防治土壤污染、土地沙化、盐渍化、贫瘠化、沼泽化、地面沉降和防止植被破坏、水土流失、水源枯竭、种源灭绝以及其他生态失调现象的发生和发展；保护各种类型的自然生态系统区域，珍稀、濒危的野生动植物自然分布区域，重要的水源涵养区域，海洋环境，具有重大科学文化价值的地质构造、著名溶洞和化石分布区、冰川、火山、温泉等自然遗迹，以及人文遗迹、古树名木。在项目建设方案研究中必须包括环境保护方案的研究，并形成相应的环境保护内容。

(1)项目所在地区环境质量现状。简述投资项目所在地区的空气环境、水环境(地表水环境、地下水环境)、声环境、土壤环境和生态环境等质量现状及污染变化趋势，分析说明所在地区环境质量受污染的主要原因。简要说明投资项目所在地区环境容量，主要污染物排放总量控制及排放指标要求。

(2)执行的有关环境保护法律、法规和标准。

①列出投资项目应遵循的国家、行业及地方的有关环境保护法律、法规、部门规章和规定。

②根据建设地区的环境功能区划，列出投资项目执行的环境质量标准和污染物排放标准，包括国家和地方标准。

(3)主要污染源及主要污染物。分析说明投资项目在生产过程中的主要污染源及主要污染物，包括废水、废气、固体废物及废液、噪声等。

(4)环境保护治理措施及方案。简述投资项目贯彻执行清洁生产、循环经济、节能减排和保护环境原则，从源头控制到末端治理全过程所采取的环境保护治理措施及综合利用方案，并分析说明预期效果。主要内容包括废水治理、废气治理、固体废物(废液)治理、噪声治理、环境风险防范措施、其他措施等。

(5)环境影响分析。简述投资项目实施对环境(包括环境空气、水环境、噪声环境、生态环境等)及环境敏感区的影响。

(6)存在的问题及建议。说明投资项目实施所存在的主要环境保护问题,提出解决问题的建议和办法。

8.安全、职业卫生与消防

(1)安全。说明采取的法律、法规、部门规章和标准规范,包括国家和相关部门的法律、法规和部门规章,安全相关标准规范,项目所在地对安全的有关规定和要求。

(2)职业卫生。说明应执行的法律、法规、部门规章和标准规范,包括国家和相关部门的法律、法规和部门规章,职业卫生相关标准规范,项目所在地对职业卫生的有关规定和要求。

(3)消防。

①说明编制依据,包括国家、行业和地方颁布的有关消防的法律、法规和标准、规范。

②描述项目临近单位和消防部门的消防设施和协作条件,提出可依托的可能性。对改、扩建和技术改造项目要对原有消防系统进行描述,包括消防标准、消防体制、消防设施等。

③根据工程的原材料、中间产品及成品的物性,说明在储存、生产过程、运输过程等各个环节的火灾危险性,根据工艺生产和辅助设施的运行特点,说明各生产部位、建筑物、厂房等产生火灾的危险性。根据火灾危险性,确定工程各单项的火灾危险性类别。

9.节能、节水

节约资源是我国的基本国策,项目的建设方案研究必须体现合理利用和节约能源的方针。节能贯穿建设项目的技术方案、设备选择、节能措施、节能管理等各个方面,是一项系统工程,建设项目实行节能评价一票否决权机制。

建设项目应按照国家相关要求研究优化用水方案,采取有效措施节约用水,并按规定做好项目水资源论证工作。

(1)节能。

①列出项目应遵循的主要法律、法规及设计标准,包括国家、项目所在地政府、项目所处行业及企业标准等;列出项目所需能源的品种、数量。

②简述能源利用特点及合理性。

③简述能源供应状况,分析能源来源、供应能力、供应方案、长期供应稳定性、在用量和价格方面对项目的满足程度、存在问题及风险。

④阐述项目节能分析与措施。

(2)节水。

①列出项目应遵循的主要法律、法规及设计标准,包括国家、项目所在地政府、项目所处行业及企业标准等;列出项目所需水资源的品种、数量。

②简述水资源利用特点及合理性。

③简述水资源供应状况,分析水源来源、供应能力、供应方案、长期供应稳定性、在量和价方面对项目的满足程度、存在问题及风险。

④根据项目具体情况,从项目整体优化入手,说明项目总体用水和水资源利用的合理性。

10.项目组织与管理

建设项目建设期间的组织管理对项目的成功组织与实施有着重要作用。建设项目根据项目性质不同,其管理也会有差异,各行业均有自己的一套行之有效的组织管理方法和习惯。在可行性研究阶段,咨询机构根据项目具体情况,提出组织管理的基本构想,为投资决策者提供依据和参考，组织管理构架、生产班制、人员配置、提前进场和人员培训等，是投资估算和成本估算的条件之一。项目确定的实施计划，是确定项目资金使用计划和建设期的依据。项目组织与管理内容主要从组织机构与人力资源配置、项目招标、项目实施进度与计划等方面进行编制。

5.2.4 投资估算与资金筹措

投资估算是可行性研究报告的核心内容之一。投资估算是在对项目的建设规模、产品方案、技术方案、设备方案、场(厂)址方案和工程建设方案及项目进度计划等进行研究并基本确定的基础上，对建设项目总投资及各分项投资数额进行估算，投资估算根据项目具体情况和资料掌握程度，可以采用不同的估算方法，具体估算方法见本书模块2"建设工程投资估算"，本处不做详细描述。

融资方案研究是可行性研究阶段的重要工作之一。一个好的建设项目方案，需要一个好的融资方案配合实施，落实可靠的资金来源是项目成功的关键。

1. 投资估算的编制内容

投资估算的编制内容主要包括以下几个方面：
(1)投资估算编制依据及说明；
(2)建设投资估算；
(3)单项工程投资估算；
(4)改扩建和技术改造项目投资估算；
(5)并购项目投资估算；
(6)建设期利息估算；
(7)流动资金估算；
(8)利用原有固定资产价值；
(9)总投资估算；
(10)投资估算分析。

2. 资金筹措的编制内容

资金筹措的主要编制内容包括以下几个方面：
(1)资金来源；
(2)中外合资经营项目资金筹措；
(3)资金使用计划；
(4)融资成本分析；
(5)融资风险分析；
(6)融资渠道分析。

5.2.5 财务分析

财务分析，又称财务评价，是项目决策分析与评价中为判定项目财务可行性所进行的一项重要工作，是项目经济评价的重要组成部分，是投融资决策的重要依据。

财务分析是在现行会计规定、税收法规和价格体系下，通过财务效益与费用(收益与支出)的预测，编制财务报表，计算评价指标，考察和分析项目的财务盈利能力、偿债能力和财务生存能力,据以判断项目的财务可行性,明确项目对财务主体及投资者的价值贡献。财务分析具体方法见本书模块6"建设项目经济评价",本处不做详细描述。

财务分析的内容如下:
(1)产品成本和费用估算;
(2)销售收入和税金估算;
(3)财务分析;
(4)改扩建和技术改造项目财务分析特点;
(5)外商投资项目财务分析特点;
(6)境外投资项目财务分析特点;
(7)非工业类项目评价特点;
(8)其他特殊项目。

5.2.6 经济分析

经济分析按合理配置资源的原则,采用社会折现率、影子汇率、影子工资和货物影子价格等经济分析参数,从项目对社会经济所做的贡献以及社会经济为项目付出代价的角度,识别项目的效益和费用,分析计算项目对社会经济(社会福利)的净贡献,评价项目投资的经济效率,也即经济合理性。企业自主决策的项目一般不要求做经济分析。

经济分析的内容如下:
(1)经济分析主要报表;
(2)主要经济分析指标;
(3)敏感性分析;
(4)部分行业项目特点;
(5)费用效果分析指标。

5.2.7 风险分析

风险分析作为可行性研究的一项重要内容,贯穿项目分析的各个环节和全过程。即在项目可行性研究的主要环节,包括市场、技术、环境、安全、消防、投资、融资、财务、经济及社会分析中进行相应的风险分析,并进行全面的综合分析和评价。风险分析的方法具体见本书模块8"建设项目不确定性分析",本处不做详细描述。

1. 风险分析主要内容

(1)风险因素的识别。应针对项目特点识别风险因素,深层分析,找出深层次的风险因素。

(2)风险程度的估计。采用定性或定量分析方法估计风险程度。

(3)研究提出风险对策。提出针对性的切实可行的防范和控制风险的对策建议。

(4)风险分析结果的反馈。在可行性研究过程中应将风险分析结果随时反馈于项目方案的各个方面,以便调整完善方案,规避风险。

(5)编制风险与对策汇总表。将项目的主要风险进行归纳和综述,说明其起因、程度和可能造成的后果,以全面、清晰地展现项目主要风险的全貌,将风险对策研究结果汇总于表,见表5-1。

表 5-1　风险与对策汇总

序号	主要风险	风险起因	风险程度	后果与影响	主要对策
1					
2					
3					
…					

(6) 风险结论与提示。简要概括风险分析的结论，对风险做出必要的提示。

5.2.8　研究结论

1. 综合评价

对可行性研究中涉及的主要内容，概括性地给予总结评价。

2. 研究报告的结论

对可行性研究中涉及的主要内容及研究结果，给出明确的结论性意见，提出项目是否可行。

3. 存在的问题

对项目可行性研究过程中存在的问题进行汇总，并分析问题的严重性以及对项目各方面的影响程度。

模块小结

本模块讲述了建设工程程序及可行性研究主要内容。大中型投资项目通常需要报请地区或者国家发改委立项备案。受投资项目所在细分行业、资金规模、建设地区、投资方式等不同影响，项目可行性研究报告（立项报告为简版可行性研究报告）均有不同侧重。为了保证项目顺利通过发改委批准完成立项备案，可行性研究报告的编制必须由专业有经验的咨询机构协助完成。

习　题

一、单项选择题

1. 下列选项中，属于决策阶段的是（　　）。
　　A. 施工阶段　　　　　　　　B. 可行性研究阶段
　　C. 竣工验收阶段　　　　　　D. 设计阶段

2. 对技术上比较复杂而缺乏设计经验的项目，在初步设计后还要进行（　　）。
　　A. 具体设计　　　　　　　　B. 施工图设计
　　C. 设计论证　　　　　　　　D. 技术设计

3. 在确定项目合理经济的建设规模时，在资金允许的情况下，决策者会选择（　　）方案作为建设方案。
　　A. 收益率较高　　　　　　　B. 投资较大
　　C. 投资较小　　　　　　　　D. 收益率合理

4. 一般情况，我们可以用（　　）确定项目规模。
   A. 方案比选　　　　　　　　　B. 盈亏平衡产量法
   C. 价值工程　　　　　　　　　D. 概率树

5. （　　）是根据建厂（场）地区地理、自然和环境等条件，确定各种建构筑物、交通运输设施、综合管线的平面关系、竖向关系、空间关系及与生产活动的有机联系。
   A. 总平面布置　　　　　　　　B. 总图运输
   C. 项目选址　　　　　　　　　D. 施工平面布置

6. （　　）是在对项目的建设规模、产品方案、技术方案、设备方案、场（厂）址方案和工程建设方案及项目进度计划等进行研究并基本确定的基础上，对建设项目投资数额进行估算。
   A. 设计概算　　　　　　　　　B. 施工图预算
   C. 投资估算　　　　　　　　　D. 施工预算

7. 从拟建设项目的必要性和可能性角度考虑，建设项目的初步设想是（　　）文件。
   A. 初步设计　　　　　　　　　B. 前期策划
   C. 项目建议书　　　　　　　　D. 可行性研究报告

8. （　　）的选择直接关系到项目产品的质量、产量、成本和竞争力，因此它直接关系到项目运行的成败和企业的生死存亡。
   A. 技术工艺方案　　　　　　　B. 生产设备
   C. 生产规模　　　　　　　　　D. 投资资金

9. （　　）主要研究目标产品进入市场和扩大销售份额在营销方而应采取的策略。
   A. 客户分析　　　　　　　　　B. 目标市场分析
   C. 竞争者分析　　　　　　　　D. 营销策略

10. 对建设项目在技术上是否可行，经济上是否合理进行科学分析和论证，为项目决策提供依据的是（　　）。
    A. 初步设计　　　　　　　　　B. 前期策划
    C. 项目建议书　　　　　　　　D. 可行性研究报告

二、多项选择题

1. 建设项目对（　　）实行一票否决权机制。
   A. 融资方案　　B. 投资方案　　C. 运输方案　　D. 环境保护
   E. 节能评价

2. 建设项目可行性研究的主要任务是（　　）。
   A. 市场研究　　B. 投资研究　　C. 经济研究　　D. 技术研究
   E. 风险研究

3. 投资项目在生产过程中的主要污染源及主要污染物，包括（　　）。
   A. 废水　　　　B. 废气　　　　C. 固体废物　　D. 噪声
   E. 废液

4. 我国的建设程序分为项目建议书阶段、（　　）和竣工验收交付使用阶段。
   A. 设计阶段　　　　　　　　　B. 建设准备阶段
   C. 施工阶段　　　　　　　　　D. 建设前期阶段
   E. 可行性研究阶段

5. 目标市场分析主要从（　　）等方面进行分析。
   A. 目标市场选择　　　　　　　　B. 主要用户分析
   C. 竞争力分析　　　　　　　　　D. 结构分析
   E. 风险分析

6. 风险分析作为可行性研究的一项重要内容，贯穿项目分析的各个环节和全过程，风险分析的主要内容有（　　）。
   A. 风险因素的识别　　　　　　　B. 风险程度的估计
   C. 研究提出风险对策　　　　　　D. 风险分析结果的反馈
   E. 风险结论与提示

7. 项目可行性研究过程中进行建设条件分析时，应考虑的因素有（　　）。
   A. 自然条件　　　　　　　　　　B. 外部交通条件
   C. 设备工艺条件　　　　　　　　D. 用地条件
   E. 生态与环境条件

8. 可行性研究报告简要研究结论中，应列出项目的主要技术经济指标，包括（　　）。
   A. 环境类指标　　　　　　　　　B. 设备类指标
   C. 主要工程类指标　　　　　　　D. 主要工艺参数
   E. 主要经济类指标等

9. 项目规模一般有两种表示方法，它们分别是（　　）。
   A. 项目建设规模　　　　　　　　B. 项目占地规模
   C. 项目产出规模　　　　　　　　D. 项目生产规模
   E. 项目投资规模

10. 财务分析是在现行会计规定、税收法规和价格体系下，通过财务效益与费用的预测，分析项目的（　　），据以判断项目的财务可行性。
    A. 财务盈利能力　　　　　　　　B. 偿债能力
    C. 财务生存能力　　　　　　　　D. 运营效果
    E. 投资效果

三、简答题

1. 市场预测分析的内容有哪些？
2. 市场竞争力分析主要内容有哪几个方面？
3. 市场风险分析有哪些内容？
4. 进行项目建设厂（场）址选择过程中，应考虑哪些因素？
5. 项目工艺技术方案选择过程中，应考虑哪些因素？

模块 6　建设项目经济评价

案例导入

某地产公司投资 29 128.29 万元拟建一个温泉酒店项目，该项目总占地面积 40.18 亩，总建筑面积 23 506 m²（不含相关配套设施工程及绿化建设），主要包括酒店接待区、温泉度假酒店（超五星级酒店）、地下车库及道路工程、公共配套设施、管网工程建设等基础设施建设。项目东北面有湿地公园，形成温馨休闲区，是该城市极为罕见的风光美景。

问：
(1)对该项目进行经济评价，分析其将给地产公司带来的经济效益是多少。
(2)该建设项目会带来哪些社会效益？
我们要解决以上问题，需要进行建设项目经济评价分析。

学习目标

掌握财务评价，掌握国民经济评价。

6.1　财务评价概述

6.1.1　财务评价的概念

财务评价是根据国家现行财税制度和市场价格体系，分析预测项目直接发生的财务效益与费用，计算财务经济评价指标，编制财务报表，考察拟建项目的盈利能力、偿债能力、外汇平衡能力以及不确定性分析能力等，据以判断项目的财务可行性。

6.1.2　财务评价的内容

建设工程项目财务评价的主要内容有以下几方面。

1. 财务盈利能力评价

财务盈利能力评价主要考察投资项目的盈利水平。为此，需编制全部投资现金流量表、自有资金现金流量表和损益表三个基本财务报表。计算财务内部收益率、财务净现值、投资回收期、投资收益率等指标，分析和测算项目计算期的盈利能力和盈利水平。

2. 项目偿债能力分析

投资项目的资金构成一般可分为借入资金和自有资金。自有资金可长期使用，而借入资金必须按期偿还。项目的投资者自然要关心项目偿债能力。借入资金的所有者——债权人也非常关心贷出资金能否按期收回本息。项目偿债能力分析可在编制贷款偿还表的基础上进行。为了表明项目的偿债能力,可按尽早还款的方法计算。在计算中,贷款利息一般做如下假设:长期借款,当年贷款按半年计息,当年还款按全年计息。

3. 外汇平衡分析

外汇平衡分析主要是考察涉及外汇收支的项目在计算期内各年的外汇余缺程度。在编制外汇平衡表的基础上,了解各年外汇余缺状况,对外汇不能平衡的年份根据外汇短缺程度,提出切实可行的解决方案。

4. 不确定性分析

不确定性分析是指在信息不足,无法用概率描述因素变动规律的情况下,估计可变因素变动对项目可行性的影响程度及项目承受风险能力的一种分析方法。不确定性分析包括盈亏平衡分析和敏感性分析。

5. 抗风险能力分析

抗风险能力分析是指在可变因素的概率分布已知的情况下,分析项目在建设和生产期可能遇到的不确定性因素和随机因素对项目经济效果的影响程度,考察项目承受各种投资风险的能力,提高项目投资的可靠性和营利性。

6.1.3 财务评价的基本步骤

项目财务评价是在产品市场研究、工程技术研究等工作的基础上进行的。其基本工作步骤如下:

(1) 收集、整理有关基础财务数据资料,估算现金流量。主要包括项目投入和产出物的价格;项目建设期间分年度投资额和总投资额;项目资金来源方式、数额、利息率、偿还时间等;项目生产期的产品成本;项目生产期的产品销售数量、销售收入、销售税金和销售利润及其分配数额等。

(2) 计算销售(营业)收入,估算成本费用。

(3) 编制基本财务报表。它是根据上一步骤估算的基础数据填列的,是计算反映项目盈利能力、清偿能力和外汇平衡的技术经济指标的基础,主要包括财务现金流量表、损益和利润分配表、资金来源与运用表、借款偿还计划表等。

(4) 计算财务评价指标。利用财务基本报表,计算出一系列财务经济评价指标,包括反映项目盈利能力指标、反映清偿能力指标及外汇平衡状况等静态指标和动态指标。

(5) 进行不确定性分析,包括敏感性分析与盈亏平衡分析。

(6) 编写财务评价报告。将计算出的有关指标数据与国家有关部门公布的基准值,或经验标准、历史标准、目标标准等进行比较,主要分析项目适应市场变化的能力和抵抗风险能力,并从财务的角度提出项目是可行的结论。

6.1.4 财务评价报表

(1) 项目总投资使用计划与资金筹措表(表 6-1)。

表 6-1 项目总投资使用计划与资金筹措表　　　　　　　　　　　　万元

序号	项目	合计	计算期				
			1	2	3	…	n
1	项目总投资						
1.1	建设投资						
1.2	建设期利息						
1.3	流动资金						
1.3.1	其中铺底流动资金						
2	资金筹措(包括全部流动资金)						
2.1	项目资本金						
2.1.1	用于建设投资						
2.1.2	用于铺底流动资金						
2.1.3	用于建设期利息						
2.2	债务资金(包括全部流动资金)						
2.2.1	用于建设投资						
2.2.2	用于建设期利息						
2.2.3	用于流动资金						

(2)销售收入、销售税金及附加和增值税估算表(表 6-2)。

表 6-2　销售收入、销售税金及附加和增值税估算表　　　　　　　万元

序号	项目	合计	计算期				
			1	2	3	…	n
1	销售(营业)收入						
1.1	产品 A 销售收入						
	单价						
	销售量						
	销项税额						
1.2	产品 B 销售收入						
	单价						
	销售量						
	销项税额						
	…						
2	销售(营业)税金及附加						
2.1	销售税						
2.2	消费税						
2.3	城市维护建设费						

续表

序号	项目	合计	计算期				
			1	2	3	...	n
2.4	教育费附加						
3	增值税						
3.1	销项税						
3.2	进项税						

(3)总成本费用估算表(表 6-3)。

表 6-3　总成本费用估算表　　　　　　　　　　　　万元

序号	项目	合计	计算期				
			1	2	3	...	n
1	外购原材料费						
2	外购燃料及动力费						
3	工资及福利费						
4	修理费						
5	其他费用						
6	经营成本(1+2+3+4+5)						
7	折旧费						
8	摊销费						
9	利息支出						
9.1	建设投资借款利息						
9.2	流动资金借款利息						
10	总成本费用(6+7+8+9)						
10.1	固定成本						
10.2	可变成本						

(4)外购原材料费用估算表(表 6-4)。

表 6-4　外购原材料费用估算表　　　　　　　　　　万元

序号	项目	合计	计算期				
			1	2	3	...	n
1	原材料费用						
1.1	原材料 A 购置费						
	单价						
	数量						
	进项税额						
1.2	原材料 B 购置费						

续表

序号	项目	合计	计算期				
			1	2	3	...	n
	单价						
	数量						
	进项税额						
	...						
2	辅助材料费用						
	进项税额						
3	其他材料费用						
	进项税额						
4	外购原材料费合计						
5	外购原材料进项税额合计						

（5）外购燃力动力费用估算表（表6-5）。

表6-5　外购燃力动力费用估算表　　　　　　　　　　　　万元

序号	项目	合计	计算期				
			1	2	3	...	n
1	燃料费用						
1.1	燃料A费用						
	单价						
	数量						
	进项税额						
	...						
2	动力费用						
	动力A费用						
	单价						
	数量						
	进项税额						
	...						
3	外购燃料动力费合计						
4	外购燃料动力进项税额合计						

（6）工资及福利费估算表（表6-6）。

表6-6　工资及福利费估算表　　　　　　　　　　　　万元

序号	项目	合计	计算期				
			1	2	3	...	n
1	工人						
	人数						

续表

序号	项目	合计	计算期				
			1	2	3	…	n
	人均年工资						
	工资额						
2	技术人员						
	人数						
	人均年工资						
	工资额						
3	管理人员						
	人数						
	人均年工资						
	工资额						
4	工资总额						
5	福利费						
合计							

(7)固定资产折旧摊销费估算表(表6-7)。

表6-7 固定资产折旧摊销费估算表 万元

序号	项目	合计	计算期				
			1	2	3	…	n
1	房屋及建筑物						
1.1	原值						
1.2	本年折旧费						
1.3	净值						
2	机械设备						
2.1	原值						
2.2	本年折旧费						
2.3	净值						
	…						
3	固定资产合计						
3.1	原值						
3.2	本年折旧费						
3.3	净值						
4	无形资产						
4.1	原值						
4.2	本年摊销费						

续表

序号	项目	合计	计算期				
			1	2	3	…	n
4.3	净值						
5	递延资产						
5.1	原值						
5.2	本年摊销费						
5.3	净值						
	…						
6	无形资产及其他资产合计						
6.1	原值						
6.2	本年摊销费						
6.3	净值						

(8)项目财务现金流量表(表6-8)。

表6-8 项目财务现金流量表 万元

序号	项目	合计	计算期				
			1	2	3	…	n
1	现金流入						
1.1	销售(营业)收入						
1.2	回收固定资产余值						
1.3	回收流动资金						
1.4	其他现金流入						
2	现金流出						
2.1	建设投资(不含建设期利息)						
2.2	流动资金						
2.3	经营成本						
2.4	销售税金及附加						
2.5	增值税						
2.6	其他现金流出						
3	所得税前净现金流量(1−2)(静态)						
4	累计所得税前净现金流量(静态)						
5	所得税前净现金流量(1−2)(动态)						
6	累计所得税前净现金流量(动态)						
7	调整所得税						
8	所得税后净现金流量(3−5)(静态)						

续表

序号	项目	合计	计算期				
			1	2	3	…	n
9	累计所得税后净现金流量(静态)						
10	所得税后净现金流量(3－5)(动态)						
11	累计所得税后净现金流量(动态)						
	计算指标：						
	财务内部收益率($FIRR$)						
	财务净现值						
	投资回收期(静态)						
	投资回收期(动态)						

(9)项目资本金现金流量表(表6-9)。

表 6-9 项目资本金现金流量表　　　　　　　　　　万元

序号	项目	合计	计算期				
			1	2	3	…	n
1	现金流入						
1.1	营业收入						
1.2	补贴收入						
1.3	回收固定资产余值						
1.4	回收流动资金						
2	现金流出						
2.1	项目资本金						
2.2	借款本金偿还						
2.3	借款利息支付						
2.4	经营成本						
2.5	销售税金及附加						
2.6	所得税						
2.7	维持运营投资						
3	净现金流量						

(10)损益与利润分配表(表6-10)。

表 6-10 损益与利润分配表　　　　　　　　　　万元

序号	项目	合计	计算期				
			1	2	3	…	n
1	销售(营业)收入						
2	销售税金及附加						

续表

序号	项目	合计	计算期				
			1	2	3	...	n
3	增值税						
4	总成本费用						
5	利润总额(1-2-3-4)						
6	弥补以前年度亏损						
7	应纳税所得额(5-6)						
8	所得税						
9	净利润(5-8)						
10	法定盈余公积金						
11	任意盈余公积金						
12	可供分配利润(9-10-11)						
13	利润分配						
14	未分配利润(12-13)						
15	息税前利润						
16	息税折旧摊销前利润						

(11)资金来源与运用表(表 6-11)。

表 6-11 资金来源与运用表
万元

序号	项目	合计	计算期				
			1	2	3	...	n
1	资金流入						
1.1	销售(营业)收入						
1.2	长期贷款						
1.3	短期贷款						
1.4	发行债券						
1.5	项目资本金						
1.6	其他						
2	资金流出						
2.1	经营成本						
2.2	销售税金及附加						
2.3	增值税						
2.4	所得税						
2.5	建设投资						
2.6	流动资金						
2.7	各种利息支出						

续表

序号	项目	合计	计算期				
			1	2	3	...	n
2.8	偿还债务本金						
2.9	分配股利或利润						
2.10	其他						
3	资金盈余(1-2)						
4	累计资金盈余						

(12)借款偿还计划表(表6-12)。

表6-12 借款偿还计划表　　　　　　　　　　　　　　　　　万元

序号	项目	合计	计算期				
			1	2	3	...	n
1	期初借款余额						
2	当期借款本金						
3	建设期借款利息						
4	运营期借款利息						
5	当期还本付息						
	其中：还本						
	付息						
6	期末借款余额						
7	还本资金来源						
7.1	利润						
7.2	折旧费						
7.3	摊销费						
7.4	其他还本资金						
计算指标	利息备付率						
	偿债备付率						
	借款偿还期(年)						

注：以上表格适应于新设法人项目的系列估算，以及既有项目法人项目的"有项目""无项目"和系列估算；表格形式或项目可视行业调整或变动。

6.2 财务评价指标体系

工程项目经济效果可采用不同的指标来表达。任何一种评价指标都是从一定的角度、某一个侧面来反映项目的经济效果，从而会带有一定的局限性。因此，通常需要建立一整套指标体系来全面、真实、客观地反映项目的经济效果。

财务评价的指标：根据是否考虑资金的时间价值，分为以现金流量表为基础的静态评价指标和动态评价指标；根据评价的目标划分，分为盈利能力分析指标、清偿能力分析指标和财务生存能力指标。

财务评价基本报表与评价指标的关系见表 6-13。

表 6-13 财务评价基本报表与评价指标的关系

分析内容	基本报表	静态指标	动态指标
盈利能力分析	项目投资现金流量表	全部投资回收期	财务内部收益率 财务净现值 动态投资回收期
	项目资本金现金流量表		资本金财务内部收益率
	利润及利润分配表	总投资收益率 投资利税率 资本金利润率 资本金净利	
偿债能力分析	利润及利润分配表	偿债备付率 利息备付率	
	借款(本付息估算表 资金来源与运用表 资产负债表)	借款偿还期 资产负债率 流动比率 速动比率	
生存能力分析	财务计划现金流量表	净现金流量 累计盈余资金	
外汇平衡	财务外汇平衡表		
其他		价值指标或实物指标	

6.2.1 盈利能力分析

盈利能力分析是项目财务评价的主要内容之一，是在编制现金流量表的基础上，计算财务内部收益率、财务净现值、投资回收期等指标。计算财务内部收益率为项目的主要盈利性指标，其他指标可根据项目特点及财务评价的目的、要求等选用。

(1)财务内部收益率($FIRR$)。财务内部收益率是指项目在整个计算期内各年净现金流量现值累计之和等于零时的折现率，是评价项目盈利能力的动态指标。其表达式为

$$\sum_{t=0}^{n}(CI-CO)_t(1+FIRR)^{-t}=0 \tag{6-1}$$

若 $FIRR \geqslant i_c$，项目在财务上盈利能力可接受；若 $FIRR < i_c$，项目在财务上达不到设定的折现率计算的盈利水平。

根据分析范围和对象不同,项目财务评价中包括三种财务内部收益率:项目财务内部收益率(不考虑利息和所得税)、资本金内部收益率(以资本金为计算基础)、投资各方内部收益率(以投资各方出资额为计算基础)。虽然其对应的财务现金流量表所表达的内涵有异,但其内部收益率的计算方法是完全一致的。

(2)财务净现值(FNPV)。财务净现值是指按设定的折现率(i_c)将各年的净现金流量折现,并求和。其表达式为

$$FNPV = \sum_{t=0}^{n}(CI-CO)_t(1+i_c)^{-t} \qquad (6-2)$$

若 $FNPV \geqslant 0$,项目在财务是盈利能力可接受;若 $FNPV < 0$,项目在财务上达不到设定的折现率计算的盈利水平。

(3)投资回收期(P_t)。投资回收期是指以项目的净收益偿还项目全部投资所需的时间,通常以年为单位,包括项目建设期。其表达式为

$$\sum_{t=0}^{P_t}(CI-CO)_t = 0 \qquad (6-3)$$

投资回收期可用现金流量表中累计净现金流量计算求得,计算公式为

$P_t = $ 累计净现金流量开始出现正值的年份 $-1+$

(上年累计净现金流量的绝对值/当年净现金流量) (6-4)

若 $P_t \leqslant P_c$(基准投资回收期),则项目在财务上可行。投资回收期越短,说明该项目的盈利能力和抗风险能力就越好。

(4)投资利润率。投资利润率是指项目在计算期内正常生产年份的年利润总额或项目生产期内的年平均利润总额与项目投入总资金之比,它是考察项目单位投资盈利能力的静态指标。其表达式为

投资利润率=(年利润总额或年平均利润总额/项目投入总资金)×100% (6-5)

6.2.2 偿债能力分析

偿债能力分析是通过借款偿还计划表,计算借款偿还期、利息备付率和偿债备付率等指标,分析判断拟建项目财务主体的偿还债务能力。

(1)借款偿还期(P_d)。借款偿还期是指在国家有关财税规定及企业具体财务条件下,项目投产后可以用作还款付息的资金(利润、折旧、摊销及其他收益),偿还建设投资借款本息所需要的时间,一般以年为单位表示。不足整年的部分可用线性插值法计算。指标值应能满足贷款机构的期限要求。借款偿还期适用不预先给定借款偿还期限,且按最大偿还能力计算还本付息的项目,其值越小,说明该项目的偿债能力越强。其表达式为

借款偿还期=(借款偿还开始出现盈余年份-1)+

(盈余当年应偿还借款额/盈余当年可用于还款的资金) (6-6)

【例 6-1】 某项目在第 12 年开始有盈余资金。在第 12 年年中,未分配利润为 3 492.66 万元,可作为归还借款的折旧摊销费为 675.72 万元,还款期间的企业留利为 79.88 万元,当年归还借款本金为 583.73 万元,归还利息为 12.21 万元。求项目借款偿还期。

解:$P_d = 12-1+[583.73/(3\,492.66+675.72-79.88)] = 11.14$(年)

(2)利息备付率。利息备付率是指企业在技术方案借款偿还期内各年可用于支付利息的息税前利润(利润总额与计入总成本费用的利息费用之和)与当年应付利息的比值。

$$利息备付率＝息税前利润/当年应付利息 \quad (6-7)$$

利息备付率应分年计算，它从付息资金来源的充裕性角度反映企业偿付债务利息的能力。利息备付率高，表明利息偿付的保障程度高。一般情况下，利息备付率不宜低于2，并满足债权人的要求。

(3)偿债备付率。偿债备付率是指项目在借款偿还期内，各年可用于还本付息的资金与当期应还本付息金额的比值。偿债备付率应分年计算，它表示企业可用于还本付息的资金偿还借款本息的保证倍率。偿债备付率低，说明偿付债务本息的资金不充足，偿债风险大。正常情况偿债备付率应当大于1，并结合债权人的要求确定。其表达式为

$$偿债备付率＝可用于还本付息的资金/当期应还本付息金额 \quad (6-8)$$

6.2.3 财务评价示例

详见"模块9中9.9 实训五 综合实训可行性评估设计实例"。

6.3 国民经济评价概述

建设项目的全面经济评价，分为财务经济评价和国民经济评价两个层次。项目的国民经济评价使用基本的经济评价理论，其主要内容包括识别国民经济的费用与效益、测算和选取影子价格、编制国民经济评价报表、计算国民经济评价指标并进行方案比选。

6.3.1 国民经济评价的含义

国民经济评价是按照资源合理配置的原则，从国家整体角度考察项目的效益和费用，采用影子价格、影子工资、影子汇率和社会折现率等经济参数，分析、计算项目对国民经济的净贡献，评价项目的经济合理性。项目的国民经济评价是将建设项目放于整个国民经济系统之中，站在社会的角度，评价其宏观经济效果，以决定其取舍。

6.3.2 国民经济评价的范围

财务评价是从项目角度考察项目的盈利能力和偿债能力，在市场经济条件下，大部分项目财务评价结论可以满足投资决策要求。但有些项目需要从国民经济的角度评价项目是否可行，这就需要进行国民经济评价。国民经济评价的范围如下：

(1)基础设施项目和公益性项目。如铁路、公路等交通运输项目，市政工程，较大的水利水电等项目。

(2)市场价格不能真实反映价值的项目。

(3)资源开发项目。如国家控制的战略性资源开发项目、动用社会资源和自然资源较大的中外合资项目等。

6.3.3 国民经济效益与费用识别

项目的国民经济效益是指项目对国民经济所做的贡献，包括项目的直接效益和间接效益；项目的国民经济费用是指国民经济为项目付出的代价，包括直接费用和间接费用。

1. 直接效益与直接费用

(1)直接效益是指由项目产出物直接生成,并在项目范围内计算的经济效益。一般有以下表现形式:

①增加项目产出物或者服务的数量以满足国内需求的效益。

②替代效益较低的相同或类似企业的产出物或者服务,使被替代企业减产(停产)从而减少国家有用资源耗费或者损失的效益。

③增加出口或者减少进口从而增加或者节支的外汇等。

(2)直接费用是指项目使用投入物所形成并在项目范围内计算的费用。一般有以下表现形式:

①其他部门为本项目提供投入物,需要扩大生产规模所耗用的资源费用。

②减少对其他项目或者最终消费投入物的供应而放弃的效益。

③增加进口或者减少出口从而耗用或者减少的外汇等。

2. 间接效益与间接费用

间接效益与间接费用是指项目对国民经济做出的贡献与国民经济为项目付出的代价中,在直接效益与直接费用中未得到反映的那部分效益与费用。通常把与项目相关的间接效益(外部效益)和间接费用(外部费用)统称为外部效果。

外部效果的计算范围应考虑环境及生态影响效果、技术扩散效果和产业关联效果。为防止外部效果计算扩大化,项目的外部效果一般只计算一次性相关效果,不应连续计算。

3. 转移支付

项目的某些财务收入和支出,从国民经济角度看,并没有造成资源的实际增加或减少,而是国民经济内部的"转移支付",不应计作项目的国民经济效益与费用。项目的转移支付主要包括项目向政府缴纳的税费,政府给予项目的补贴,项目向国内银行等金融机构支付的贷款利息。

从全社会的角度看,企业向国家交付税金,向国内的银行或其他金融机构支付利息,或从国家得到补贴,都只是国内全社会内部不同社会成员之间的相互支付,不能视为项目的费用或效益。因此,在财务经济评价基础上进行国民经济评价时,应从财务效益和费用中剔除转移支付部分。

6.3.4 财务经济评价与国民经济评价的关系

项目的财务经济评价和国民经济评价,是项目进行决策的主要依据。财务经济评价关注的是项目的财务生存能力和企业自身的利益,国民经济评价则是以资源最优配置和国民收入最大增长为目标。财务经济评价是国民经济评价的基础和前提,国民经济评价是财务经济评价的深化。两者相辅相成,既有联系又有区别。

1. 财务经济评价与国民经济评价的共同点

(1)评价动机相同,都是寻求以最小的投入获得最大的产出。

(2)评价基础相同,都是在可行性研究内容的基础上进行,且对项目的评价结论完全取决于项目自身的条件。

(3)基本分析方法和主要指标的计算方法类同,都要考虑资金的时间价值,采用现金流量分析方法进行经济效果分析。

2. 财务经济评价与国民经济评价的主要区别

(1)评价的角度、范围和目的不同。

①财务经济评价是从企业角度出发，按现行财税制度分析计算项目的效益、费用、盈利状况和借款偿还能力。评价项目本身的直接货币效果，考察投资行为的财务可行性。它属于微观经济评价，其目的是检验企业财务收支能力。

②国民经济评价则是从国家角度，分析计算项目需要付出的代价和对国民经济的贡献和社会贡献，以考察投资行为的经济合理性，它属于宏观经济评价，目的是检验有限资源的利用效率。

(2)评价的效益与费用的划分范围不同。

①财务经济评价以项目自身作为独立系统，根据项目的实际收支确定项目的效益和费用。

②国民经济评价的系统范围涉及整个社会。以项目为社会提供的有用产品和服务考察项目的效益，以项目所耗的全社会有用资源考察项目的费用。

(3)评价使用的价格体系不同。财务经济评价要确定投资在财务上的现实可行性，所以以现行市场价格为基础进行评价较为合理。而国民经济评价要对现行价格进行调整，并用影子价格进行计量。

(4)评价的主要参数不同。财务经济评价采用的汇率是官方汇率，折现率是因现行行业而异的基准收益率，国民经济评价则分别采用影子汇率和社会折现率。

财务经济评价与国民经济评价的区别见表6-14。

表6-14 财务经济评价与国民经济评价的区别

项目		财务经济评价	国民经济评价
评价目的		投资盈利能力、财务可行性	使资源实现最优分配的经济合理性
考察范围		企业或项目本身	经济整体
评价目标的特点		单一财务目标	单一目标或多目标
评价价格	依据	现行价格	机会成本或愿付代价
	名称	市场价格	影子价格
评价术语	现金流量	财务现金流	经济现金流
	贴现率	财务贴现率	影子利率或社会折现率
	评价判据	财务净现值等	经济净现值等
评价的作用		微观决策依据	宏观决策依据

6.4 国民经济评价重要参数

国民经济评价参数是国民经济评价的重要基础。正确理解和使用评价参数，对正确计算费用、效益和评价指标以及方案的优化比选是必不可少的。国民经济评价参数分为两类：

一类是通用参数，包括社会折现率、影子汇率、影子工资等，这些通用参数由专门机构组织测算和发布；另一类是各种货物、服务、土地、自然资源等的影子价格，需要由项目评价人员根据项目具体情况自行测算。

6.4.1 影子价格

影子价格是进行项目国民经济评价，人为确定的、比交换价格更为合理的价格，指当社会经济处于某种最优状态时，能够更好地反映产品的价值，反映市场供求状况，反映社会劳动的消耗、资源稀缺程度和最终产品需求情况的价格。

在影子价格计算中，项目投入物与产出物可分为三类：外贸货物、非外贸货物、特殊投入物。

1. 外贸货物影子价格

外贸货物影子价格以实际发生的口岸价格为基础，乘以影子汇率，并考虑国内运费和贸易费。

(1) 产出物影子价格(按出厂价格计算)的计算。

① 直接出口的产品：

$$影子价格 = FOB(离岸价) \times 影子汇率 - 项目到口岸的运费和贸易费 \quad (6-9)$$

② 间接出口的产品：

$$影子价格 = FOB(离岸价) \times 影子汇率 - 原供应厂到口岸的运输费和贸易费 + 原供应厂到用户的运输费和贸易费 - 项目到口岸的运费和贸易费 \quad (6-10)$$

③ 替代进口的产品：

$$影子价格 = CIF(到岸价) \times 影子汇率 + 口岸到用户的运输费和贸易费 - 项目到用户的运费和贸易费 \quad (6-11)$$

(2) 投入物影子价格(按到厂价计算)的计算。

① 直接进口的产品：

$$影子价格 = CIF(到岸价) \times 影子汇率 + 项目到口岸的运费和贸易费 \quad (6-12)$$

② 间接进口的产品：

$$影子价格 = CIF(到岸价) \times 影子汇率 + 口岸到用户的运输费和贸易费 - 供应厂到用户的运输费和贸易费 + 供应厂到项目的运输费和贸易费 \quad (6-13)$$

③ 减少出口的产品：

$$影子价格 = FOB(离岸价) \times 影子汇率 - 原供应厂到口岸的运输费和贸易费 + 供应厂到项目的运输费和贸易费 \quad (6-14)$$

贸易费是指外经贸机构为进出口货物所耗用的、用影子价格计算的流通费用，一般用货物的口岸价乘以贸易费费率计算。

2. 非外贸货物影子价格

非外贸货物影子价格是以市场价格加上或者减去国内运杂费作为影子价格。投入物影子价格为到岸价，产出物影子价格为出厂价。

(1) 增加供应数量满足国内消费的产出物：供求平衡的，按财务价格定价；供不应求的，参考国内市场价格并考虑价格变化趋势定价，但不应高于相同质量产品的进口价格；无法判断供求的，取上述价格中较低者。

(2)不增加国内供应数量,只是替代其他相同或类似的产出物,致使被替代企业停产或减产的:质量与被替代产品相同的,按被替代产品的可变成本分解定价;提高产品质量的,可近似地按国际市场价格与被替代产品的价格之差确定。

3. 特殊投入物影子价格

(1)劳动力的影子价格——影子工资。影子工资是项目使用劳动力,社会为此付出的代价。影子工资由两部分构成:劳动力的边际产出和劳动力转移而引起的社会资源耗费。在国民经济评价中,影子工资是项目使用劳动力的费用。

影子工资一般通过影子工资换算系数进行计算。影子工资换算系数是影子工资与财务经济评价中劳动力的工资和福利费之比,即

$$影子工资=财务经济评价时所用的工资与福利费之和×影子工资换算系数 \quad (6-15)$$

根据目前我国劳动力市场状况,技术性工作的劳动力的影子工资换算系数取值1,非技术性工作的劳动力的影子工资换算系数取值为0.8。在实际评价中,可根据劳动力结构、素质和熟练程度及项目所在地的劳动力市场供求状况等,进行适当调整后选用。

(2)土地的影子价格。土地的影子价格是指建设项目使用土地资源而使社会付出的代价。国民经济评价中以土地影子价格计算土地费用。其中包括拟建项目占用土地而使国民经济为此放弃的效益——土地的机会成本,以及国民经济为项目占用土地而新增加的资源消耗(如拆迁费、剩余农业劳动力安置费用等)。

$$土地的影子价格=土地的机会成本+新增资源消耗费用 \quad (6-16)$$

土地影子价格应根据项目占用土地所处地理位置、项目情况以及取得方式的不同分别确定。建设项目如需占用农村土地时,以土地征用费调整计算土地影子价格。

(3)自然资源影子价格。各种自然资源是一种特殊的投入物,项目使用的各种资源(包括水资源、森林资源、矿产资源等)都是对国家资源的占用和消耗。水和森林等可再生资源的影子价格按资源再生费用计算,矿产等不可再生资源的影子价格按资源的机会成本计算。

影子价格属于重要的国家参数,原则上应由国家有关权威机构测算颁布。但可作为项目投入物和产出物的货物成千上万,由于各方面条件的限制,国家有关权威机构不可能测算出所有投入物和产出物的价格,有相当一部分需要项目评估人员自己进行计算。因此,应根据项目投入物和产出物的货物种类不同,按其类型,分别采用不同的方法进行调整计算,确定投资项目投入物和产出物的影子价格。

6.4.2 影子汇率

影子汇率是指能正确反映外汇转换国民经济真实价值的汇率。在项目的国民经济评价中往往不能使用财务上的结算汇率,而是用影子汇率计算外汇的价值,进行外汇与人民币之间的换算。影子汇率是一个重要经济参数,它由国家统一制定和定期调整。

影子汇率体现了从国家角度对外汇真实价值的估量,用于人民币与外汇之间的换算。影子汇率的高低直接影响项目比选中进出口的抉择,影子汇率高,有利于采用国内货物的项目,而不利于引进方案。影子汇率计算公式如下:

$$影子汇率=国家外汇牌价×影子汇率换算系数 \quad (6-17)$$

根据目前我国的外贸货物比价、加权平均关税率、外贸逆差收入比率及出口换汇成本等指标的分析和测算,目前我国的影子汇率换算系数取值为1.08。

6.4.3 社会折现率

社会折现率是国民经济评价中的一项重要参数，它从国民经济角度对资金的机会成本和资金时间价值进行估量，是计算经济净现值、经济内部收益率等指标时采用的折现率，是项目经济可行性研究和方案比较选择的主要依据。它代表着社会对资金时间价值的判断，是国民经济评价中计算项目效益指标的计算参数。社会折现率作为所有投资项目都应达到的最低收益水平，是衡量和判别项目效益指标的标准和考虑项目取舍的决策依据。

社会折现率作为资金的影子价格，代表着资金占用在一定时期内应达到的最低增值率。社会折现率是国家评价和调控投资活动的一项重要经济杠杆。根据目前国民经济运行的实际情况、投资收益水平、资金供求状况、资金机会成本以及国家宏观调控目标取向等因素的综合分析，我国目前的社会折现率取值为10%左右。

6.5 国民经济评价指标计算

项目国民经济评价只进行国民经济盈利能力的分析，国民经济盈利能力的评价指标是经济内部收益率($EIRR$)和经济净现值($ENPV$)。

6.5.1 经济内部收益率($EIRR$)

经济内部收益率($EIRR$)是项目在计算期内各年经济净效益流量的现值累计等于零时的折现率，是项目国民经济评价的主要指标，用以表示项目经济盈利能力的大小。表达式为

$$\sum_{t=0}^{n}(B-C)_t(1+EIRR)^{-t}=0 \tag{6-18}$$

式中　B——效益流量；
　　　C——费用流量；
　　　$(B-C)_t$——第 t 年的净效益流量；
　　　n——项目的计算期，以年计。

经济内部收益率是从国民经济评价角度反映项目经济效益的相对指标，它显示出项目占用的资金所能获得的动态收益率。项目的经济内部收益率等于或大于社会折现率时，表明项目对国民经济的净贡献达到或者超过了预定要求。

6.5.2 经济净现值($ENPV$)

经济净现值是用社会折现率将项目计算期内各年净效益流量折算到项目建设期初的现值之和。表达式为

$$ENPV=\sum_{t=0}^{n}(B-C)_t(1+i_s)^{-t} \tag{6-19}$$

式中　i_s——社会折现率。

经济净现值是反映项目对国民经济净贡献的绝对指标。项目的经济净现值等于或大于零表示国家为拟建项目付出代价后，可以得到符合社会折现率所要求的社会盈余，或者还

可以得到超额的社会盈余，并且以现值表示这种超额社会盈余的量值。

6.5.3 经济效益费用比(R_{BC})

效益费用比是建设项目在计算期内效益流量的现值与费用流量的现值的比率，是经济分析的辅助评价指标。表达式为

$$R_{BC} = \frac{\sum_{t=0}^{n} B_t(1+i_s)^{-t}}{\sum_{t=0}^{n} C_t(1+i_s)^{-t}} \tag{6-20}$$

式中 B_t——第 t 期的经济效益；

C_t——第 t 期的经济费用；

如果效益费用比等于或大于1，表明项目资源配置经济效率达到可以被接受的水平。

模块小结

根据《建设项目经济评价方法与参数》(第三版)中所述，建设项目经济评价是可行性研究的重要组成部分，包括财务评价和国民经济评价。其主要作用是在预测、选址、技术方案等项研究的基础上，对项目投入产出的各种经济因素进行调查研究，通过多项指标的计算，对项目的经济合理性、财务可行性及抗风险能力做出全面的分析与评价，为项目决策提供主要依据。

习 题

一、简答题

1. 试述建设项目财务评价的目的、概念和作用。
2. 编制项目财务评价的依据和内容有哪些？
3. 财务评价的基本报表主要有哪些？
4. 简述国民经济评价的含义，并分析它与财务评价的异同。
5. 财务评价的主要指标有哪些？如何进行各指标的计算与分析评价？

二、计算题

1. 某套设备购置费为4 000万元，根据以往资料，与设备配套的建筑工程、安装工程和其他费用占设备费用的百分比分别是40%、30%和10%。假定各种工程费用上涨与设备费用同步上涨，即f_1、f_2、f_3都为1，试估算工程建设投资。

2. 有一投资项目，建设投资为50万元（不含建设期利息），于第1年投入；流动资金投资为20万元，于第2年初投入，全部为借款，利率为8%。项目于第2年投产，产品销售收入第2年为50万元，第3~8年为80万元；经营成本第2年为30万元，第3~8年为25万元；增值税为13%；第2~8年折旧费每年为6万元；第8年年末处理固定资产可得收入8万元。请绘制该项目投资现金流量表。

3. 某进口产品，其国内现行价格是216元/t，其价格系数是2.36，国内运费及贸易费为38元，影子汇率为6.0元，试求该进口产品的到岸价格CIF。

4. 某项目 H 的投入物为甲厂生产的 A 产品，由于项目 H 的建设使原用户乙厂供应的投入物减少，一部分要靠进口，已知条件如下：项目 H 距乙厂 100 km，乙厂距港口 220 km，进口到岸价为 280 美元/t，影子汇率为 6.3 元/美元，贸易费按采购价的 5% 计算，国内运费为 0.03 元/(t·km)，试求项目 H 投入物到厂价的影子价格。

模块 7　工程项目的社会影响评价

◉ 案例导入

某水利枢纽工程是一项巨大的跨省工程，总投资 1 000 多亿元，它的主要功能有两个：一个是水力发电，另一个是引水功能。项目的建成将解决周围 800 多万居民的生活用水问题，周围工农业生产得到比较充足的电力保障，极大地改善了当地经济的发展环境。该工程也因此受到当地人民的广泛赞扬。但是，这个项目的建设使原本茂密的树林遭到无情的砍伐，植被遭到严重的破坏。

问：
(1) 这个水利项目对我们来讲是利大于弊还是弊大于利？
(2) 社会评价是否应纳入项目评价体系？
(3) 社会评价是否重要？

◉ 学习目标

掌握社会评价的基本内容。

7.1　社会影响评价概述

7.1.1　社会影响评价的含义

社会影响评价是分析拟建项目对当地社会各个方面的影响和当地社会条件对项目的适应性和可接受程度，评价项目的社会可行性，做出的综合性评价。所以，社会影响评价的目的是在政策或项目的计划和执行阶段考虑其社会影响，以保证社会利益目标的实现。

社会影响评价在中国已开展十几年，政府和研究机构曾编制过社会影响评价的文件。近年来，在中国经济建设过程中各类项目所引发的社会问题不断增加，不仅影响了项目本身的实施，还在不同程度上影响了社会的稳定和发展。所以，如何在政策或项目实施的过程中更好地运用社会影响评价及其指标体系，已经成为中国经济与社会发展面临的十分迫切的问题。

7.1.2　社会影响评价的内容

社会影响分析是指在分析预测项目可能产生的正面影响和负面影响，主要包括项目对所在地居民收入、生活水平和生活质量、就业的影响，项目对所在地不同群体利益和弱势群体利益的影响，项目对所在地区文化、教育、卫生等的影响。

7.2 社会影响评价指标

社会影响评价的指标包括收入指标、就业指标、消费指标等。

(1)收入的直接指标是指不同的都市农业活动所产生的收入，包括来自农民、商人及其他运输和加工企业的收入。经济要素的生产力指标则必须计算，并同生产要素（资本、劳动力、土地）的其他可替代利用相比较：每单位土地的收入（收入/公顷）；每单位劳动力的收入（收入/工作日）和每单位投入资本的收入。都市农业带来的年收入可以与其他具备同要素的替代活动比较，例如，零售商的收入与不熟练的手工工人的收入是可比的。收入也可以和维持生计的最低家庭预算（在考虑城市平均家庭规模后计算得出）相比较。收入分配指标包括生产者和商人之间的收入比率，男性和女性生产者之间的收入比率，不同年龄人之间的收入比率。

除了总量的考虑，连续性是收入的另一个重要特征。收入为家庭定期提供日常生活开支，这种定期的现金准备取决于下面两个变量：开始生产到首次出售的周期长度以及这项活动所要承受的风险程度。这种风险程度可以通过一年或几年的月收入标准偏离程度计算出来。城市和半城市农业对国家经济的贡献必须通过不同的生产、销售、运输和投入供给来衡量。

(2)就业指标与从事都市农业的人口中的妇女、年轻人和移民的比例有关。从事都市农业的人口规模及其占所在城市和半城市地区人口的百分比都应当用绝对值估计并表示出来。

(3)通过消费城市产品而对城市食物供给做出的贡献可直接由数量和货币价值来衡量，间接的则通过农民一年中有几个月是消耗自己的产品而不依赖于市场来衡量。

通过市场对城市食物供给做出的贡献的直接衡量指标是从城市和半城市地区购进的产品（数量、产品的性质、一年中的哪个时间）占整个市场的份额。间接指标是市场零售商所卖的来自城市和半城市化地区的商品的百分比。

7.3 社会影响评价的方法

社会影响评价的方法有收集就业指标的方法、确定收入指标的方法、计算对城市食物供给贡献的方法、基本问题法、无行动替代方法和逻辑框架法等。

7.3.1 收集就业指标的方法

收集就业指标的方法常用在所有的发展中国家。其人口普查是定期开展的，包括不同经济部门的就业数据。但是，人口普查数据不能提供城市和半城市化地区间接从事农业人口（包括商人）的有关信息。直接列举农业人口需要以下信息：生产地区、现有的生产小组或协会（包括成员的数量）、无组织的生产以及生产者。因为农业是季节性的，所以必须选择一年中合适的时间，通过对在农田中工作的人数来直接估算从事农业活动的人。而对于调查当天没有出现的人，需要询问相关人员，进行间接的估算。

确定从事都市农业产品销售的人数则可以遵循消费者农业门槛生产原则或者参照不同的市场和中介的性质。另外一种方法是，通过和市场中的零售商和批发商面谈，追溯生产的起源。从事城市食物买卖的商人的数量需要在一年的不同阶段进行估算，并且考虑季节性的生产模式。

7.3.2 确定收入指标的方法

确定收入指标的方法是对城市和半城市农业所带来的收入的估算需要使用的传统信贷方法。贷的款项包括出售的产品，可能还包括"自我生产"的消费品价值（如果从市场购买，所能节省的成本）。借的款项包括与农业投入、运输、劳动力、税收和投资等有关的开支。对于商人来说，借方还包括购买货物的成本和运输、储存及包装的开支。

首先，应当建立农民的类型学，以表明土地规模、商品性质、年龄、收入来源等引发的收入差异。同样的，需要建立商人的类型学，以表示销售链中的地位（批发商还是零售商）、商品的性质、消费者的性质（贫穷还是富有）等引发的收入差异，这些还随市场所处的位置不同而不同。附加值要通过增加的薪水、金融成本和收入所得税来计算。

7.3.3 计算对城市食物供给贡献的方法

计算对城市食物供给贡献的方法是从家庭调查中可以获得人们消费自产商品的数量和货币价值的相关信息。这份调查通常定期地在各个城市中进行，以获取整个国家经济状况的数据，而且往往都有一定的经济资助（如世界银行的赞助）。调查结果可以从由规划部门领导的统计部门中得到。某些特殊的商品（如自产商品）消费量的调查也可能在一个地区进行，但是，因为这些地区往往是都市农业普及区，所以，也许不能把它推广到整个城市。

7.3.4 基本问题法

基本问题法是将社会影响评价和社会计划、社会发展结合在一起，寻求研究和行动需要之间的平衡。其突出特点是"问题取向"而不是专业取向，关键是围绕评估中所涉及的社会问题进行研究。社会影响评价既是一项研究活动，同时也是一项实践活动，在评价过程中，研究影响与分析公众对项目和影响做出的反应同样重要，因此，在评价早期阶段就应该及时纳入公众参与，但评价过程需要由研究人员来执行。这一方法摆脱了传统的由上至下的决策制定、集中计划和管理的弱点，而转变为由下至上的信息收集和决策的制定。该方法的核心环节是"问题定位"，所以，开展社会调查尤为重要。该方法的目标是在发展的早期通过公众参与来确定问题，而解决问题的方案既可以在既定的制度背景下执行，也可以在新的制度安排下执行。

7.3.5 无行动替代方法

无行动替代方法是将政策或项目实施后实际发生的情况与假定没有外在干预下可能发生的情况进行对比，以确定项目的真实效益、影响和作用。这是社会影响评价早期的基本研究思路，也是建立历时的比较模型的基础。进行对比的目的主要是区分项目自身作用与项目以外的作用，更重要的是预测在有无项目的情况下，社会现实究竟如何。

7.3.6 逻辑框架法

逻辑框架法是一种项目规划、实施、监督和评价方法。逻辑框架中包括垂直逻辑和水平逻辑。垂直逻辑主要分析项目计划，弄清项目手段与目标的关系，分析项目本身和项目所处的经济、社会、政治以及环境等不确定因素。垂直逻辑主要说明项目在不同层次上的目标、各层之间的因果关系和重要的假定条件。水平逻辑主要衡量项目的资源和结果，确立客观的验证指标及指标的验证方法。指标是度量项目执行情况的标准，包括产出的数量、质量。验证的方法主要考虑如何对选用的指标进行评价以及由谁来评价，评价每个指标需要收集的信息以及所需信息的来源。由于逻辑框架法能够清晰地反映设计者的意图，便于分析评价层次间的关系，明确描述后评价阶段与其他阶段的联系，使用范围较广。目前其已经成为国外后评价采用的主要方法，特别是国际组织多用于对援助项目的后评价。

7.4 评价方法比较

在研究工程项目的考察中，尤其需要探索一个适合中国国情的社会影响评价指标体系。社会影响评价指标体系的确立要面对各类社会问题。目前，中国各类工程项目、重大基础设施建设常常遇到各类突出的社会问题，如征地、拆迁、移民、补偿、劳动纠纷、业主维权、工程扰民、工程周边群众因对工程项目担心而进行抗议等。近年来，这类群体性事件每年都有数万起之多。所以，社会影响评价必须将考察、研究有可能发生的社会问题放在最为突出的位置上。同时要认识到，人们支持或者反对一个项目，只能在问题、利益和态度等确定之后才能出现，而事前很难估计。

要特别重视对于外在干预影响的评价。本书所说的"社会影响评价"并不是常态下的一般评价，而是针对一定的工程项目或社会政策对于人群、社区的干预所带来的影响的评价。所以，社会影响评价指标体系要客观合理地反映这种外在干预的实际后果。社会影响评价过程中要始终关注外在干预——如政策和项目所带来的各类影响，特别是负面影响；要关注干预的社会目标，如减少贫困和增加福利；同时关注干预的过程，即项目或政策能否适应地方的社会文化环境，避免社会问题或冲突的发生。显然，社会影响对于不同的地方、不同的项目和不同的群体是不同的。所以，只有建立比较全面的社会影响评价指标体系，才有助于研究者综合全面地认识社会影响，提高评价的水平。

有了指标体系并不意味着就可以万事大吉，更为重要的工作还在于依据这些社会指标进行社会影响分析。社会影响分析可以评价一个项目或行动是否满足社会目标，并提出一些措施保证这些目标的实现。同时，可以监测项目的可持续性，并提供措施加强项目的可持续性。所有的过程分析和评价都涉及项目的社会文化、制度、历史、政治背景、项目人的观点及优先选择，以及项目过程中相关人员的选择。好的社会影响分析可以加强经济和社会发展的社会支持。所以，指标体系仅仅是为社会影响分析提供了一个框架，更重要的还在于灵活地运用这个框架进行社会影响分析。

7.5 案例分析

人口和迁移是许多大型工程、建设和开发项目所要面对的首要问题，当它达到一定规模时就要作为一项单独的项目来计划和实施。移民是一项复杂的社会工程，迁移后的移民社区需要进行全面恢复和重建。按照世界银行的标准，移民社区的恢复和重建要实现的最低目标是恢复到以前的生活水平并有所提高；在移民过程中同时要考虑移民能够在社会和经济方面与迁入地融为一体，并保护迁入地的自然和社会环境。这两个目标也是我国移民工作的基本目标。

实现移民工程的社会目标，需要面对指标体系中所设立的基本内容，即迁移人口的规模和性质、迁移的距离和方式，以及如何恢复和补偿等问题，在这个过程中同时要考虑公众参与。例如，某水利工程的总移民人数达到 20 万，其中大约 82% 为农业人口，18% 为非农业人口。按照一般的经验，农业人口首先选择土地安置。此水利工程移民项目以农业安置为主要方式，以土地作为基本保障。为了更好地实现社会融合，一般选择就地或者就近安置。异地安置面临着如何融入迁入地社会文化环境，以及如何适应迁入地的生产和生活的问题。因此，无论是就近安置还是异地安置，都按照一定的标准予以补偿，并保证补偿兑现。

但是，在实际的安置过程中要考虑的内容更为复杂。在土地安置的过程中，土地的数量和质量，迁入地可种植物的种类和数量，如何发展养殖业、工副业，如何重建生活设施；在非土地安置过程中，如何恢复和建立工矿企业，如何进行农转非等，都要依据移民和迁入地的社会经济状况来确定，同时还得考虑移民方案和措施的执行情况。在多个移民项目的调查中发现了不少问题，最基本的方面是如何融入新的社会环境、如何恢复和提高生活水平，以及如何解决移民心理层面的问题等。

相同的项目在不同的地区会带来不同的影响，这就要具体分析项目本身如何执行，分析项目所在地区原有的社会经济状况以及如何应对项目所带来的改变。如旅游开发项目，改变了项目区基本资源——土地的分配和使用现状，进而改变了当地的劳动和就业。项目在带来了一定的就业机会和现金流的同时，更为重要的是改变了当地的产业结构，为当地的经济社会发展提供了一个机遇。农用土地的减少改变了农业的比重，而旅游业的发展也带动了其他产业的发展。在项目进入之前，项目区虽以农业为主，但养殖业已有了一定的规模，农业—养殖—加工已经形成了一个链条，而且在运输、小商品销售、饮食和服务方面都有所发展。尽管土地被征用之后，养殖业的发展受到一定的影响，也影响了人们原有的基本收入结构，但项目本身所带来的现金流及交通状况的改善，为人们建立更为广泛的对外经济和社会交流提供了机会。

生活设施和社会服务水平决定了人们基本的生活条件，也是项目区发展的基础条件。一些社会项目的基本目标是改善项目区的社会生活设施，这是满足人的基本需要所设定的基本方面，也是可量化测量和评价的方面。G 庄新城建设项目，就是将原为农村社区的 G 庄，通过城市化、城市规划和城市建设，建成新型城市社区，进而促进整个区域的城乡一体化发展。新城建设的基本方面是改进生活设施与社会服务，使社区内人口实现现代文明的城市生活。在对 G 庄的基线调查中发现，大多数调查对象同意通过新城建设带动农村经济发展(83.8%)，也同意进行征地(83.2%)；他们对于新城建设充满期望，70%以上的人认为，他们在新城的收入水平、工作机会、居住条件、基础设施(水、电、气)、交通状况、医疗条件、娱乐设施、子女就学、地方环境、社会保障、邻里关系都会变得更好，85%以上的人赞同道路、医院、电影院、图书馆、体育馆、活动中心等新城基础设施的建设。

新城建设所提供的基本社会生活设施，与这些设施将来能否真正发挥作用之间还是有一定差异的，这需要该社区生活的人们实现从农村生活向城市生活的重大转变。我们的实际调查发现，G庄的人口在公共空间从事的休闲、娱乐活动比较少，87%以上的人没有去过电影院、歌厅、酒吧、休闲中心，打牌、下棋或其他类似活动也不多(76.6%的人没有参加)，经常阅读、参加体育活动的人也不多(分别只有26.2%、18.7%)，而更多的休闲活动是在各自家庭中进行的，如经常看电视和听广播(77.5%)。那么，新城建设之后是否会增加公共空间的活动，我们将继续观察和监测。

城市建设开发过程中也会遇到的一个突出难题：有的建设项目会损害历史文化遗产，对有着悠久历史的自然景观、自然遗迹、人文景观、历史文化环境带来负面影响。在某市Y地区旧城保护与改造项目中，特别突出了历史文化遗产保护的目标。首先是对于物质文化遗产的保护，通过挨家挨户的深入调研，我们对于区域内的建筑逐一评价，确认其历史价值及维护、改造、更新的具体规定和手段。除了物质环境保护，我们也深化了对文化传承的认识，强调对社会结构的保护，任何人群本身都是文化的载体，如果人群和社会结构都失散了，特殊的非物质文化遗产也就失去了。所以，我们在具体指标的设计上也突出了人群文化、社会结构文化的保护，尽量保持不同阶层居民混居的特色，因为这是历史上城市特有的居住模式，是该地区市井文化的体现。当然，保护文化往往与居民的改善经济条件、改善居住环境的需求相矛盾，为此，我们也引导居民挖掘与住宅、环境的相关历史故事，作为文化旅游的一种产品进行开发，设计专门的路线，结合特定的院落与胡同，讲述特殊的文化故事，从而达到历史文化保护区既保护了文化又改善了经济条件的综合效果。

社会影响评价的功能是依据现实的社会情况指出可能存在的问题，以及如何进行监测，如何进行策略性的调整，以及通过分析提出解决问题的思路。本书所提出的社会影响评价方法，是协助解决当前问题的一种方法。因此，开展社会影响评价是十分必要的。

模块小结

社会影响评价从以人为本的原则出发，研究内容包括项目的社会影响分析、项目与所在地区的互适性分析和社会风险分析。进行社会影响评价有利于国民经济发展目标与社会发展目标协调一致；有利于项目与所在地区利益协调一致，减少社会矛盾和纠纷，促进社会稳定；有利于避免或减少项目建设和运营的社会风险，提高投资效益。

习题

一、简答题

1. 简述社会影响评价的含义及内容。
2. 社会影响评价的指标有哪些？
3. 社会经济环境影响评价方法有哪几种？
4. 社会经济环境影响评价中的敏感区有哪些？

二、案例题

完成案例引入的三个问题。

1. 这个水利项目对我们来讲是利大于弊还是弊大于利？
2. 社会影响评价是否应纳入项目评价体系？
3. 社会影响评价是否重要？

模块 8 建设项目不确定性分析

案例导入

某公司生产某种结构件,设计年产销量为 3 万件,每件的售价为 300 元,单位产品的可变成本为 120 元,单位产品税金及附加为 40 元,年固定成本为 280 万元。

问:

(1)该公司不亏不盈时年产销量是多少?

(2)达到设计能力时盈利是多少?

(3)年利润为 200 万元时的年产量是多少?

学习目标

掌握量本利分析法,熟悉固定成本,熟悉可变成本。

8.1 概 述

8.1.1 不确定性分析的概念

不确定性分析是工程经济效果评价中的一个重要内容,它是与确定性相对的一个概念。因为决策的主要依据之一是工程经济效果评价,而工程经济效果评价都是以一些确定的数据和参数为基础,如建设工程总投资、建设期、年销售收入、年经营成本、年利率和设备残值等数据或参数,认为它们都是已知的、确定的,即使是对某个数据或参数所做的估计或预测,也认为是可靠、有效的。但事实上,对工程经济效果评价通常都是对工程未来经济效果的计算,一个将要实施工程方案的所有未来结果都是预测的、未知的。计算中所使用的数据或参数很多都是建立在分析人员对未来各种情况所做的预测与判断基础之上的,因此,无论用什么方法预测或估算,都会有许多不确定性的因素在里面,可以说不确定性是所有工程方案固有的内在属性。只是对不同的工程方案,这种不确定性的程度有大有小。为了尽量避免决策失误,我们需要了解各种内外部条件发生变化时对工程方案经济效果的影响程度,需要了解工程方案对各种内外部条件变化的承受能力。

不确定性与风险不同。不确定性分析是指研究和分析当影响工程方案经济效果的各项主要因素发生变化时,拟实施工程方案的经济效果会发生什么样的变化,以便为正确决策服务的一项工作。不确定性分析是工程方案经济效果评价中一项重要工作,在拟实施工程方案未做出最终决策之前,均应进行工程方案不确定性分析。

风险是指不好的事件发生的可能性,其中不好的事件发生的概率是可以计算的;而不确定性是指人们事先只知道所采取行动的所有可能后果，而不知道它们出现的概率是多少，或者两者均不知道，只能对两者做些粗略的估计，因此不确定性是难以计算的。

8.1.2 不确定性分析的内容

由于上述种种原因，工程经济效果计算和评价所使用的计算参数与数据，如投资、产量、价格、成本、利率、汇率、收益、建设期限、经济寿命等，总是会带有一定程度的不确定性。不确定性的直接后果是使工程经济效果的实际值与评估值不一致，从而给决策者带来一定的风险。假定某工程方案的基准收益率定为8%，根据工程方案基础数据求出的财务内部收益率为10%，由于内部收益率大于基准收益率，因此根据方案评价准则会认为工程方案是可行的；但如果凭此就做出决策则是不全面的，因为还没有考虑到不确定性问题，如果在工程方案实施的过程中存在投资超支、建设工期延长、生产能力达不到设计要求、原材料价格上涨、劳务费用增加、产品售价波动、市场需求量变化、贷款利率变动等情况，都可能使工程方案达不到预期的经济效果，导致财务内部收益率下降，甚至发生亏损。当内部收益率下降并大于2%，工程方案就会变成不可行，则工程方案就会有风险，如果不对这些进行分析，仅凭一些基础数据所做的确定性分析为依据来取舍工程方案，就可能导致决策的失误。因此，为了有效地减少不确定性因素对工程方案经济效果的影响，提高工程方案的抵御风险的能力，进而提高工程方案决策的科学性和可靠性，除对工程方案进行确定性分析以外，还很有必要对工程方案进行不确定性分析。因此，应根据拟实施工程方案的具体情况，分析各种内外部条件发生变化或者测算数据误差对工程方案经济效果的影响程度，以估计工程方案可能承担不确定性的风险及其承受能力，确定工程方案在经济上的可靠性，并采取相应的对策力争把风险减低到最小限度。这些对影响方案经济效果的不确定性因素进行的分析都属于不确定性分析的内容。

8.1.3 不确定性分析的方法

不确定分析的方法包括盈亏平衡分析、敏感分析、概率分析三种。一般来讲，盈亏平衡分析只适用项目的财务评价，而敏感性分析和概率分析可同时用于财务评价和国民经济评价。

1. 盈亏平衡分析

盈亏平衡分析也称量本利分析，即将工程方案投产后的产量作为不确定因素，通过计算工程方案的盈亏平衡点的产量，来分析判断不确定性因素对工程方案经济效果的影响程度，说明工程方案实施的风险大小及工程方案承担风险的能力，为决策提供科学依据。根据生产成本及销售收入与产量之间是否呈线性关系，盈亏平衡分析又可进一步分为线性盈亏平衡分析和非线性盈亏平衡分析。本书只详细介绍线性盈亏平衡分析。

2. 敏感性分析

敏感性分析是分析各种不确定性因素发生增减变化时，对工程方案经济效果评价指标的影响程度大小，计算敏感度系数和临界点，并找出敏感因素。

3. 概率分析

概率分析是通过研究各种不确定性因素发生不同变动幅度的概率分布及其对项目经济效益指标的影响，对项目可行性和风险性以及方案优劣做出判断的一种不确定性分析方法。

概率分析法常用于对大中型重要若干项目的评估和决策之中。通过计算项目目标值(如净现值)的期望值及目标值大于或等于零的累积概率来测定项目风险大小,为投资者决策提供依据。

8.2 盈亏平衡分析

盈亏平衡分析,是一种通过分析产品成本、销售量和销售利润这三个变量之间的关系,掌握盈亏变化的临界点(保本点)而进行选择的方法。

8.2.1 线性盈亏平衡分析

1. 线性盈亏平衡分析的计算步骤

进行线性盈亏平衡分析,通常需要做以下假定:
(1)生产量等于销售量,统称为产销量,用 Q 表示。
(2)把生产总成本按其性态不同区分为固定成本和变动成本。

固定成本是指在一定产销量范围内,生产总成本中不随产品产销量增减而变化的那部分成本,如直线法计提的折旧费、辅助人员工资等。变动成本是指在一定产销量范围内,生产总成本中随着产品产销量变化而呈正比例变动的那部分成本,如直接材料费用、计件工资等。需要注意的是,在一定产量范围内,单位产品固定成本是可变的,且与产品产量成反方向变化;单位产品变动成本不随产品产销量的变化而变化,是一个常数。生产总成本、变动成本均表现为产销量的线性函数,即

$$生产总成本=固定成本+变动成本$$
$$=固定成本+单位变动成本×产销量$$

若以 TC 表示生产总成本,V 表示单位变动成本,F 表示固定成本,则上式可写成

$$TC=F+VQ \tag{8-1}$$

(3)在一定时期和一定的产销量范围内,产品销售单价不变,则产品销售收入为产销量的线性函数,即

$$销售收入=产品销售单价×产销量$$

若以 TR 表示销售收入,P 表示产品销售单价,则

$$TR=P×Q \tag{8-2}$$

(4)在一定时期和一定产销量范围内,单位产品销售税金保持不变,则销售税金为产销量的线性函数。即

$$销售税金=单位产品销售税金×产销量$$

若以 TT 表示销售税金,T 表示单位产品销售税金,则

$$TT=T×Q \tag{8-3}$$

销售收入扣减销售税金则为销售净收入,用 NR 表示,公式表达为

$$销售净收入=销售收入-销售税金$$
$$=(产品销售单价-单位产品销售税金)×产销量$$

即

$$NR=(P-T)×Q \tag{8-4}$$

2. 线性盈亏平衡分析方法

(1)图解法。图解法是一种通过绘制盈亏平衡图来直观反映产销量、成本和盈利三者之间的关系，确定盈亏平衡点的分析方法。

盈亏平衡图的绘制方法：如图 8-1 所示，以横轴表示产销量 Q，以纵轴表示销售收入 TR 和生产成本 TC，在直角坐标系上先绘出固定成本线 F，再绘出销售收入线 $TR=P\times Q$ 和生产总成本线 $TC=F+V\times Q$；销售收入线与生产总成本线相交于 A 点，即盈亏平衡点，在此点销售收入等于生产总成本；以 A 点作垂直于横轴的直线并与之相交于 Q^* 点，此 Q^* 点即为以产销量表示的盈亏平衡点；以 A 点作垂直于纵轴的直线并与之相交于 B 点，此 B 点即为以销售收入表示的盈亏平衡点。

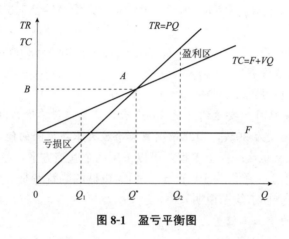

图 8-1　盈亏平衡图

(2)方程式法。方程式法是利用数学方程式来反映产销量、成本和利润三者之间关系，确定盈亏平衡点的一种分析方法。

产销量、成本、利润三者之间关系的基本方程式为

$$\text{销售净收入方程：} NR=(P-T)\times Q \tag{8-5}$$

$$\text{生产总成本方程：} TC=F+V\times Q \tag{8-6}$$

$$\text{利润方程：} M=NR-TC \tag{8-7}$$

本书主要介绍以产销量和销售单价表示盈亏平衡点。

①用产销量表示的盈亏平衡点：由盈亏平衡点定义，$NR=TC$，$M=0$，根据 $NR+M=TC$，求得盈亏平衡产销量 Q^*，即

$$Q^*=F/(P-V-T) \tag{8-8}$$

由上式可知，当实际产销量大于盈亏平衡产销量时，可盈利；当实际产销量小于盈亏平衡产销量时，则会出现亏损。项目投资者应努力提高经营管理水平，采用合适的营销策略，扩大项目产品的销售，以实现更多的盈利。同时，在项目产品实际产销量的一定条件下，也可以通过降低固定成本总额或单位变动成本，或提高产品销价，来降低盈亏平衡产销量实现更多的利润。

②以产品销售单价表示的盈亏平衡点。根据 $NR=TC$，盈亏平衡产品销售单价为

$$P^*=F/Q_0+V+T \tag{8-9}$$

式中，P^* 为盈亏平衡产品销售单价，Q_0 为项目设计生产能力。

在其他条件不变情况下，当项目产品定价 $P>P^*$ 时，可实现盈利；当 $P=P^*$ 时，实现保本。

$$价格安全度 = 1 - P^* / P_0 \times 100\% \qquad (8\text{-}10)$$

式中，P^* 为项目拟定盈亏平衡产品销售单价，价格安全度越高，项目产品盈利的可能性就越大，抵抗价格风险的能力越强。价格安全度与盈亏平衡产品销售单价呈反方向变化，提高价格安全度，必须降低盈亏平衡产品销售单价。

3. 线性盈亏平衡分析的应用

【例 8-1】 设某项目生产某产品的年设计生产力为 12 000 台，每件产品销售价格为 5 000 元，该项目投产后年固定成本总额为 600 万元，单位产品变动成本为 2 500 元，单位产品所负担的销售税金为 500 元，若产量等于销售量，试对该项目进行盈亏平衡分析，计算产销量、销售单价的盈亏平衡点，及其价格安全度。

解：已知 $Q_0 = 12\,000$ 台，$P = 5\,000$ 元，$F = 600$ 万元，$V = 2\,500$ 元，$T = 500$ 元，按上述公式计算：

(1) 盈亏平衡产销量 $Q^* = 600 \times 10^4 / (5\,000 - 2\,500 - 500) = 3\,000$（台）

(2) 盈亏平衡销售单价 $P^* = 600 \times 10^4 / 12\,000 + 2\,500 + 500 = 3\,500$（元）

(3) 价格安全度 $= 1 - P^*/P_0 \times 100\% = (1 - 3\,500/5\,000) \times 100\% = 30\%$

计算结果表明，该项目只要达到产量 3 000 台，产品销售单价 3 500 元，该项目即可实现不亏不赢，价格安全度为 30%，因此该项目具有较大承担风险的能力。

【例 8-2】 某施工队承接一挖土工程，可以采用两个施工方案：一是人工挖土，单价为 12 元/m^3；二是机械挖土，单价为 10 元/m^3，但需机械的购置费是 20 000 元，试问这两个方案的适用情况如何？（要求绘图说明）

解：设应该完成的挖土工程量为 Q m^3。

人工挖土成本：$C_1 = 12Q$（元）

机械挖土成本：$C_2 = 10Q + 20\,000$（元）

令　$C_1 = C_2$

得：$Q = 10\,000$ m^3

故当 $Q > 10\,000$ m^3 时，采用机械挖土合算；

$Q < 10\,000$ m^3 时，采用人工挖土合算。

方案对比如图 8-2 所示。

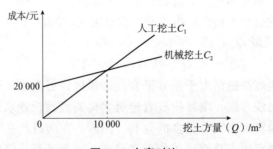

图 8-2　方案对比

8.2.2 非线性盈亏平衡分析

线性盈亏平衡分析具有一定的局限性，在实际生产中随着项目产销量的增加，市场上的产品单位价格将会下降，同时原材料价格可能上涨，也可能会致使人工费用增加等，这些因素使得企业的总成本、销售收入与产量三者之间并非单一的线性关系,而是非线性关系,这时就要进行非线性的盈亏平衡分析。这种情况下,盈亏平衡点可能会出现多个。由于非线性盈亏平衡分析比较复杂,本书不做详细介绍。

盈亏平衡点分析虽然能从市场适应性方面说明工程方案风险的大小,但并不能揭示产生工程方案风险的根源。因此,还需要采用其他方法来帮助其达成这个目标。

8.3 敏感性分析

8.3.1 敏感性分析的概念

敏感性分析是投资项目经济评估中常用的分析不确定性的方法之一。从多个不确定性因素中逐一找出对投资项目经济效益指标有重要影响的敏感性因素,并分析、测算其对项目经济效益指标的影响程度和敏感性程度,进而判断项目承受风险的能力。

敏感性因素一般可选择主要参数(如销售收入、经营成本、生产能力、初始投资、寿命期、建设期、达产期等)进行分析。若某参数的小幅度变化能导致经济效果指标的较大变化,则称此参数为敏感性因素,反之称其为非敏感性因素。

8.3.2 单因素敏感性分析

单因素敏感性分析是每次只变动一个因素,而其他因素保持不变时所进行的敏感性分析。单因素敏感性分析的基本步骤如下:

(1)确定方案敏感性分析的具体经济效果评价指标,一般可采用净现值、净年值、内部收益率、投资回收期等作为分析评价指标,根据项目的具体情况进行选择。

(2)选择影响方案经济效果评价指标的主要变量因素,并设定这些因素的变动范围。

(3)计算各变量因素在可能的变动范围内发生不同幅度变动所导致的方案经济效果评价指标的变动结果,建立一一对应的数量关系,并用图或表的形式表现出来。

(4)确定敏感性因素,对方案的风险情况做出判断。

8.3.3 敏感度系数与临界点

1. 敏感度系数

敏感度系数是指项目评价指标变化的百分率与不确定性因素变化的百分率之比。敏感度系数越高,表示项目效益对该不确定性因素敏感程度高。计算公式如下:

$$S_{AF}=\frac{\Delta A/A}{\Delta F/F} \tag{8-11}$$

式中　S_{AF}——评价指标 A 对于不确定因素 F 的敏感系数;
　　　$\Delta A/A$——评价指标的变化率;
　　　$\Delta F/F$——不确定因素的变化率。

敏感度系数判别敏感因素的方法是一种相对测定法,即根据不同因素相对变化对工程方案经济效果评价指标影响的大小,可以得到各个因素的敏感性程度排序。

2. 临界点

临界点是指不确定性因素的变化使项目由可行变为不可行的临界数值,是项目允许不确定因素向不利方向变化的极限值。如当产品价格下降到某一值时,财务内部收益率将刚好等于基准收益率,此点称为产品价格下降的临界点。

利用临界点判别敏感因素的方法是一种绝对测定法,工程方案能否接受的依据是各经济效果评价指标能否达到临界值。在一定指标判断标准(如基准收益率)下,对若干不确定性因素中,临界点越低,说明该因素对工程方案经济效果指标影响越大,工程方案对该因素就越敏感。把临界点与未来实际可能发生的变化幅度相比较,就可大致分析该工程方案的风险情况。

【例 8-3】 某投资项目的基本方案现金流量见表 8-1,基准收益率为 10%,试对其进行单因素敏感性分析。

表 8-1 项目基本方案现金流量表　　　　　　　　　　　　　　　　　万元

序号	项目年份	1	2	3	4	5	6	7	8
1	现金流入	0	0	1 000	1 400	2 400	2 400	2 400	2 400
1.1	销售收入			1 000	1 400	2 400	2 400	2 400	2 400
2	现金流出	2 000	1 000	600	800	1 200	1 200	1200	1 200
2.1	投资	2 000	1 000						
2.2	经营成本			600	800	1 200	1 200	1 200	1 200
3	净现金流量	−2 000	−1 000	400	600	1 200	1 200	1 200	1 200

解:

(1)选择销售收入、投资、经营成本、投资收益率四个因素进行敏感性分析。

(2)设备不确定性因素变化幅度:±5%、±10%、±15%、±20%。

(3)以 NPV 作为经济效益评价指标,计算基本方案的 NPV:

$NPV = -2\,000(P/F, 10\%, 1) - 1\,000(P/F, 10\%, 2) + 400(P/F, 10\%, 3) +$
$\qquad 600(P/F, 10\%, 4) + 1\,200(P/A, 10\%, 4)(P/F, 10\%, 4) = 664(万元)$

(4)分别计算这四个因素变化±5%、±10%、±15%、±20%时各自对应的 NPV 值。计算结果汇总在敏感性分析表中。

如只有销售收入发生变化,减少20%,此时方案各年净现金流量见表8-2。

表 8-2 销售收入减少 20% 时的现金流量表　　　　　　　　　　　　　万元

序号	项目年份	1	2	3	4	5
1	现金流入	0	0	800	1 120	1 920
1.1	销售收入			1 000×0.8	1 400×0.8	2 400×0.8
2	现金流出	2 000	1 000	600	800	1 200
3	净现金流量	−2 000	−1 000	200	320	720

此时方案净现值：

$NPV = -2\,000(P/F, 10\%, 1) - 1\,000(P/F, 10\%, 2) + 200(P/F, 10\%, 3) + 320(P/F, 10\%, 4) + 720(P/A, 10\%, 4)(P/F, 10\%, 4) = -717$（万元）

同样，分别计算只有销售收入发生变化时，即减少15%、10%、5%，增加5%、10%、15%、20%时方案净现值；

只有投资变化时，即减少20%、15%、10%、5%，增加5%、10%、15%、20%时方案净现值；

只有经营成本发生变化时，即减少20%、15%、10%、5%，增加5%、10%、15%、20%时方案净现值；

只有投资收益率发生变化时，即减少20%、15%、10%、5%，增加5%、10%、15%、20%时方案净现值。

计算NPV值见表8-3。

表8-3　NPV值敏感性分析表　　　　　　　　　　　　万元

变化因素＼变化率	−20%	−15%	−10%	−5%	0%	5%	10%	15%	20%
投资	1 193	1 060	928	796	664	532	399	267	135
销售收入	−717	−372	−27	319	664	1 009	1 354	1 699	2 045
经营成本	1 383	1 203	1 023	844	664	484	304	124	−55
投资收益率	971	890	812	736	664	594	527	462	399

（5）根据敏感性分析表的计算结果绘制敏感性分析图（图8-3）。

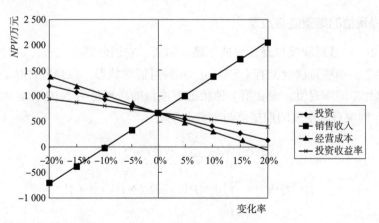

图8-3　敏感性分析图

8.3.4　多因素敏感性分析

单因素敏感性分析的方法简单，其不足之处在于忽视了因素之间的相关性。在实际分析中，经常出现不止一个不确定因素的情况，多因素敏感性分析考虑了一个因素变动往往也伴随着其他因素的变动，因而反映几个因素同时变动对项目产生的综合影响，更全面地揭示了事物的本质。

多因素敏感性分析要考虑各种因素不同变动幅度的多种组合，计算起来要复杂得多。具体计算方法在此不做详细的介绍。

8.3.5 敏感性分析的特点

敏感性分析具有分析指标具体、能与项目方案的经济评价指标紧密结合、分析方法容易掌握、便于分析、便于决策的优点；但是它没有考虑各种不确定因素在未来发生变动的概率，这可能会影响分析结论的准确性。

8.4 概率分析

概率分析又称风险分析，是通过研究各种不确定性因素发生不同变动幅度的概率分布及其对项目经济效益指标的影响，对项目可行性和风险性以及方案优劣做出判断的一种不确定性分析法。概率分析常用于对大中型重要项目的评估和决策，通过计算项目目标值（如净现值）的期望值及目标值大于或等于零的累积概率来测定项目风险大小，为投资者决策提供依据。

8.4.1 随机现金流的概述

一个项目在不确定性情况下，其净现金流即为随机现金流。描述随机变量的两个主要特征是期望值和方差。设项目寿命期 n 为常数，净现金流时间序列为 $y_t = \{y_0, y_1, y_2, y_3, \cdots, y_n\}$，设 y_t 的各离散数值为 $y_{t1}, y_{t2}, \cdots, y_{tm}$，对应发生的概率分别为 $P_1, P_2, \cdots$。

8.4.2 净现值的期望值与方差

假定 A、B、C 是影响项目现金流的不确定因素，它们分别有 l、m、n 种可能出现的状态，且相互独立，则项目现金流有 $k = l \times m \times n$ 种可能的状态。根据各种状态所对应的现金流，可计算出相应的净现值。设在第 j 种状态下项目的净现值为 $NPV_{(j)}$，第 j 种状态发生的概率为 P_j，则项目净现值的期望值与方差分别为

$$E(NPV) = \sum_{j=1}^{k} NPV_{(j)} \cdot P_j \tag{8-12}$$

$$D(NPV) = \sum_{j=1}^{k} [NPV_{(j)} - E(NPV)]^2 \cdot P_j \tag{8-13}$$

8.4.3 概率分析方法的步骤

(1) 列出要考虑的各种风险因素，如投资、经营成本、销售价格等。
(2) 设想各种风险因素可能发生的状态，即确定其数值发生变化个数。
(3) 分别确定各种状态可能出现的概率，并使可能发生状态概率之和等于 1。
(4) 分别求出各种风险因素发生变化时，方案净现金流量各状态发生的概率和相应状态下的净现值 $NPV_{(j)}$。
(5) 求方案净现值的期望值（均值）$E(NPV)$。

(6)求出方案净现值非负的累计概率。
(7)对概率分析结果作说明。

8.4.4 方案风险估计

1. 风险估计的内容

风险评估又称风险估计、测定、测试、衡量和估算等，其主要内容如下：
(1)风险事件发生的可能性大小。
(2)风险事件发生可能的结果范围和危害程度。
(3)风险事件发生预期的时间。
(4)风险事件发生的频率等。

2. 风险评估与概率

风险是指损失发生的不确定性（或可能性），所以风险是不利事件发生的概率及其后果的函数，而风险评估就是评估风险的性质、估算风险事件发生的概率及其后果的严重程度，以降低其不确定性。因此，风险与概率密切相关，概率是风险评估研究的基础。

3. 风险评估基本方法

对于离散型风险变量，可采用概率分析的理论计算法，运用概率树的形式进行；对于连续型风险变量，可采用模拟计算法，常用的是蒙特卡洛模拟法。

(1)概率树。概率树是从左至右、从无到有逐步地分析事件的发生、发展。把决策过程引入概率树就变成了决策树。常用的方法是把概率树折叠，即从右往左的方向进行计算分析。

(2)蒙特卡罗模拟方法。蒙特卡罗模拟法实质是一种随机模拟或统计试验的方法。它是通过对每一个随机变量抽样，代入其数学函数式来确定函数值。这样独立模拟试验多次，得到函数的一批抽样数据 Z_1、Z_2、$\cdots$、Z_n，由此决定函数的概率分布特征，其中包括函数的分布曲线以及函数的数学期望、方差、偏度等。

$$m_x = \frac{\sum_{i=1}^{n} Z_i}{N}$$

$$\sigma_z^2 = \frac{\sum_{i=1}^{n}(Z_i - m_x)^2}{N} \tag{8-14}$$

式中　N——Z 的子样个数，即实验次数；

Z_i——实验得到的函数 Z 的第 i 个子样，$i=1$、2、$\cdots$、n。

模块小结

建设项目的不确定分析是项目经济评价中一个重要内容。在项目实施的整个过程中，所有未来结果都是未知的，同时用于计算和评价的参数，如价格、产量、成本、利润、所使用的折现率、投资、经济寿命等，不可避免地具有一定的不确定性。通过本模块的学习，掌握线性盈亏平衡分析法的概念、计算及应用；了解敏感性分析的用途及概率分析的概念；对项目风险有一定的了解，并加以控制。

习 题

一、单项选择题

1. 进行建设项目敏感性分析时，如果主要分析方案状态和参数变化对投资回收快慢与对方案超额净收益的影响，应选取的分析指标为（　　）。
   A. 财务内部收益率与财务净现值
   B. 投资回收期与财务
   C. 投资回收期与财务净现值
   D. 建设工期与财务净现值

2. 根据对项目不同方案的敏感性分析，投资者应选择（　　）的方案实施。
   A. 项目盈亏平衡点高，抗风险能力适中
   B. 项目盈亏平衡点低，承受风险能力弱
   C. 项目敏感程度大，抗风险能力强
   D. 项目敏感程度小，抗风险能力强

3. 在敏感性分析中，可以通过计算（　　）来确定敏感因素。
   A. 不确定因素变化率和敏感度系数
   B. 指标变化率和敏感度系数
   C. 敏感度系数和临界点
   D. 指标变化和临界点

4. 工程方案不确定分析的常用方法包括盈亏平衡分析和（　　）。
   A. 净现值分析   B. 量本利分析
   C. 敏感性分析   D. 可行性分析

二、计算题

1. 某企业生产某种产品，计划年产量 6 000 件，每件产品的出厂价格估算为 50 元，企业每年固定开支 6.6 万元，每件产品成本 28 元，求企业的最大可能盈利、企业不盈利不亏时的最低产量以及企业年利润为 5 万元时的产量。

2. 某企业年设计生产能力为 6 万件，总的年固定成本为 300 万元，单位可变成本为 150 元，产品市场价格为 350 元/件，销售税金及附加率为 5%。所得税税率为 33%，请问：
   (1) 该企业当年盈亏平衡产量是多少？
   (2) 盈亏平衡生产能力利用率是多少？
   (3) 该企业当年盈亏平衡点价格是多少？
   (4) 如果该项目的总投资为 1 500 万元，全部为自有资金，那么如果按市场价格销售，求企业投资净利润率为 10% 的产量是多少？

3. 对某工程方案进行单因素敏感性分析时，设甲、乙、丙、丁四个因素分别发生 5%、10%、10%、15% 的变化，使评价指标财务净现值分别产生 10%、15%、25%、25% 的变化，相比而言，最敏感的因素是哪一个？

模块 9　实　训

9.1　课程实训目的

一、将工程经济学课程的内容融会贯通，将理论用于实际

工程经济学是一门研究技术与经济相结合的应用性学科。要将工程经济学课程的知识做到融会贯通，提高各种技术经济分析方法的应用能力，还必须经过一定的实践环节，课程实训正好能够达到这一目的。加深学生对该课程基础知识和基本理论的理解和掌握，培养学生综合运用所学知识的能力，使之在理论分析、设计、计算、查阅资料以及计算机应用能力等方面得到初步训练；能进行一般建设项目的可行性研究和经济评价，能策划或领导价值工程方法在企业的新产品开发、降低成本活动等方面的开展和应用。

二、提高学生的动手能力、创新能力

课程实训的题目，是对现有的产品进行改进的设计，由学生创造或设计新的方案。通过课程实训可以培养和锻炼学生的实践能力与创新能力。

9.2　课程实训安排

本课程实训分为布置任务、分析设计、编写报告等环节，各实训时间根据教师教学情况及学生学习情况而定。

9.3　课程实训报告

9.3.1　实训工作量

1. 课程实训准备

课程实训的准备主要按下列步骤和方法进行：了解课程实训的意义、目的、要求，查阅有关资料，选定课程实训题目，明确课程实训的任务，拟定详细的工作计划。

2. 课程实训实施

广泛查阅资料，展开调查研究，分析现有产品，改进产品的方案设计，可行性研究的各项内容分析，数据计算，完成各类表格填制，有关图表的绘制。

3. 课程实训报告的撰写

根据课程实训的实施过程，撰写课程实训报告的初稿，与教师同学交流，找出存在的问题，做进一步的修改完善，形成课程实训报告的定稿。

9.3.2 课程设计报告的内容要求

课程实训报告（说明书）是对调查分析资料、设计方案及评价结论等进行整理、归纳和汇总后，所形成的书面材料。

课程实训报告的主体内容至少应包括以下几个部分：
(1)基本资料及基本数据。
(2)方案设计、报表编制、指标计算、详细分析。
(3)结论。

9.3.3 课程设计报告的格式要求

课程实训报告统一用 A4 纸打印，其装订顺序：封面、成绩评定表、课程实训任务书、目录、报告正文、附录、参考文献、封底。

封面上应标明课程名称、实训题目、专业、班级、学号、学生姓名、指导教师、起止时间等。

报告中的图要在图的下方标明图号与图名，报告中的表要在表的上方标明表号与表名。

9.4 课程实训评分标准

课程实训评分表见表 9-1。

表 9-1 评分表

评定项目	评分成绩
1. 实训方案正确，具有可行性、创新性(40分)	
2. 实训结果(40分)	
3. 态度认真、学习刻苦、遵守纪律(10分)	
4. 实训报告规范、参考文献充分(不少于5篇)(10分)	
总分	

备注：成绩等级：优(90～100分)、良(80～89分)、中(70～79分)、及格(60～69分)、60分以下为不及格。

9.5 实训一 用 Excel 进行资金等值计算

9.5.1 实训目的

(1)掌握等值计算公式；
(2)掌握公式的录入、编辑和使用；

(3)熟练 Excel 函数的一般录入和使用方法；
(4)熟练掌握和运用 FV、PV 和 PMT 函数来解决等值计算。

9.5.2 实训设备和仪器

(1)计算机；
(2)Excel 软件。

9.5.3 实训原理

(1)同资金等值计算六个基本公式相当的 Excel 中的函数公式：

一次终值公式 $\qquad F = P(1+i)^n \qquad$ (9-1)

一次现值公式 $\qquad P = F \times \dfrac{1}{(1+i)^n} \qquad$ (9-2)

等额分付终值公式 $\qquad F = A \dfrac{(1+i)^n - 1}{i} \qquad$ (9-3)

等额分付偿债基金公式 $\qquad A = F \dfrac{i}{(1+i)^n - 1} \qquad$ (9-4)

等额分付现值公式 $\qquad P = A \dfrac{(1+i)^n - 1}{i(1+i)^n} \qquad$ (9-5)

等额分付资本回收公式 $\qquad A = P \dfrac{i(1+i)^n}{(1+i)^n - 1} \qquad$ (9-6)

(2)如果不用计算机，我们通常要用公式计算会非常烦琐，而用 Excel 计算非常方便，只要按要求输入公式，就可自动得到结果。上述六个公式分别对应以下函数：

① $(F/P, i, n)$；
② $(P/F, i, n)$；
③ $(F/A, i, n)$；
④ $(A/F, i, n)$；
⑤ $(P/A, i, n)$；
⑥ $(A/P, i, n)$。

(3)Excel 中，资金等值换算中用到的函数：
①FV(Rate，Nper，Pmt，Pv，Type)；
②PV(Rate，Nper，Pmt，Fv，Type)；
③PMT(Rate，Nper，Pv，Fv，Type)。

Rate：利率。
Nper：总投资期，即该项投资总的付款期数。
Pmt：各期支出金额，在整个投资期内不变。
Pv：现值，也称本金。
Fv：代表未来值，或在最后一次付款期后获得的一次性偿还额。
Type：数字 0 或 1，用于指定各期的付款时间是在期初还是期末，如省略则为 0，0 代表期末，1 代表期初。

9.5.4 用法示例

FV(Rate，Nper，Pmt，Pv，Type)

【例9-1】 利率为5%,现值为2 000元,计算5年后的终值。

解:计算过程如下:

(1)启动Excel软件。执行主菜单栏上的"插入"命令,然后在下拉菜单中执行"函数"命令,弹出"粘贴函数"对话框。先在左边的"函数分类(C)"栏中选择"财务",然后在右边的"函数名(N)"栏中选择"FV"。最后单击对话框下端的"确定"按钮。

(2)在弹出的"FV"函数对话框中,Rate栏输入5%,Nper栏输入5,Pv栏输入2 000,然后单击"确定"按钮。

练习一:假设需要为一年后的项目筹措资金,现在将1 000元,以年利6%,按月计息(月息%),存入储蓄存款账户,并在以后12个月,每月存入100元,则一年后,该账户的存款额是多少?

【例9-2】 利率为5%,终值为2 000元,计算5年期的现值。

解:计算过程如下:

(1)启动Excel软件。执行主菜单栏上的"插入"命令,然后在下拉菜单中执行"函数"命令,弹出"粘贴函数"对话框。先在左边的"函数分类(C)"栏中选择"财务",然后在右边的"函数名(N)"栏中选择"PV"。最后单击对话框下端的"确定"按钮。

(2)在弹出的"PV"函数对话框中,Rate栏输入5%,Nper栏输入5,Fv栏输入2 000,然后单击"确定"按钮。

练习二:假设要购买一项保险年金,该保险可以在今后20年内于每月末回报500元,此项年金的购买成本为60 000元,假定投资回报率为8%。计算这笔投资是否值得?

【例9-3】 年利率为5%,终值为2 000元,计算5年期内的年金值。

解:计算过程如下:

(1)启动Excel软件。执行主菜单栏上的"插入"命令,然后在下拉菜单中执行"函数"命令,弹出"粘贴函数"对话框。先在左边的"函数分类(C)"栏中选择"财务",然后在右边的"函数名(N)"栏中选择"PMT"。最后单击对话框下端的"确定"按钮。

(2)在弹出的PMT函数对话框中,Rate栏输入5%,Nper栏输入5,Fv栏输入2 000。然后单击"确定"按钮。

练习三:如果需要按月定额存款方式在18年中存款50 000元,假设存款年利率为6%,则月存款额为多少?

相关函数:NPER(Rate,Pmt,Pv,Fv,Type)

计算的是基于固定利率和等额分期付款方式,返回一项投资或贷款的期数。

【例9-4】 年利率为5%,现值为2 000元,年金为400元,计算期数。

解:计算过程如下:

(1)启动Excel软件。执行主菜单栏上的"插入"命令,然后在下拉菜单中执行"函数"命令,弹出"粘贴函数"对话框。先在左边的"函数分类(C)"栏中选择"财务",然后在右边的"函数名(N)"栏中选择"NPER"。最后单击对话框下端的"确定"按钮。

(2)在弹出的NPER函数对话框中,Rate栏输入5%,Pmt栏输入400,Pv栏输入2 000。然后单击"确定"按钮。

练习四:年利率为5%,终值为2 000元,年金为400元,计算期数。

RATE(Nper，Pmt，Pv，Fv，Type，Guess)

练习五：金额为 8 000 元的 4 年期贷款，月支付额为 200 元，计算该笔贷款的利率是多少？

9.5.5 Excel 的年金计算函数总结

上述 FV、PV、PMT 和 NPER、RATE 构成 Excel 年金计算的一组函数，这组公式是在五个参量——未来值(Fv)、期数(Nper)、偿付(Pmt)、利率(Rate)和现值(Pv)之间，知道其中任意四个量，计算另一个量的轮回公式，各个函数的最后参量是可选项，其中 Fv 是把 Pv、Type 作为可选项，其他都是把 Fv、Type 作为可选项。

9.5.6 应用公式和 Excel 计算资金等值

1. 一次性支付终值

练习六：某厂向银行借款 50 万元，年利率为 10%，复利计算，到第 3 年年末一次偿还本利多少？

2. 一次性支付现值

练习七：某厂准备在第 5 年年末，用 2 万元资金购置房屋，利率为 10%，现在应存入银行多少资金？

3. 等额分付终值

练习八：某厂 5 年才能建成，在此期间，每年年末向银行借款 100 万元。银行要求第 5 年年末一次偿还，利率为 10%，问应偿还金额多少？

4. 等额分付偿债基金

练习九：某厂准备在今后第 10 年年末更新一台设备，需购置费 30 万元，年利率为 10%，从现在开始每年应存入银行多少资金才能保证购置设备？

5. 等额分付现值

练习十：某厂计划在今后 5 年中，每年年末获得 600 万元收益，如果投资收益率为 10%，那么现在应投资多少万元？

6. 等额分付资本回收

资金回收公式是等额分付现值公式的逆运算。

练习十一：某厂购置一台新设备，现在一次支付现金 10 万元，设备的寿命期为 10 年，期末无残值，投资收益率为 10%，问每年年末应收回多少资金才能回收全部投资？

9.5.7 实训

(1)某企业拟购买大型设备，价值 500 万元，有两种付款方式可供选择：

①一次性付款，优惠 12%；

②分期付款不享受优惠，首次支付必须达到 40%，第 1 年年末付 30%，第 2 年年末付 20%，第 3 年年末付 10%。

假设企业购买设备所用资金是自有资金，自有资金的机会成本为 10%，问应选择哪种付款方式？又假如企业用借款资金购买设备借款利率为 16%，则应选择哪种付款方式？

(2)某企业拟购买一设备,预计该设备有效使用寿命为 5 年,在寿命期内每年能产生年纯收益 20 万元,若该企业要求的最低投资收益率为 15%,问该企业可接受的设备价格为多少?

(3)某投资者 5 年前以 200 万元的价格买入一房产,在过去 5 年内每年获得年净现金收益 25 万元,现在该房产能以 250 万元出售,若投资者要求的年收益率为 20%,问此项投资是否合算?

(4)某债券是一年前发行的,面额为 500 元,年限 5 年,年利率 10%,每年支付利息,到期还本,若投资者要求在余下的 4 年中的年收益率为 8%,问该债券现在的价格低于多少时,投资者才会买入?

9.5.8 报告

(1)根据实训写出计算结果和解题步骤;
(2)写出实训心得。

9.6 实训二 用 Excel 计算经济评价指标

9.6.1 实训目的

(1)掌握经济效果评价的主要指标;
(2)掌握地址引用和引用计算;
(3)掌握 NPV、NAV、IRR 和 MIRR 等函数录入、编辑和使用;
(4)会运用 T_p;
(5)会运用 ΔT_p、ΔNPV、ΔIRR 等指标评价多被选方案。

9.6.2 实训设备和仪器

(1)计算机;
(2)Excel 软件。

9.6.3 实训原理

(1)经济效果评价两个主要指标的 Excel 函数。净现值(NPV)和内部收益率(IRR)是经济效果评价的最主要的使用最广泛的两个指标。

NPV 的表达式:

$$NPV = \sum_{t=0}^{n} (CI-CO)_t (1+i_0)^{-t}$$

在计算机上,运用 Excel 中的 NPV 函数。
NPV(Rate,Value1,Value2,…)
Rate:各期的贴现率,为一个固定值。
Value1、Value2、…:代表 1、2、…笔支出及收入的参数值。

【例 9-5】 假设第一年投资 10 000 元,而未来 3 年中各年的收入分别为 3 000 元、4 200 元和 6 800 元。

NPV(10%,10 000,3 000,4 200,6 800)=?

上述的例子中,将开始投资的 10 000 元作为 Value 参数的一部分,这是因为付款发生在第一个周期的期末。

除净现值外,内部收益率是另外一个重要的评价指标。

内部收益率可以理解为工程项目对占用资金的一种恢复能力,其值越高,该方案的投资效益就越好。所谓内部收益率是指项目在计算期内各年净现金流量现值累计(净现值)等于零时的折现率。

$$\sum_{t=0}^{n}(CI-CO)_t(1+IRR)^{-t}=0$$

这是一个高次方程,直接用公式求解 IRR 是比较复杂的,因此在实际应用中通常采用"线性插值法"求 IRR 的近似解。而用 Excel 函数就相当简便。

在计算机上,运用 Excel 中的 IRR 函数。

IRR(Values,Guess)

Values:为数组和单元格的引用,包含用来计算内部收益率的数字。

Guess:为对函数 IRR 计算结果的估计值。

【例 9-6】 假设要开办一家饭店。估计需要 70 000 元的投资,并预期今后 5 年的净收益为 12 000 元、15 000 元、18 000 元、21 000 元、26 000 元,将这些数值分别录入单元格,计算此项投资 4 年后的内部收益率,再计算此项投资 5 年后的内部收益率。

解: 启动 Excel 软件,建立工作表,在 C4 中输入 -70 000,D4 中输入 15 000,F4 中输入 18 000,G4 中输入 21 000,H4 中输入 26 000。激活单元格 C5,执行"插入"→"函数"命令,在左边的"函数分类"栏中选择"财务",然后在右边的"函数名"栏中选择"IRR",单击"确定"按钮。

在弹出的 IRR 函数对话框中,单击"values"编辑框右边的图标,然后选择单元格 C4 到 G4,再单击图标,回到 IRR 函数对话框,最后单击"确定"按钮。

若计算投资 5 年后的投资收益率,选择 C4 到 H4。其他相同。

(2)增量投资回收期。当投资回收期用于评价两个方案优劣时,通常采用增量投资回收期指标。所谓增量投资回收期是指一个方案比另一个方案所追加的投资,用年费用的节约额或超额年收益去补偿增量投资所需要的时间。计算公式为

$$\Delta T=\frac{I_2-I_1}{C_1-C_2}$$

【例 9-7】 某项工程有两个技术方案,甲方案采用一般技术设备,投资为 2 400 万元,年产品总成本为 1 600 万元;乙方案采用先进技术设备,投资为 4 200 万元,年产品总成本为 1 200 万元。若 $T_b=5$ 年,试确定应选择何方案。

解:

$$\Delta T=\frac{I_2-I_1}{C_1-C_2}=\frac{4\ 200-2\ 400}{1\ 600-1\ 200}=4.5(年)$$

因为 $\Delta T < T_b$

所以应选择乙方案。

(3)差额投资内部收益率(ΔIRR)。差额投资内部收益率,又称增量投资内部收益率,也叫作追加投资内部收益率。对于两个投资额不等的方案而言,如果投资额大的方案的年净现金流量与投资额小的方案的年净现金流量的差额的现值之和等于 0,此时的折现率就是差额投资内部收益率。其计算公式为

$$\sum_{t=0}^{n}\left[(CI-CO)_2-(CI-CO)_1\right]_t(1+\Delta IRR)^{-t}=0$$

使用差额投资内部收益率进行多方案比较时,必须保证每个方案都是可行的,或者至少投资额最小的方案是可行的。而且,被比较方案的寿命期或计算期必须相同。

9.6.4 实训

练习一:设有两个互斥方案,其寿命期相同,均为 10 年。A 方案投资额为 1 000 万元,年净收益为 300 万元,净残值为 50 万元;B 方案投资额为 1 500 万元,年净收益为 400 万元,净残值为 0。设基准收益率 $i_c=15\%$。试用差额投资内部收益率比较和选择最优可行方案。

解:打开 Excel 建立工作表(表 9-2)。

表 9-2 工作表

B	C	D	E	F	G	H	I	J	K	L	M
t/年	0	1	2	3	4	5	6	7	8	9	10
A 方案/万元	−1 000	300	300	300	300	300	300	300	300	300	350
B 方案/万元	−1 500	400	400	400	400	400	400	400	400	400	400
差额净现金流量/万元											
ΔIRR											

练习二:某拟建项目有两个方案可供选择。方案一寿命期为 8 年,第 1 年投资 100 万元,第 2 年到第 8 年的年净收益为 25 万元;方案二寿命期为 6 年,第 1 年投资 300 万元,第 2 年到第 6 年的年净收益为 100 万元。贴现率为 10%。试根据静态投资回收期、动态投资回收期、净现值、净年值、净现值率和内部收益率指标对两个方案进行比较。

解:在 Excel 中建立方案一的净现金流量表(表 9-3)。

表 9-3 方案一的净现金流量表

B	C	D	E	F	G	H	I	J
T/年	1	2	3	4	5	6	7	8
NCF/万元	−100	25	25	25	25	25	25	25
ΣNCF/万元								
P_t								

在 Excel 中建立方案二的净现金流量表(表 9-4)。

表 9-4 方案二的净现金流量表

B	C	D	E	F	G	H
T/年	1	2	3	4	5	6
NCF/万元	−300	100	100	100	100	100
$\sum$NCF/万元						
P_t						

9.6.5 实训报告

(1)根据实训写出计算结果和解题步骤；
(2)写出实训心得。

9.7 实训三 用 Excel 进行敏感性分析

9.7.1 实训目的

(1)掌握应用 Excel 进行盈亏平衡分析的方法；
(2)掌握应用 Excel 进行敏感性分析的方法。

9.7.2 实训设备和仪器

(1)计算机；
(2)Excel 软件。

9.7.3 实训原理

1. 盈亏平衡分析

盈亏平衡分析是指在一定的市场、生产能力的条件下，研究拟建项目成本与收益之间平衡关系的方法。目的是通过分析产品产量、成本与利润之间的关系，找出项目盈利与亏损在产量、单价、单位产品成本等方面的界限，以判断生产经营状况的盈亏及项目对不确定性因素变化的承受能力，为决策提供依据。因为盈亏平衡分析是分析产量、成本与利润之间的关系，所以也称为量本利分析。

当项目的收益与成本相等，即盈利与亏损的转折点就是盈亏平衡点。盈亏平衡分析就是要找出项目的盈亏平衡点。盈亏平衡点越低，说明项目盈利的可能性越大，亏损的可能性越小，因而项目有较大的抗风险能力。

在盈亏平衡点上，利润为 0，总销售收入恰好等于总成本。设盈亏平衡点的产量为 Q^*，则有

$$PQ^* = C_f + C_v Q^*$$

盈亏平衡产量为

$$Q^* = \frac{C_f}{P - C_v}$$

若项目的设计生产能力为 Q_0，则盈亏平衡点也可以用盈亏平衡生产能力利用率来表示。即

$$E^* = \frac{Q^*}{Q_0} \times 100\% = \frac{C_f}{(P - C_v)Q_0} \times 100\%$$

式中 E^*——盈亏平衡生产能力利用率。

如果按照设计生产能力进行生产和销售，还可以用盈亏平衡销售价格来表示。

$$P^* = \frac{C_f + C_v Q_0}{Q_0} = C_v + \frac{C_f}{Q_0}$$

若按照设计生产能力进行生产和销售，且销售价格已定，还可得到盈亏平衡单位产品变动成本：

$$C_v^* = P - \frac{C_f}{Q_0}$$

2. 敏感性分析

敏感性分析是指研究某些不确定性因素（如销售收入、成本、投资额、生产能力、产品价格、项目寿命期、建设期等）对技术经济评价指标（如净现值、净年值、内部收益率等）的影响程度，从众多不确定因素中找出敏感性因素，分析其对项目的影响程度，了解项目可能出现的风险程度和抗风险能力，以便项目投资者集中注意力，重点研究敏感性因素发生变化的可能性，并采取相应的措施和对策，降低投资项目的风险，提高项目决策的可靠性，使项目能在投产后达到预期的投资经济效果，从而在外部条件发生不利变化时能对技术方案的承受能力做出判断。

敏感性分析的基本步骤如下：
(1) 确定敏感性分析对象；
(2) 计算目标值；
(3) 选取需要分析的不确定性因素；
(4) 计算不确定性因素变动时对敏感性分析指标的影响；
(5) 确定敏感因素；
(6) 综合分析结果。

9.7.4 实训

练习一：某项目年设计生产能力为 4 000 件，单位产品售价为 50 元，固定成本为 30 000 元，单位产品变动成本为 35 元。求以产量、生产能力利用率、销售价格、单位产品变动成本表示的盈亏平衡点，并以产量为研究对象绘制盈亏平衡分析图。

练习二：某企业计划投资生产电动自行车，项目寿命期为 10 年，初始投资 50 万元，建设期 1 年，第 2 年到第 10 年每年销售收入 40 万元，经营成本 25 万元，第 10 年年末资产残值 5 万元。由于对未来影响经济环境的某些因素把握不大，投资额、经营成本和销售收入均有可能在 ±20% 的范围内变动。设基准折现率为 10%，对上述 3 个不确定因素做单因

素敏感性分析。

9.7.5 实训报告

(1)根据实训写出计算结果和解题步骤；
(2)写出实训心得。

9.8 实训四 用 Excel 进行项目财务评价

9.8.1 实训目的

(1)掌握应用财务评价指标的静态指标；
(2)掌握应用财务评价指标的动态指标。

9.8.2 实训设备和仪器

(1)计算机；
(2)Excel 软件。

9.8.3 实训原理

(1)工程项目财务评价是工程经济分析的重要组成部分，是指按国家现行价格和现行的经济、财政、金融制度的规定，从企业财务角度分析测算项目的效益和费用，编制财务报表，计算评价指标，考察项目的获利能力、清偿能力、抗风险能力以及外汇效果等财务状况，据此分析和评估工程项目财务上的可行性和可靠程度。

(2)盈利能力分析。

①静态指标。静态指标主要是指根据损益表中的利润及税后利润计算的投资利润率、投资利税率和资本金利润率。

$$投资利润率 = \frac{年利润总额或年平均利润总额}{总投资} \times 100\%$$

$$投资利税率 = \frac{年利税总额}{总投资} \times 100\%$$

$$资本金利润率 = \frac{年利润总额}{资本金} \times 100\%$$

②动态指标。动态指标主要是根据现金流量表中的现金流入、流出来计算的财务净现值、财务内部收益率、财务动态投资回收期。

财务净现值：是反映整个项目在寿命期内总的获利能力的动态评价指标。它将项目整个计算期内各年的净现金流量，按某个给定的折现率，折算到计算期期初的现值总和。其计算公式为

$$FNPV = \sum_{t=1}^{n} \frac{(CI-CO)_t}{(1+i_c)^t} = \sum_{t=1}^{n} CF_t \times \alpha_t$$

式中 CI——项目现金流入量；

CO——项目现金流出量；

CF_t——第 t 年的净现金流量；

n——计算期；

$α_t$——第 t 年的折现系数；

i_c——部门或行业的基准收益率或国家银行的长期贷款利率。

当 $FNPV>0$，该方案在经济上可行，即项目的盈利能力超过其投资收益期望水平，因此可以考虑接受该方案；当 $FNPV=0$，说明该项目的盈利能力达到所期望的最低财务盈利水平，可以考虑接受该项目；当 $FNPV<0$，该方案在经济上不可行。

财务内部收益率：在工程项目整个寿命期内，各年财务净现金流量现值累计等于零时的折现率。它反映项目以每年的净收益归还投资所能获得的最大的投资利润率，表明项目整个寿命期内的实际收益率，也就是项目本身的最大盈利能力，其大小完全取决于方案本身，因此成为内部收益率。其计算公式为

$$FNPV=\sum_{t=1}^{n}\frac{(CI-CO)_t}{(1+FIRR)^t}=0$$

应用 $FIRR$ 对单独一个工程项目进行财务上的经济评价的判别准则：以部门或行业的基准收益率或国家银行的长期贷款利率为基础。若 $FIRR \geqslant i_c$，则认为该项目在经济上是可以接受的；若 $FIRR<i_c$，则认为该项目在经济上是不可行的。

9.8.4 实训

现有某工程项目的全部投资现金流量，见表 9-5，计算其财务净现值（$i_c=10\%$）。

表 9-5 全部投资现金流量表　　　　　　　　万元

A	B	C	D	E	F	G	H	I	J	K
序号	时期	建设期		投产期		达到设计能力生产期				
	年份（年末）	1	2	3	4	5	6	7	8	9
1	现金流入									
	销售收入			25 000	28 000	30 000	30 000	30 000	30 000	30 000
	残值回收									1 000
	流动资金回收									5 000
2	现金流出									
	固定资产投资	−10 000	−12 000							
	无形资产投资	−1 000								
	流动资金			−3 000	−600	−600				
	经营成本			−15 000	−16 000	−18 000	−18 000	−18 000	−18 000	−18 000

续表

A	B	C	D	E	F	G	H	I	J	K
序号	时期	建设期		投产期		达到设计能力生产期				
	销售税金及附加			−1 500	−1 600	−1 800	−1 800	−1 800	−1 800	−1 800
	所得税			−1 200	−1 300	−1 400	−1 400	−1 400	−1 400	−1 400
3	净现金流量（1−2）									
4	累计净现金流量									

9.8.5 实训报告

(1)根据实训写出计算结果和解题步骤；
(2)写出实训心得。

9.9 实训五 综合实训可行性评估设计实例

9.9.1 设计条件

项目名称：某新建电子配件厂。
数据基础如下：
1. 生产规模
该项目建成后拟生产市场上所需的计算机配件，设计生产规模为每年100万件。
2. 实施进度
该项目拟两年建成，第3年投产，当年生产负荷达到设计生产能力的70%，第4年达到90%，第5年达到100%。生产期按15年计算，计算期为14年。
3. 建设投资估算
经估算，该项目建设投资总额为5 700万元（不含建设期利息），其中预计形成固定资产4 910万元，无形资产490万元，其他资产300万元。
4. 流动资金估算
该项目的流动资金估算总额为1 150万元。
5. 投资使用计划和资金来源
建设投资分年使用计划按第1年投入2 000万元（其中1 000万元为自有资金），第3年投入3 700万元；流动资金从投产第1年开始按生产负荷进行安排。该项目的资本为2 110万元，其中固定资产1 700万元，其余用于流动资金。建设投资缺口部分由建设银行贷款解决，年利率为6%，流动资金缺口部分由中国工商银行贷款解决，年利率为4%。建设投资借款偿还方式分10年等额本金偿还，利息每年支付。

6. 销售收入和销售税金及附加估算

根据市场分析,设计产品的市场售价(不含税)为 80 元/件。销售税金及附加按 10% 考虑。

7. 产品总成本估算

该项目正常年份的外购原材料燃料动力费(不含税)为 5 000 万元;

据测算该项目的年工资及福利费估计费为 150 万元;

固定资产折旧费按平均年限法计算,折旧年限为 12 年,残值率为 5%;

无形资产按 10 年摊销,其他资产按 5 年摊销;

修理费按折旧费的 40% 计取;

其他费用为 320 万元。

项目在生产经营期间的应计利息全部计入财务项目。建设投资款在生产经营期按全年计息;流动资金当年借款按全年计息。

8. 利息测算

(1)所得税按 25% 考虑;

(2)法定盈余公积金按税后利润的 10% 计取,公益金按税后利润的 5% 计取,剩下部分全部作为应付利润分配。

9. 评估参数

设基准收益率为 12%;基准投资利润率和投资本金净利润分别为 20% 和 30%;基准静态回收期和动态回收期分别为 7 年和 10 年;中国建设银行对该项目所要求的借款偿还期不能超过 6 年。

9.9.2 设计内容

对该项目进行财务评价如下:

(1)建设投资。其建设投资情况见表 9-6。

表 9-6 建设投资估算表　　　　　　　　万元

年数	1	2
金额	2 000	3 700
总数		5 700

注:其中第 1 年 2 000 万元中有 1 000 万元为自有资金,第 2 年有 700 万元为自有资金。

(2)建设投资还贷计划与利息计算表(表 9-7)。

(3)项目总投资。项目总投资 6 850 万元,其中建设投资 5 700 万元,建设期利息 303.6 万元,建设期后生产期流动资金 1 150 万元,详见表 9-8。

表 9-7 建设投资还贷计划与利息计算表

单位：万元

序号	年次	合计	1	2	3	4	5	6	7	8	9	10	11	12	13	14
1	建设银行贷款	4 000	1 000	3 000	0	0	0	0	0	0	0	0	0	0	0	0
1.1	投资建设期利息	303.6	60	243.6												
1.2	偿还债务本金	4 303.6			430.36	430.36	430.36	430.36	430.36	430.36	430.36	430.36	430.36	430.36		
1.3	利息支出	1 420.146			258.216	232.39	206.57	180.75	154.93	129.1	103.29	77.46	51.64	25.82		
2	流动资金贷款	740		0	395	230	115	0	0	0	0	0	0	0	0	0
2.1	流动资金利息	336.8			15.8	25	29.6	29.6	29.6	29.6	29.6	29.6	29.6	29.6	29.6	29.6
2.2	流动资金偿还	740														740

表 9-8　项目总投资使用计划与资金筹措表　　　　　　　　　　　　　万元

序号	年次	1	2	3	4	5
1	建设总投资(不含利息)	2 000	3 700	805	230	115
1.1	建设投资(不含利息)	2 000	3 700			
1.2	流动资金			805	230	115
1.3	建设期利息	60	243.6			
2	资金筹备	2 060	3 943.6	805	230	115
2.1	自有资金	1 000	700	410		
2.1.1	建行贷款	1 000	3 000			
2.1.2	工行贷款			395	230	115
	其中固定资产投资					
	流动资金			805	230	115
2.2	建设投资借款	2 060	3 243.6			
2.2.1	建设投资本金	1 000	3 000			
2.2.2	建设期利息借款	60	243.6			
2.3	流动资金借款			395	230	115

(4)项目形成的资产。项目形成固定资产原值 4 910 万元,无形资产原值 490 万元,其他资产原值 300 万元。

(5)税金及附加。项目产品的设计年销量 100 万件,预计销售单价 80 元/件,项目正常年份营业收入为 8 000 万元。

税金及附加按 10% 考虑(表 9-9)。

表 9-9　销售收入和税金及附加估算表　　　　　　　　　　　　　万元

序号	年次	3	4	5	6	7	8~14
1	营业收入	5 600	7 200	8 000	8 000	8 000	8 000
	单价/元	80	80	80	80	80	80
	数量/万件	70	90	100	100	100	100
2	税金及附加	560	720	800	800	800	800
2.1	增值税						
2.2	城市维护建设税						
2.3	教育费附加						

(6)成本费用估算。该项目正常年份的外购原材料燃料动力费(不含税)为 5 000 万元。据测算该项目的年工资及福利费估计费为 150 万元。

固定资产折旧费按平均年限法计算,折旧年限为 12 年,残值率为 5%。

无形资产按10年摊销，其他资产按5年摊销。

修理费按折旧费的40%计取。

其他费用为320万元。

项目在生产经营期间的应计利息全部计入财务项目。建设投资款在生产经营期按全年计息；流动资金当年借款按全年计息。

固定资产折旧估算表见表9-10。

表9-10 固定资产折旧估算表

年次	期初账面净值/万元	年折旧率/%	年折旧额/万元	累计折旧金额/万元	期末账面净值/万元
3	4 910	7.916	388.7	388.7	4 521.3
4	4 521.3	7.916	388.7	777.4	4 132.6
5	4 132.6	7.916	388.7	1 166.1	3 743.9
6	3 743.9	7.916	388.7	1 554.8	3 355.2
7	3 355.2	7.916	388.7	1 943.5	2 966.5
8	2 966.5	7.916	388.7	2 331.2	2 577.8
9	2 577.8	7.916	388.7	2 720.9	2 189.1
10	2 189.1	7.916	388.7	3 109.6	1 800.4
11	1 800.4	7.916	388.7	3 498.3	1 411.7
12	1 411.7	7.916	388.7	3 887	1 023
13	1 023	7.916	388.7	4 275.7	643.3
14	643.3	7.916	388.8	4 664.5	245.5

无形及其他资产摊销估算表见表9-11。

表9-11 无形及其他资产摊销估算表 万元

年次	合计	3	4	5	6	7	8	9	10	11	12
无形资产摊销	490	49	49	49	49	49	49	49	49	49	49
其他资产摊销	300	60	60	60	60	60					

(7)财务评价。根据项目财务报表(表9-12～表9-14)，项目息前所得税前投资财务内部收益率为18%，大于12%的行业基准收益率；息税前财务净现值为1 931.38万元，税后为637.71万元，大于零；息税前投资回收期为6.9年，小于7年；息前动态投资回收期为7.053 8年，小于10年。因此本项目的财务盈利能力可满足要求。

表 9-12 总成本费用表

单位：万元

序号	项目\年次	3	4	5	6	7	8	9	10	11	12	13	14
	生产负荷	70%	90%	100%	100%	100%	100%	100%	100%	100%	100%	100%	100%
1	材料动力	3 500	4 500	5 000	5 000	5 000	5 000	5 000	5 000	5 000	5 000	5 000	5 000
2	工资及福利	150	150	150	150	150	150	150	150	150	150	150	150
3	修理费	155.48	155.48	155.48	155.48	155.48	155.48	155.48	155.48	155.48	155.48	155.48	155.48
4	折旧费	388.7	388.7	388.7	388.7	388.7	388.7	388.7	388.7	388.7	388.7	388.7	388.7
5	摊销费	109	109	109	109	109	49	49	49	49	49	49	49
6	财务费用	274.016	257.39	236.17	210.35	184.53	158.7	132.89	107.06	78.24	55.42		
6.1	长期借款利息	258.216	232.39	206.57	180.75	154.93	129.1	103.29	77.46	51.64	25.82		
6.2	流动借款利息	15.8	25	29.6	29.6	29.6	29.6	29.6	29.6	29.6	29.6	29.6	29.6
6.3	短期借款利息	0	0	0	0	0	0	0	0	0	0	0	0
7	其他费用	320	320	320	320	320	320	320	320	320	320	320	320
8	总成本费用	4 943.676	5 880.55	6 359.35	6 333.53	6 307.1	6 221.88	6 196.07	6 170.28	6 141.42	6 118.6	6 092.78	6 092.78
8.1	固定成本	1 443.676	1 380.55	1 359.35	1 333.53	1 307.1	1 221.88	1 196.07	1 170.28	1 141.42	1 118.6	1 092.78	1 092.78
8.2	可变成本	3 500	4 500	5 000	5 000	5 000	5 000	5 000	5 000	5 000	5 000	5 000	5 000
9	经营成本	4 125.48	5 125.48	5 625.48	5 625.48	5 625.48	5 625.48	5 625.48	5 625.48	5 625.48	5 625.48	5 625.48	5 625.48

表 9-13 项目利润与所得税及利润分配表

万元

序号	项目＼年次	3	4	5	6	7	8	9	10	11	12	13	14
1	营业收入	5 600	7 200	8 000	8 000	8 000	8 000	8 000	8 000	8 000	8 000	8 000	8 000
2	税金及附加	560	720	800	800	800	800	800	800	800	800	800	800
3	总成本费用	4 943.676	5 880.55	6 359.35	6 333.53	6 307.1	6 221.88	6 196.07	6 170.28	6 141.42	6 118.6	6 092.78	6 092.78
4	利润总额	96.324	599.45	840.65	866.47	892.9	978.12	1 003.93	1 029.72	1 058.58	1 081.4	1 107.22	1 107.22
5	弥补以前年度亏损												
6	应纳税所得额	96.324	599.45	840.65	866.47	892.9	978.12	1 003.93	1 029.72	1 058.58	1 081.4	1 107.22	1 107.22
7	所得税	31.786 92	197.818 5	277.414 5	285.935 1	294.657	322.779 6	331.296 9	339.807 6	349.331 5	356.862	365.382 6	365.382 6
8	净利润	64.537 08	401.631 5	563.235 5	580.534 9	598.243	655.340 4	672.633 1	689.912 4	709.248 5	724.538	741.837 4	741.837 4
9	期末分配利润	0	0	0	0	0	0	0	0	0	0	0	0
10	可供分配利润	64.537 08	401.631 5	563.235 5	580.534 9	598.243	655.340 4	672.633 1	689.912 4	709.248 5	724.538	741.837 4	741.837 4
11	法定盈余公积金	6.453 708	40.163 15	56.323 55	58.053 49	59.824 3	65.534 04	67.263 31	68.991 24	70.924 86	72.453 8	74.183 74	74.183 74
12	公益金	3.226 854	20.081 58	28.161 78	29.026 75	29.912 15	32.767 02	33.631 66	34.495 62	35.462 43	36.226 9	37.091 87	37.091 87
13	可分配利润	54.856 52	341.386 8	478.750 2	493.454 7	508.506 6	557.039 3	571.738 1	586.425 5	602.861 3	615.857 8	630.561 8	630.561 8
14	息税前利润	370.34	856.84	1 076.82	1 076.82	1 077.43	1 136.82	1 136.82	1 136.78	1 136.82	1 136.82	1 136.82	1 136.82
15	息税折旧摊销前利润	868.04	1 354.54	1 574.52	1 574.52	1 575.13	1 574.52	1 574.52	1 574.48	1 574.52	1 574.52	1 574.52	1 574.52

表 9-14 盈利平衡分析表

年设计生产能力/件	1 000 000
单位产品售价/元	80
固定成本/元	13 071 000
单位产品变动成本/元	58
盈亏平衡产量/件	594 136.4
盈亏平衡生产能力利用率	0.594 136
盈亏平衡销售价格/元	71.071
盈亏平衡单位产品变动成本/元	66.929

9.9.3 资本金财务现金流量分析

根据项目财务现金流量表和项目资本金现金流量表(表 9-15、表 9-16),税后项目的资本金财务内部收益率为 25%,大于 20%,满足投资者要求。

1. 利润分析

该项目产品、原料的价格均采用了合理数据,因此,营业收入和成本比较稳定。

由项目利润和利润分配表计算的正常年份的年均息税前利润为 1 034.662 5 万元,总投资收益率为 $ROI=EBIT/TI\times100\%=218\%$,资本金净收益率为 $ROE=NP/EC=5.3$。

2. 偿债能力分析

根据项目单位与银行签订的贷款协议,本项目采用等额偿还本金的偿还方式偿还建设投资长期贷款,借款利息按年支付。根据建设投资借款偿还期计算(表 9-17)得知借款偿还期为 6.6 年,小于建设银行所要求的 7 年。这说明项目有很高的本息偿还能力,项目具有良好的财务状况和还债能力。

其中,税后财务内部收益率=25%,财务净现值($i=12\%$)=1 655.691 万元,动态投资回收期 7.4 年。

3. 项目风险分析

(1)盈利平衡分析。取项目生产年份的第七年为代表进行计算。

生产能力利用率 BEP =年固定成本/(年营业额-年可变成本-年税金)×100%
  =1 307.1/(8 000-5 000-800)×100%
  =59.4%

盈亏平衡分析表见表 9-14,该项目的年产销量达到设计的 59.4%以上就可以盈利(图 9-1)。

表 9-15 项目财务现金流量表

万元

序号	年次 项目	1	2	3	4	5	6	7	8	9	10	11	12	13	14
1	现金流入		3 700	5 600	7 200	8 000	8 000	8 000	8 000	8 000	8 000	8 000	8 000	8 000	9 395.5
1.1	营业收入		3 700	5 600	7 200	8 000	8 000	8 000	8 000	8 000	8 000	8 000	8 000	8 000	8 000
1.2	回收固定资产余值														245.5
1.3	补贴收入														
1.4	回收流动资金														1150
2	现金流出	2 000		5 490.48	6 075.48	6 540.48	6 425.48	6 425.48	6 425.48	6 425.48	6 425.48	6 425.48	6 425.48	6 425.48	6 425.48
2.1	建设投资	2 000		805	230	115									
2.2	流动资金														
2.3	经营成本			4 125.48	5 125.48	5 625.48	5 625.48	5 625.48	5 625.48	5 625.48	5 625.48	5 625.48	5 625.48	5 625.48	5 625.48
2.4	税金及附加			560	720	800	800	800	800	800	800	800	800	800	800
2.5	维持营业净投资														
3	所得税前净现金流量	-2 000	-3 700	109.52	1 124.52	1 459.52	1 574.52	1 574.52	1 574.52	1 574.52	1 574.52	1 574.52	1 574.52	1 574.52	2 970.02
4	累计所得税前净现金流量	-2 000	-5 700	-5 590.48	-4 465.96	-3 006.44	-1 431.92	142.6	1 717.12	3 291.64	4 866.16	6 440.68	8 015.2	9 589.72	12559.74
5	调整所得税			31.786 92	197.818 5	277.414 5	285.935 1	294.657	322.779 6	331.296 9	339.807 6	349.331 4	356.862	365.382 6	365.382 6
6	所得税后净现金流量	-2 000	-3 700	77.733 08	926.701 5	1 182.106	1 288.585	1 279.863	1 251.74	1 243.223	1 234.712	1 225.189	1 217.658	1 209.137	2 604.637
7	累计所得税后净现金流量	-2 000	-5 700	-5 622.26 692	-4 695.56 542	-3 513.459 42	-2 224.874 42	-945.038 42	306.701 58	1 549.933 58	2 784.645 58	4 009.834 58	5 227.492 58	6 436.629 58	8 941.266 58

计算指标：
息前财务内部收益率(%)　所得税后=14.17　　所得税前=18.1
息前财务净现值(i=12%静态)　所得税后=637.71　所得税前=1 931.38
投资回收期(年)　所得税后=7.755　　所得税前=6.909
所得税前动态投资回收期=7.053 8

表 9-16 项目资本金现金流量表

万元

序号	年次 项目	1	2	3	4	5	6	7	8	9	10	11	12	13	14
1	现金流入			5 600	7 200	8 000	8 000	8 000	8 000	8 000	8 000	8 000	8 000	8 000	9 395.5
1.1	营业收入			5 600	7 200	8 000	8 000	8 000	8 000	8 000	8 000	8 000	8 000	8 000	8 000
1.2	回收固定资产余值														245.5
1.3	贴补收入														
1.4	回收流动资金														1 150
2	现金流出	1 000	700	5 536.642 9	6 731.048 5	7 369.424 5	7 352.125 1	7 335.027	7 337.319 6	7 320.026 9	7 302.707 6	7 286.411 4	7 268.122	6 820.462 6	7 560.462 6
2.1	建设投资	1000	700												
2.2	流动资金			115											
2.3	经营成本			4 125.48	5 125.48	5 625.48	5 625.48	5 625.48	5 625.48	5 625.48	5 625.48	5 625.48	5 625.48	5 625.48	5 625.48
2.4	偿还借款本息			704.376	687.75	666.53	640.71	614.89	589.06	563.25	537.42	511.6	485.78	29.6	769.6
2.4.1	长期借款本金			430.36	430.36	430.36	430.36	430.36	430.36	430.36	430.36	430.36	430.36		0
2.4.2	流动资金本金														740
2.4.3	长期借款利息			258.216	232.39	206.57	180.75	154.93	129.1	103.29	77.46	51.64	25.82		
2.4.4	流动资金借款利息			15.8	25	29.6	29.6	29.6	29.6	29.6	29.6	29.6	29.6	29.6	29.6
2.5	税金及附加			560	720	800	800	800	800	800	800	800	800	800	800
2.6	所得税			31.786 92	197.818 5	277.414 5	285.935 1	294.657	322.779 6	331.296 9	339.807 6	349.331 4	356.862	365.382 6	365.382 6
2.7	维持运营投资														
3	净现金流量	−1 000	−700	63.357 08	468.951 5	630.575 5	647.874 9	664.973	662.680 4	679.973 1	697.292 4	713.588 6	731.878	1 179.537 4	1 835.037 4
4	净现金流量净现值	−892.85	−558.04	45.1	298.03	357.67	328.23	300.893	267.64	245.478	224.52	205.14	187.85	270.54	375.49
5	累计净现值	−892.85	−1 450.89	−1 405.79	−1 107.76	−750.09	−421.86	−120.967	146.673	392.151	616.671	821.811	1 009.661	1 280.201	1 655.691

表 9-17 建设投资借款偿还期计算表

万元

项目	计算期												备注
	3	4	5	6	7	8	9	10	11	12	13	14	
1.年初欠款	4 303.6	3694.882 92	2 795.571 4	1 734.635 9	656.401 02	−438.931 98	−1 531.972						建行按6%计息，工行按4%计息
2.还款来源								2 642.305					
营业收入	5 600	7 200	8 000	8 000	8 000	8 000	8 000	8 000	8 000	8 000	8 000	8 000	
经营成本	4 125.48	5 125.48	5 625.48	5 625.48	5 625.48	5 625.48	5 625.48	5 625.48	5 625.48	5 625.48	5 625.48	5 625.48	
折旧费	497.7	497.7	497.7	497.7	497.7	497.7	497.7	497.7	497.7	497.7	497.7	497.7	
建设投资借款利息	258.216	232.39	206.57	180.75	154.93	129.1	103.29	77.46	51.64	25.82			
流动资金利息	15.8	25	29.6	29.6	29.6	29.6	29.6	29.6	29.6	29.6	29.6	29.6	
税金及附加	560	720	800	800	800	800	800	800	800	800	800	800	
利润总和	142.804	599.43	840.65	866.47	892.29	918.12	943.93	969.76	995.58	1 021.4	1 047.22	1 047.22	
所得税	31.786 92	197.818 5	277.414 5	285.935 1	294.657	322.779 6	331.296 9	339.807 6	349.331 4	356.862	365.382 6	365.382 6	
税后利润	111.017 08	401.611 5	563.235 5	580.534 9	597.633	595.340 4	612.633 1	629.952 4	646.248 6	664.538	681.837 4	681.837 4	
＋折旧费	497.7	497.7	497.7	497.7	497.7	497.7	497.7	497.7	497.7	497.7	497.7	497.7	
3.年末欠款	3 694.882 92	2 795.571 4	1 734.635 9	656.401 02	0								

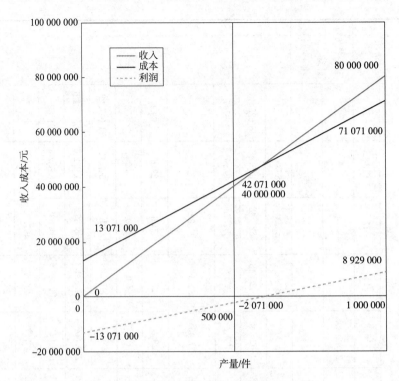

图 9-1 盈亏平衡分析图

项目经营安全率为 1−59.4%＝40.6%。由此可见，该项目的经营能力比较强，抗风险能力较高。

（2）敏感性分析。选取建设投资、经营成本和销售收入，将采用把所有的现金流通过折现到第 1 年进行敏感性分析。折现后见表 9-18。

表 9-18 折现表 万元

年份	1	2	3	4	5	6	7	8	9	10	11	12	13	14
销售收入			5 600	7 200	8 000	8 000	8 000	8 000	8 000	8 000	8 000	8 000	8 000	9 395.5
销售收入折现	37 573.8													
建设投资	2 000	3 700												
建设投资折现	5 303.57													
经营成本			4 125.48	5 125.48	5 625.48	5 625.48	5 625.48	5 625.48	5 625.48	5 625.48	5 625.48	5 625.48	5 625.48	5 625.48
经营成本折现	26 393.85													

敏感性分析见表 9-19。

表 9-19 敏感性分析表 万元

变动率/%	投资额变动	净利润净现值	营业收入变动	净利润净现值	经营成本变动	净利润净现值
−20	4 242.856	3 741.964	30 059.04	−4 833.51	21 115.08	7 960.02
−15	4 508.034 5	3 476.785 5	31 937.73	−2 954.82	22 434.772 5	6 640.328

续表

变动率/%	投资额变动	净利润净现值	营业收入变动	净利润净现值	经营成本变动	净利润净现值
-10	4 773.213	3 211.607	33 816.42	-1 076.13	23 754.465	5 320.635
-5	5 038.391 5	2 946.428 5	35 695.11	802.56	25 074.157 5	4 000.943
0	5 303.57	2 681.25	37 573.8	2 681.25	26 393.85	2 681.25
5	5 568.748 5	2 416.071 5	39 452.49	4 559.94	27 713.542 5	1 361.558
10	5 833.927	2 150.893	41 331.18	6 438.63	29 033.235	41.865
15	6 099.105 5	1 885.714 5	43 209.87	8 317.32	30 352.927 5	-1 277.83
20	6 364.284	1 620.536	45 088.56	10 196.01	31 672.62	-2 597.52

首先就投资额进行敏感性分析：

由图 9-2 及表 9-19 分析可知当年销售收入下降 7% 左右就不一定值得投资了（折现率为 12%，下同）。

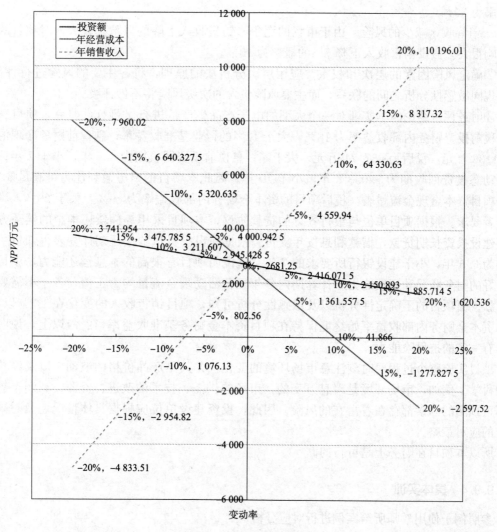

图 9-2 单因素敏感性分析

当投资增大50.6%时就没有了投资的价值,风险很大。

当年经营成本增大10%时就没有投资价值了。

投资额在三个因素里是最不敏感的因素;年销售收入对内部收益率的影响最大,是最敏感的因素。

由图9-2可知只要变化在±7%以内,项目资本金财务内部收益率始终能保持在项目资本金财务基准收益率(12%)以上,说明项目具有一定的抗风险能力。

(3) 风险概率分析。

① 识别风险。影响项目可持续发展的风险因素主要有成本上涨、投资增加和经营成本增加等。下面主要对投资额、经营成本和销售收入可能发生的变化进行风险分析。

a. 投资增加的风险。由于通货膨胀等因素,固定资产投资具有很大的不确定性。假设增大10%的概率为50%。

b. 经营成本增加的风险。在生产的过程中,项目公司的管理水平、各种修理费会有变化,以及水电供应问题,都会给项目正常的运行带来一定的风险,假设经营成本增大10%的概率为30%。

c. 销售收入减少的风险。由于市场的竞争,销售收入下降的风险比较大,对项目的发展影响很大。假设销售收入下降7%的概率为40%。

② 确定风险因素的层次和权重。应用层次分析法的原理,将各主要的风险进行评级,以发现同敏感性分析之间的联系,而主要风险包含的次级风险将不做评级。

③ 财务评价结论。本实训对一个大型的电子产品生产厂进行了可行性研究,项目息前所得税前投资财务内部收益率为18%,大于12%的行业基准收益率;息税前财务净现值为1 931.38万元,税后为637.71万元,大于零;息税前投资回收期为6.9年,小于7年;息税前动态投资回收期为7.053 8年,小于10年。因此本项目的财务盈利能力可满足要求;根据项目资本金现金流量表,税后项目的资本金财务内部收益率为25%,大于20%,满足投资者要求。根据项目单位与银行签订的贷款协议,本项目采用等额偿还本金的偿还方式偿还建设投资长期贷款,借款利息按年支付。根据建设投资借款偿还期计算表得知借款偿还期为6.6年,小于建设银行所要求的7年。这说明项目有很高的本息偿还能力,项目具有良好的财务状况和还债能力。计算期内各年经营活动现金流量均为正值,各年不需要短期借款。由项目的不确定性分析以及敏感性分析可知,项目销售收入的变化在±7%以内,项目资本金财务内部收益率始终能保持在项目资本金财务基准收益率(12%)以上,说明项目具有一定的抗风险能力。

项目实施整个过程要时刻注意市场环境的变化,尤其是产品价格的波动,以及经营管理的科学。例如,市场环境是瞬息万变的,市场的供需、技术的改进、资源、利润率等许多不可预测的因素都存在着潜在的风险。因此,投资建设单位应根据具体情况,及时采用适宜的应对策略。

所以本项目在财务上是可行的。

9.9.4　具体实训

参照例子使用教师所给案例进行对应分析。

附录　复利系数表

$i=1\%$

年限 n/年	一次支付终值系数 $(F/P, i, n)$	一次支付现值系数 $(P/F, i, n)$	等额系列终值系数 $(F/A, i, n)$	偿债基金系数 $(A/F, i, n)$	资金回收系数 $(A/P, i, n)$	等额系列现值系数 $(P/A, i, n)$
1	1.010 0	0.990 1	1.000 0	1.000 0	1.010 0	0.990 1
2	1.020 1	0.980 3	2.010 0	0.497 5	0.507 5	1.970 4
3	1.030 3	0.970 6	3.030 1	0.330 0	0.340 0	2.941 0
4	1.040 6	0.961 0	4.060 4	0.246 3	0.256 3	3.902 0
5	1.051 0	0.951 5	5.101 0	0.196 0	0.206 0	4.853 4
6	1.061 5	0.942 0	6.152 0	0.162 5	0.172 5	5.795 5
7	1.071 2	0.932 7	7.213 5	0.138 6	0.148 6	6.728 2
8	1.082 9	0.923 5	8.285 7	0.120 7	0.130 7	7.651 7
9	1.093 7	0.914 3	9.368 5	0.106 7	0.116 7	8.566 0
10	1.104 6	0.905 3	10.462 2	0.095 6	0.105 6	9.471 3
11	1.115 7	0.896 3	11.566 8	0.086 5	0.096 5	10.367 6
12	1.126 8	0.887 4	12.682 5	0.078 8	0.088 8	11.255 1
13	1.138 1	0.878 7	13.809 3	0.072 4	0.082 4	12.133 7
14	1.149 5	0.870 0	14.947 4	0.066 9	0.076 9	13.003 7
15	1.161 0	0.861 3	16.096 9	0.062 1	0.072 1	13.865 1
16	1.172 6	0.852 8	17.257 9	0.057 9	0.067 9	14.717 9
17	1.184 3	0.844 4	18.430 4	0.054 3	0.064 3	15.562 3
18	1.196 1	0.836 0	19.614 7	0.051 0	0.061 0	16.398 3
19	1.208 1	0.827 7	20.810 9	0.048 1	0.058 1	17.226 0
20	1.220 2	0.819 5	22.019 0	0.045 4	0.055 4	18.045 6
21	1.232 4	0.811 4	23.239 2	0.043 0	0.053 0	18.857 0
22	1.244 7	0.803 4	24.471 6	0.040 9	0.050 9	19.660 4
23	1.257 2	0.795 4	25.716 3	0.038 9	0.048 9	20.455 8
24	1.269 7	0.787 6	26.973 5	0.037 1	0.047 1	21.243 4
25	1.282 4	0.779 8	28.243 2	0.035 4	0.045 4	22.023 2
26	1.295 3	0.772 0	29.525 6	0.033 9	0.043 9	22.795 2
27	1.308 2	0.764 4	30.820 9	0.032 4	0.042 4	23.559 6
28	1.321 3	0.756 8	32.129 1	0.031 1	0.041 1	24.316 4
29	1.334 5	0.749 3	33.450 4	0.029 9	0.039 9	25.065 8
30	1.347 8	0.741 9	34.784 9	0.028 7	0.038 7	25.807 7

$i=2\%$

年限 n/年	一次支付终值系数 $(F/P, i, n)$	一次支付现值系数 $(P/F, i, n)$	等额系列终值系数 $(F/A, i, n)$	偿债基金系数 $(A/F, i, n)$	资金回收系数 $(A/P, i, n)$	等额系列现值系数 $(P/A, i, n)$
1	1.0200	0.9804	1.0000	1.0000	1.0200	0.9804
2	1.0404	0.9612	2.0200	0.4950	0.5150	1.9416
3	1.0612	0.9423	3.0604	0.3268	0.3468	2.8839
4	1.0824	0.9238	4.1216	0.2426	0.2626	3.8077
5	1.1041	0.9057	5.2040	0.1922	0.2122	4.7135
6	1.1262	0.8880	6.3081	0.1585	0.1785	5.6014
7	1.1487	0.8706	7.4343	0.1345	0.1545	6.4720
8	1.1717	0.8535	8.5830	0.1165	0.1365	7.3255
9	1.1951	0.8368	9.7546	0.1025	0.1225	8.1622
10	1.2190	0.8203	10.9497	0.0913	0.1113	8.9826
11	1.2434	0.8043	12.1687	0.0822	0.1022	9.7868
12	1.2682	0.7885	13.4121	0.0746	0.0946	10.5753
13	1.2936	0.7730	14.6803	0.0681	0.0881	11.3484
14	1.3195	0.7579	15.9739	0.0626	0.0826	12.1062
15	1.3459	0.7430	17.2934	0.0587	0.0778	12.8493
16	1.3728	0.7284	18.6393	0.0537	0.0737	13.5777
17	1.4002	0.7142	20.0121	0.0500	0.0700	14.2919
18	1.4282	0.7002	21.4123	0.0467	0.0667	14.9920
19	1.4568	0.6864	22.8406	0.0438	0.0638	15.6785
20	1.4859	0.6730	24.2974	0.0412	0.0612	16.3514
21	1.5157	0.6598	25.7833	0.0388	0.0588	17.0112
22	1.5460	0.6468	27.2990	0.0366	0.0566	17.6580
23	1.5769	0.6342	28.8450	0.0347	0.0547	18.2922
24	1.6084	0.6217	30.4219	0.0329	0.0529	18.9139
25	1.6406	0.6095	32.0303	0.0312	0.0512	19.5235
26	1.6734	0.5976	33.6709	0.0297	0.0497	20.1210
27	1.7069	0.5859	35.3443	0.0283	0.0483	20.7069
28	1.7410	0.5744	37.0512	0.0270	0.0470	21.2813
29	1.7758	0.5631	38.7922	0.0258	0.0458	21.8444
30	1.8114	0.5521	40.5681	0.0246	0.0446	22.3965

$i=3\%$

年限 n/年	一次支付终值系数 $(F/P, i, n)$	一次支付现值系数 $(P/F, i, n)$	等额系列终值系数 $(F/A, i, n)$	偿债基金系数 $(A/F, i, n)$	资金回收系数 $(A/P, i, n)$	等额系列现值系数 $(P/A, i, n)$
1	1.030 0	0.970 9	1.000 0	1.000 0	1.030 0	0.970 9
2	1.060 9	0.942 6	2.030 0	0.492 6	0.522 6	1.913 5
3	1.092 7	0.915 1	3.090 9	0.323 5	0.353 5	2.828 6
4	1.125 5	0.888 5	4.183 6	0.239 0	0.269 0	3.717 1
5	1.159 3	0.862 6	5.309 1	0.188 4	0.218 4	4.579 7
6	1.194 1	0.837 5	6.468 4	0.154 6	0.184 6	5.417 2
7	1.229 9	0.813 1	7.662 5	0.130 5	0.160 5	6.230 3
8	1.266 8	0.789 4	8.892 3	0.112 5	0.142 5	7.019 7
9	1.304 8	0.766 4	10.159 1	0.098 4	0.128 4	7.786 1
10	1.343 9	0.744 1	11.463 9	0.087 2	0.117 2	8.530 2
11	1.384 2	0.722 4	12.807 8	0.078 1	0.108 1	9.252 6
12	1.425 8	0.701 4	14.192 0	0.070 5	0.100 5	9.954 0
13	1.468 5	0.681 0	15.617 8	0.064 0	0.094 0	10.635 0
14	1.512 6	0.661 1	17.086 3	0.058 5	0.088 5	11.296 1
15	1.558 0	0.641 9	18.598 9	0.053 8	0.083 8	11.937 9
16	1.604 7	0.623 2	20.156 9	0.049 6	0.079 6	12.561 1
17	1.652 8	0.605 0	21.761 6	0.046 0	0.076 0	13.166 1
18	1.702 4	0.587 4	23.414 4	0.042 7	0.072 7	13.753 5
19	1.753 5	0.570 3	25.116 9	0.039 8	0.069 8	14.323 8
20	1.806 1	0.553 7	26.870 4	0.037 2	0.067 2	14.877 5
21	1.860 3	0.537 5	28.676 5	0.034 9	0.064 9	15.415 0
22	1.916 1	0.521 9	30.536 8	0.032 7	0.062 7	15.936 9
23	1.973 6	0.506 7	32.452 9	0.030 8	0.060 8	16.443 6
24	2.032 8	0.491 9	34.426 5	0.029 0	0.059 0	16.935 5
25	2.093 8	0.477 6	36.459 3	0.027 4	0.057 4	17.413 1
26	2.156 6	0.463 7	38.553 0	0.025 9	0.055 9	17.876 8
27	2.221 3	0.450 2	40.709 6	0.024 6	0.054 6	18.327 0
28	2.287 9	0.437 1	42.930 9	0.023 3	0.053 3	18.764 1
29	2.356 6	0.424 3	45.218 9	0.022 1	0.052 1	19.188 5
30	2.427 3	0.412 0	47.575 4	0.021 0	0.051 0	19.600 4

$i=4\%$

年限 n/年	一次支付终值系数 $(F/P, i, n)$	一次支付现值系数 $(P/F, i, n)$	等额系列终值系数 $(F/A, i, n)$	偿债基金系数 $(A/F, i, n)$	资金回收系数 $(A/P, i, n)$	等额系列现值系数 $(P/A, i, n)$
1	1.040 0	0.961 5	1.000 0	1.000 0	1.040 0	0.961 5
2	1.081 6	0.924 6	2.040 0	0.490 2	0.530 2	1.886 1
3	1.124 9	0.889 0	3.121 6	0.320 3	0.360 3	2.775 1
4	1.169 9	0.854 8	4.246 5	0.235 5	0.275 5	3.629 9
5	1.216 7	0.821 9	5.416 3	0.184 6	0.224 6	4.451 8
6	1.265 3	0.790 3	6.633 0	0.150 8	0.190 8	5.242 1
7	1.315 9	0.759 9	7.898 3	0.126 6	0.166 6	6.002 1
8	1.368 6	0.730 7	9.214 2	0.108 5	0.148 5	6.732 7
9	1.423 3	0.702 6	10.582 8	0.094 5	0.134 5	7.435 3
10	1.480 2	0.675 6	12.006 1	0.083 3	0.123 3	8.110 9
11	1.539 5	0.649 6	13.486 4	0.074 1	0.114 1	8.760 5
12	1.601 0	0.624 6	15.025 8	0.066 6	0.106 6	9.385 1
13	1.665 1	0.600 6	16.626 8	0.060 1	0.100 1	9.985 6
14	1.731 7	0.577 5	18.291 9	0.054 7	0.094 7	10.563 1
15	1.800 9	0.555 3	20.023 6	0.049 9	0.089 9	11.118 4
16	1.873 0	0.533 9	21.824 5	0.045 8	0.085 8	11.652 3
17	1.947 9	0.513 4	23.697 5	0.042 2	0.082 2	12.165 7
18	2.025 8	0.493 6	25.645 4	0.039 0	0.079 0	12.659 3
19	2.106 8	0.474 6	27.671 2	0.036 1	0.076 1	13.133 9
20	2.191 1	0.456 4	29.778 1	0.033 6	0.073 6	13.590 3
21	2.278 8	0.438 8	31.969 2	0.031 3	0.071 3	14.029 2
22	2.369 9	0.422 0	34.248 0	0.029 2	0.069 2	14.451 1
23	2.464 7	0.405 7	36.617 9	0.027 3	0.067 3	14.856 8
24	2.563 3	0.390 1	39.082 6	0.025 6	0.065 6	15.247 0
25	2.665 8	0.375 1	41.645 9	0.024 0	0.064 0	15.622 1
26	2.772 5	0.360 7	44.311 7	0.022 6	0.062 6	15.982 8
27	2.883 4	0.346 8	47.084 2	0.021 2	0.061 2	16.329 6
28	2.998 7	0.333 5	49.967 6	0.020 0	0.060 0	16.663 1
29	3.118 7	0.320 7	52.966 3	0.018 9	0.058 9	16.983 7
30	3.243 4	0.308 3	56.084 9	0.017 8	0.057 8	17.292 0

$i=5\%$

年限 n/年	一次支付终值系数 $(F/P, i, n)$	一次支付现值系数 $(P/F, i, n)$	等额系列终值系数 $(F/A, i, n)$	偿债基金系数 $(A/F, i, n)$	资金回收系数 $(A/P, i, n)$	等额系列现值系数 $(P/A, i, n)$
1	1.050 0	0.952 4	1.000 0	1.000 0	1.050 0	0.952 4
2	1.102 5	0.907 0	2.050 0	0.487 8	0.537 8	1.859 4
3	1.157 6	0.863 8	3.152 5	0.317 2	0.367 2	2.723 2
4	1.215 5	0.822 7	4.310 1	0.232 0	0.282 0	3.546 0
5	1.276 3	0.783 5	5.525 6	0.181 0	0.231 0	4.329 5
6	1.340 1	0.746 2	6.801 9	0.147 0	0.197 0	5.075 7
7	1.407 1	0.710 7	8.142 0	0.122 8	0.172 8	5.786 4
8	1.477 5	0.676 8	9.549 1	0.104 7	0.154 7	6.463 2
9	1.551 3	0.644 6	11.026 6	0.090 7	0.140 7	7.107 8
10	1.628 9	0.613 9	12.577 9	0.079 5	0.129 5	7.721 7
11	1.710 3	0.584 7	14.206 8	0.070 4	0.120 4	8.306 4
12	1.795 9	0.556 8	15.917 1	0.062 8	0.112 8	8.863 3
13	1.885 6	0.530 3	17.713 0	0.056 5	0.106 5	9.393 6
14	1.979 9	0.505 1	19.598 6	0.051 0	0.101 0	9.898 6
15	2.078 9	0.481 0	21.578 6	0.046 3	0.096 3	10.379 7
16	2.182 9	0.458 1	23.657 5	0.042 3	0.092 3	10.837 8
17	2.292 0	0.436 3	25.840 4	0.038 7	0.088 7	11.274 1
18	2.406 6	0.415 5	28.132 4	0.035 5	0.085 5	11.689 6
19	2.527 0	0.395 7	30.539 0	0.032 7	0.082 7	12.085 3
20	2.653 3	0.376 9	33.066 0	0.030 2	0.080 2	12.462 2
21	2.786 0	0.358 9	35.719 3	0.028 0	0.078 0	12.821 2
22	2.925 3	0.341 8	38.505 2	0.026 0	0.076 0	13.163 0
23	3.071 5	0.325 6	41.430 5	0.024 1	0.074 1	13.488 6
24	3.225 1	0.310 1	44.502 0	0.022 5	0.072 5	13.798 6
25	3.386 4	0.295 3	47.727 1	0.021 0	0.071 0	14.093 9
26	3.555 7	0.281 2	51.113 5	0.019 6	0.069 6	14.375 2
27	3.733 5	0.267 8	54.669 1	0.018 3	0.068 3	14.643 0
28	3.920 1	0.255 1	58.402 6	0.017 1	0.067 1	14.898 1
29	4.116 1	0.242 9	62.322 7	0.016 0	0.066 0	15.141 1
30	4.321 9	0.231 4	66.438 8	0.015 1	0.065 1	15.372 5

$i=6\%$

年限 n/年	一次支付终值系数 $(F/P, i, n)$	一次支付现值系数 $(P/F, i, n)$	等额系列终值系数 $(F/A, i, n)$	偿债基金系数 $(A/F, i, n)$	资金回收系数 $(A/P, i, n)$	等额系列现值系数 $(P/A, i, n)$
1	1.060 0	0.943 4	1.000 0	1.000 0	1.060 0	0.943 4
2	1.123 6	0.890 0	2.060 0	0.485 4	0.545 4	1.833 4
3	1.191 0	0.839 6	3.183 6	0.314 1	0.374 1	2.673 0
4	1.262 5	0.792 1	4.374 6	0.228 6	0.288 6	3.465 1
5	1.338 2	0.747 3	5.637 1	0.177 4	0.237 4	4.212 4
6	1.418 5	0.705 0	6.975 3	0.143 4	0.203 4	4.917 3
7	1.503 6	0.665 1	8.393 8	0.119 1	0.179 1	5.582 4
8	1.593 8	0.627 4	9.897 5	0.101 0	0.161 0	6.209 8
9	1.689 5	0.591 9	11.491 3	0.087 0	0.147 0	6.801 7
10	1.790 8	0.558 4	13.180 8	0.075 9	0.135 9	7.360 1
11	1.898 3	0.526 8	14.971 6	0.066 8	0.126 8	7.886 9
12	2.012 2	0.497 0	16.869 9	0.059 3	0.119 3	8.383 8
13	2.132 9	0.468 8	18.882 1	0.053 0	0.113 0	8.852 7
14	2.260 9	0.442 3	21.015 1	0.047 6	0.107 6	9.295 0
15	2.396 6	0.417 3	23.276 0	0.043 0	0.103 0	9.712 2
16	2.540 4	0.393 6	25.672 5	0.039 0	0.099 0	10.105 9
17	2.692 8	0.371 4	28.212 9	0.035 4	0.095 4	10.477 3
18	2.854 3	0.350 3	30.905 7	0.032 4	0.092 4	10.827 6
19	3.025 6	0.330 5	33.760 0	0.029 6	0.089 6	11.158 1
20	3.207 1	0.311 8	36.785 6	0.027 2	0.087 2	11.469 9
21	3.399 6	0.294 2	39.992 7	0.025 0	0.085 0	11.764 1
22	3.603 5	0.277 5	43.392 3	0.023 0	0.083 0	12.041 6
23	3.819 7	0.261 8	46.995 8	0.021 3	0.081 3	12.303 4
24	4.048 9	0.247 0	50.815 6	0.019 7	0.079 7	12.550 4
25	4.291 9	0.233 0	54.864 5	0.018 2	0.078 2	12.783 4
26	4.549 4	0.219 8	59.156 4	0.016 9	0.076 9	13.003 2
27	4.822 3	0.207 4	63.705 8	0.015 7	0.075 7	13.210 5
28	5.111 7	0.195 6	68.528 1	0.014 6	0.074 6	13.406 2
29	5.418 4	0.184 6	73.639 8	0.013 6	0.073 6	13.590 7
30	5.743 5	0.174 1	79.058 2	0.012 6	0.072 6	13.764 8

$i=7\%$

年限 n/年	一次支付终值系数 $(F/P, i, n)$	一次支付现值系数 $(P/F, i, n)$	等额系列终值系数 $(F/A, i, n)$	偿债基金系数 $(A/F, i, n)$	资金回收系数 $(A/P, i, n)$	等额系列现值系数 $(P/A, i, n)$
1	1.0700	0.9346	1.0000	1.0000	1.0700	0.9346
2	1.1449	0.8734	2.0700	0.4831	0.5531	1.8080
3	1.2250	0.8163	3.2149	0.3111	0.3811	2.6243
4	1.3108	0.7629	4.4399	0.2252	0.2952	3.3872
5	1.4026	0.7130	5.7507	0.1739	0.2439	4.1002
6	1.5007	0.6663	7.1533	0.1398	0.2098	4.7665
7	1.6058	0.6227	8.6540	0.1156	0.1856	5.3893
8	1.7182	0.5820	10.2598	0.0975	0.1675	5.9713
9	1.8385	0.5439	11.9780	0.0835	0.1535	6.5152
10	1.9672	0.5083	13.8164	0.0724	0.1424	7.0236
11	2.1049	0.4751	15.7836	0.0634	0.1334	7.4987
12	2.2522	0.4440	17.8885	0.0559	0.1259	7.9427
13	2.4098	0.4150	20.1406	0.0497	0.1197	8.3577
14	2.5785	0.3878	22.5505	0.0443	0.1143	8.7455
15	2.7590	0.3624	25.1290	0.0398	0.1098	9.1079
16	2.9522	0.3387	27.8881	0.0359	0.1059	9.4466
17	3.1588	0.3166	30.8402	0.0324	0.1024	9.7632
18	3.3799	0.2959	33.9990	0.0294	0.0994	10.0591
19	3.6165	0.2765	37.3790	0.0268	0.0968	10.3356
20	3.8697	0.2584	40.9955	0.0244	0.0944	10.5940
21	4.1406	0.2415	44.8652	0.0223	0.0923	10.8355
22	4.4304	0.2257	49.0057	0.0204	0.0904	11.0612
23	4.7405	0.2109	53.4361	0.0187	0.0887	11.2722
24	5.0724	0.1971	58.1767	0.0172	0.0872	11.4693
25	5.4274	0.1842	63.2490	0.0158	0.0858	11.6536
26	5.8074	0.1722	68.6765	0.0146	0.0846	11.8258
27	6.2139	0.1609	74.4838	0.0134	0.0834	11.9867
28	6.6488	0.1504	80.6977	0.0124	0.0824	12.1371
29	7.1143	0.1406	87.3465	0.0114	0.0814	12.2777
30	7.6123	0.1314	94.4608	0.0106	0.0806	12.4090

$i=8\%$

年限 n/年	一次支付终值系数 $(F/P, i, n)$	一次支付现值系数 $(P/F, i, n)$	等额系列终值系数 $(F/A, i, n)$	偿债基金系数 $(A/F, i, n)$	资金回收系数 $(A/P, i, n)$	等额系列现值系数 $(P/A, i, n)$
1	1.080 0	0.925 9	1.000 0	1.000 0	1.080 0	0.925 9
2	1.166 4	0.857 3	2.080 0	0.480 8	0.560 8	1.783 3
3	1.259 7	0.793 8	3.246 4	0.308 0	0.388 0	2.577 1
4	1.360 5	0.735 0	4.506 1	0.221 9	0.301 9	3.312 1
5	1.469 3	0.680 6	5.866 6	0.170 5	0.250 5	3.992 7
6	1.586 9	0.630 2	7.335 9	0.136 3	0.216 3	4.622 9
7	1.713 8	0.583 5	8.922 8	0.112 1	0.192 1	5.206 4
8	1.850 9	0.540 3	10.636 6	0.094 0	0.174 0	5.746 6
9	1.999 0	0.500 2	12.487 6	0.080 1	0.160 1	6.246 9
10	2.158 9	0.463 2	14.486 6	0.069 0	0.149 0	6.710 1
11	2.331 6	0.428 9	16.645 5	0.060 1	0.140 1	7.139 0
12	2.518 2	0.397 1	18.977 1	0.052 7	0.132 7	7.536 1
13	2.719 6	0.367 7	21.495 3	0.046 5	0.126 5	7.903 8
14	2.937 2	0.340 5	24.214 9	0.041 3	0.121 3	8.244 2
15	3.172 2	0.315 2	27.152 1	0.036 8	0.116 8	8.559 5
16	3.425 9	0.291 9	30.324 3	0.033 0	0.113 0	8.851 4
17	3.700 0	0.270 3	33.750 2	0.029 6	0.109 6	9.121 6
18	3.996 0	0.250 2	37.450 2	0.026 7	0.106 7	9.371 9
19	4.315 7	0.231 7	41.446 3	0.024 1	0.104 1	9.603 6
20	4.661 0	0.214 5	45.762 0	0.021 9	0.101 9	9.818 1
21	5.033 8	0.198 7	50.422 9	0.019 8	0.099 8	10.016 8
22	5.436 5	0.183 9	55.456 8	0.018 0	0.098 0	10.200 7
23	5.871 5	0.170 3	60.893 3	0.016 4	0.096 4	10.371 1
24	6.341 2	0.157 7	66.764 8	0.015 0	0.095 0	10.528 8
25	6.848 5	0.146 0	73.105 9	0.013 7	0.093 7	10.674 8
26	7.396 4	0.135 2	79.954 4	0.012 5	0.092 5	10.810 0
27	7.988 1	0.125 2	87.350 8	0.011 4	0.091 4	10.935 2
28	8.627 1	0.115 9	95.338 8	0.010 5	0.090 5	11.051 1
29	9.317 3	0.107 3	103.965 9	0.009 6	0.089 6	11.158 4
30	10.062 7	0.099 4	113.283 2	0.008 8	0.088 8	11.257 8

$i=9\%$

年限 n/年	一次支付终值系数 $(F/P, i, n)$	一次支付现值系数 $(P/F, i, n)$	等额系列终值系数 $(F/A, i, n)$	偿债基金系数 $(A/F, i, n)$	资金回收系数 $(A/P, i, n)$	等额系列现值系数 $(P/A, i, n)$
1	1.090 0	0.917 4	1.000 0	1.000 0	1.090 0	0.917 4
2	1.188 1	0.841 7	2.090 0	0.478 5	0.568 5	1.759 1
3	1.295 0	0.772 2	3.278 1	0.305 1	0.395 1	2.531 3
4	1.411 6	0.708 4	4.573 1	0.218 7	0.308 7	3.239 7
5	1.538 6	0.649 9	5.984 7	0.167 1	0.257 1	3.889 7
6	1.677 1	0.596 3	7.523 3	0.132 9	0.222 9	4.485 9
7	1.828 0	0.547 0	9.200 4	0.108 7	0.198 7	5.033 0
8	1.992 6	0.501 9	11.028 5	0.090 7	0.180 7	5.534 8
9	2.171 9	0.460 4	13.021 0	0.076 8	0.166 8	5.995 2
10	2.367 4	0.422 4	15.192 9	0.065 8	0.155 8	6.417 7
11	2.580 4	0.387 5	17.560 3	0.056 9	0.146 9	6.805 2
12	2.812 7	0.355 5	20.140 7	0.049 7	0.139 7	7.160 7
13	3.065 8	0.326 2	22.953 4	0.043 6	0.133 6	7.486 9
14	3.341 7	0.299 2	26.019 2	0.038 4	0.128 4	7.786 2
15	3.642 5	0.274 5	29.360 9	0.034 1	0.124 1	8.060 7
16	3.970 3	0.251 9	33.003 4	0.030 3	0.120 3	8.312 6
17	4.327 6	0.231 1	36.973 7	0.027 0	0.117 0	8.543 6
18	4.717 1	0.212 0	41.301 3	0.024 2	0.114 2	8.755 6
19	5.141 7	0.194 5	46.018 5	0.021 7	0.111 7	8.950 1
20	5.604 4	0.178 4	51.161 0	0.019 5	0.109 5	9.128 5
21	6.108 8	0.163 7	56.764 5	0.017 6	0.107 6	9.292 2
22	6.658 6	0.150 2	62.873 3	0.015 9	0.105 9	9.442 4
23	7.257 9	0.137 8	69.531 9	0.014 4	0.104 4	9.580 2
24	7.911 1	0.126 4	76.789 8	0.013 0	0.103 0	9.706 6
25	8.623 1	0.116 0	84.700 9	0.011 8	0.101 8	9.822 6
26	9.399 2	0.106 4	93.324 0	0.010 7	0.100 7	9.929 0
27	10.245 1	0.097 6	102.723 1	0.009 7	0.099 7	10.026 6
28	11.167 1	0.089 5	112.968 2	0.008 9	0.098 9	10.116 1
29	12.172 2	0.082 2	124.135 4	0.008 1	0.098 1	10.198 3
30	13.267 7	0.075 4	136.307 5	0.007 3	0.097 3	10.273 7

$i=10\%$

年限 n/年	一次支付终值系数 $(F/P, i, n)$	一次支付现值系数 $(P/F, i, n)$	等额系列终值系数 $(F/A, i, n)$	偿债基金系数 $(A/F, i, n)$	资金回收系数 $(A/P, i, n)$	等额系列现值系数 $(P/A, i, n)$
1	1.100 0	0.909 1	1.000 0	1.000 0	1.100 0	0.909 1
2	1.210 0	0.826 4	2.100 0	0.476 2	0.576 2	1.735 5
3	1.331 0	0.751 3	3.310 0	0.302 1	0.402 1	2.486 9
4	1.464 1	0.683 0	4.641 0	0.215 5	0.315 5	3.169 9
5	1.610 5	0.620 9	6.105 1	0.163 8	0.263 8	3.790 8
6	1.771 6	0.564 5	7.715 6	0.129 6	0.229 6	4.355 3
7	1.948 7	0.513 2	9.487 2	0.105 4	0.205 4	4.868 4
8	2.143 6	0.466 5	11.435 9	0.087 4	0.187 4	5.334 9
9	2.357 9	0.424 1	13.579 5	0.073 6	0.173 6	5.759 0
10	2.593 7	0.385 5	15.937 4	0.062 7	0.162 7	6.144 6
11	2.853 1	0.350 5	18.531 2	0.054 0	0.154 0	6.495 1
12	3.138 4	0.318 6	21.384 3	0.046 8	0.146 8	6.813 7
13	3.452 3	0.289 7	24.522 7	0.040 8	0.140 8	7.103 4
14	3.797 5	0.263 3	27.975 0	0.035 7	0.135 7	7.366 7
15	4.177 2	0.239 4	31.772 5	0.031 5	0.131 5	7.606 1
16	4.595 0	0.217 6	35.949 7	0.027 8	0.127 8	7.823 7
17	5.054 5	0.197 8	40.544 7	0.024 7	0.124 7	8.021 6
18	5.559 9	0.179 9	45.599 2	0.021 9	0.121 9	8.201 4
19	6.115 9	0.163 5	51.159 1	0.019 5	0.119 5	8.364 9
20	6.727 5	0.148 6	57.275 0	0.017 5	0.117 5	8.513 6
21	7.400 2	0.135 1	64.002 5	0.015 6	0.115 6	8.648 7
22	8.140 3	0.122 8	71.402 7	0.014 0	0.114 0	8.771 5
23	8.954 3	0.111 7	79.543 0	0.012 6	0.112 6	8.883 2
24	9.849 7	0.101 5	88.497 3	0.011 3	0.111 3	8.984 7
25	10.834 7	0.092 3	98.347 1	0.010 2	0.110 2	9.077 0
26	11.918 2	0.083 9	109.181 8	0.009 2	0.109 2	9.160 9
27	13.110 0	0.076 3	121.099 9	0.008 3	0.108 3	9.237 2
28	14.421 0	0.069 3	134.209 9	0.007 5	0.107 5	9.306 6
29	15.863 1	0.063 0	148.630 9	0.006 7	0.106 7	9.369 6
30	17.449 4	0.057 3	164.494 0	0.006 1	0.106 1	9.426 9

$i=12\%$

年限 n/年	一次支付终值系数 $(F/P, i, n)$	一次支付现值系数 $(P/F, i, n)$	等额系列终值系数 $(F/A, i, n)$	偿债基金系数 $(A/F, i, n)$	资金回收系数 $(A/P, i, n)$	等额系列现值系数 $(P/A, i, n)$
1	1.1200	0.8929	1.0000	1.0000	1.1200	0.8929
2	1.2544	0.7972	2.1200	0.4717	0.5917	1.6901
3	1.4049	0.7118	3.3744	0.2963	0.4163	2.4018
4	1.5735	0.6355	4.7793	0.2092	0.3292	3.0373
5	1.7623	0.5674	6.3528	0.1574	0.2774	3.6048
6	1.9738	0.5066	8.1152	0.1232	0.2432	4.1114
7	2.2107	0.4523	10.0890	0.0991	0.2191	4.5638
8	2.4760	0.4039	12.2997	0.0813	0.2013	4.9676
9	2.7731	0.3606	14.7757	0.0677	0.1877	5.3282
10	3.1058	0.3220	17.5487	0.0570	0.1770	5.6502
11	3.4785	0.2875	20.6546	0.0484	0.1684	5.9377
12	3.8960	0.2567	24.1331	0.0414	0.1614	6.1944
13	4.3635	0.2292	28.0291	0.0357	0.1557	6.4235
14	4.8871	0.2046	32.3926	0.0309	0.1509	6.6282
15	5.4736	0.1827	37.2797	0.0268	0.1468	6.8109
16	6.1304	0.1631	42.7533	0.0234	0.1434	6.9740
17	6.8660	0.1456	48.8837	0.0205	0.1405	7.1196
18	7.6900	0.1300	55.7497	0.0179	0.1379	7.2497
19	8.6128	0.1161	63.4397	0.0158	0.1358	7.3658
20	9.6463	0.1037	72.0524	0.0139	0.1339	7.4694
21	10.8038	0.0926	81.6987	0.0122	0.1322	7.5620
22	12.1003	0.0826	92.5026	0.0108	0.1308	7.6446
23	13.5523	0.0738	104.6029	0.0096	0.1296	7.7184
24	15.1786	0.0659	118.1552	0.0085	0.1285	7.7843
25	17.0001	0.0588	133.3339	0.0075	0.1275	7.8431
26	19.0401	0.0525	150.3339	0.0067	0.1267	7.8957
27	21.3249	0.0469	169.3740	0.0059	0.1259	7.9426
28	23.8839	0.0419	190.6989	0.0052	0.1252	7.9844
29	26.7499	0.0374	214.5828	0.0047	0.1247	8.0218
30	29.9599	0.0334	241.3327	0.0041	0.1241	8.0552

$i=15\%$

年限 n/年	一次支付终值系数 $(F/P, i, n)$	一次支付现值系数 $(P/F, i, n)$	等额系列终值系数 $(F/A, i, n)$	偿债基金系数 $(A/F, i, n)$	资金回收系数 $(A/P, i, n)$	等额系列现值系数 $(P/A, i, n)$
1	1.1500	0.8696	1.0000	1.0000	1.1500	0.8696
2	1.3225	0.7561	2.1500	0.4651	0.6151	1.6257
3	1.5209	0.6575	3.4725	0.2880	0.4380	2.2832
4	1.7490	0.5718	4.9934	0.2003	0.3503	2.8550
5	2.0114	0.4972	6.7424	0.1483	0.2983	3.3522
6	2.3131	0.4323	8.7537	0.1142	0.2642	3.7845
7	2.6600	0.3759	11.0668	0.0904	0.2404	4.1604
8	3.0590	0.3269	13.7268	0.0729	0.2229	4.4873
9	3.5179	0.2843	16.7858	0.0596	0.2096	4.7716
10	4.0456	0.2472	20.3037	0.0493	0.1993	5.0188
11	4.6524	0.2149	24.3493	0.0411	0.1911	5.2337
12	5.3503	0.1869	29.0017	0.0345	0.1845	5.4206
13	6.1528	0.1625	34.3519	0.0291	0.1791	5.5831
14	7.0757	0.1413	40.5047	0.0247	0.1747	5.7245
15	8.1371	0.1229	47.5804	0.0210	0.1710	5.8474
16	9.3576	0.1069	55.7175	0.0179	0.1679	5.9542
17	10.7613	0.0929	65.0751	0.0154	0.1654	6.0472
18	12.3755	0.0808	75.8364	0.0132	0.1632	6.1280
19	14.2318	0.0703	88.2118	0.0113	0.1613	6.1982
20	16.3665	0.0611	102.4436	0.0098	0.1598	6.2593
21	18.8215	0.0531	118.8101	0.0084	0.1584	6.3125
22	21.6447	0.0462	137.6316	0.0073	0.1573	6.3587
23	24.8915	0.0402	159.2764	0.0063	0.1563	6.3988
24	28.6252	0.0349	184.1678	0.0054	0.1554	6.4338
25	32.9190	0.0304	212.7930	0.0047	0.1547	6.4641
26	37.8568	0.0264	245.7120	0.0041	0.1541	6.4906
27	43.5353	0.0230	283.5688	0.0035	0.1535	6.5135
28	50.0656	0.0200	327.1041	0.0031	0.1531	6.5335
29	57.5755	0.0174	377.1697	0.0027	0.1527	6.5509
30	66.2118	0.0151	434.7451	0.0023	0.1523	6.5660

$i=18\%$

年限 n/年	一次支付终值系数 $(F/P, i, n)$	一次支付现值系数 $(P/F, i, n)$	等额系列终值系数 $(F/A, i, n)$	偿债基金系数 $(A/F, i, n)$	资金回收系数 $(A/P, i, n)$	等额系列现值系数 $(P/A, i, n)$
1	1.1800	0.8475	1.0000	1.0000	1.1800	0.8475
2	1.3924	0.7182	2.1800	0.4587	0.6387	1.5656
3	1.6430	0.6086	3.5724	0.2799	0.4599	2.1743
4	1.9388	0.5158	5.2154	0.1917	0.3717	2.6901
5	2.2878	0.4371	7.1542	0.1398	0.3198	3.1272
6	2.6996	0.3704	9.4420	0.1059	0.2859	3.4976
7	3.1855	0.3139	12.1415	0.0824	0.2624	3.8115
8	3.7589	0.2660	15.3270	0.0652	0.2452	4.0776
9	4.4355	0.2255	19.0859	0.0524	0.2324	4.3030
10	5.2338	0.1911	23.5213	0.0425	0.2225	4.4941
11	6.1759	0.1619	28.7551	0.0348	0.2148	4.6560
12	7.2876	0.1372	34.9311	0.0286	0.2086	4.7932
13	8.5994	0.1163	42.2187	0.0237	0.2037	4.9095
14	10.1472	0.0985	50.8180	0.0197	0.1997	5.0081
15	11.9737	0.0835	60.9653	0.0164	0.1964	5.0916
16	14.1290	0.0708	72.9390	0.0137	0.1937	5.1624
17	16.6722	0.0600	87.0680	0.0115	0.1915	5.2223
18	19.6733	0.0508	103.7403	0.0096	0.1896	5.2732
19	23.2144	0.0431	123.4135	0.0081	0.1881	5.3162
20	27.3930	0.0365	146.6280	0.0068	0.1868	5.3527
21	32.3238	0.0309	174.0210	0.0057	0.1857	5.3837
22	38.1421	0.0262	206.3448	0.0048	0.1848	5.4099
23	45.0076	0.0222	244.4868	0.0041	0.1841	5.4321
24	53.1090	0.0188	289.4945	0.0035	0.1835	5.4509
25	62.6686	0.0160	342.6035	0.0029	0.1829	5.4669
26	73.9490	0.0135	405.2721	0.0025	0.1825	5.4804
27	87.2598	0.0115	479.2211	0.0021	0.1821	5.4919
28	102.9666	0.0097	566.4809	0.0018	0.1818	5.5016
29	121.5005	0.0082	669.4475	0.0015	0.1815	5.5098
30	143.3706	0.0070	790.9480	0.0013	0.1813	5.5168

$i=20\%$

年限 n/年	一次支付终值系数 $(F/P, i, n)$	一次支付现值系数 $(P/F, i, n)$	等额系列终值系数 $(F/A, i, n)$	偿债基金系数 $(A/F, i, n)$	资金回收系数 $(A/P, i, n)$	等额系列现值系数 $(P/A, i, n)$
1	1.200 0	0.833 3	1.000 0	1.000 0	1.200 0	0.833 3
2	1.440 0	0.694 4	2.200 0	0.454 5	0.654 5	1.527 8
3	1.728 0	0.578 7	3.640 0	0.274 7	0.474 7	2.106 5
4	2.073 6	0.482 3	5.368 0	0.186 3	0.386 3	2.588 7
5	2.488 3	0.401 9	7.441 6	0.134 4	0.334 4	2.990 6
6	2.986 0	0.334 9	9.929 9	0.100 7	0.300 7	3.325 5
7	3.583 2	0.279 1	12.915 9	0.077 4	0.277 4	3.604 6
8	4.299 8	0.232 6	16.499 1	0.060 6	0.260 6	3.837 2
9	5.159 8	0.193 8	20.798 9	0.048 1	0.248 1	4.031 0
10	6.191 7	0.161 5	25.958 7	0.038 5	0.238 5	4.192 5
11	7.430 1	0.134 6	32.150 4	0.031 1	0.231 1	4.327 1
12	8.916 1	0.112 2	39.580 5	0.025 3	0.225 3	4.439 2
13	10.699 3	0.093 5	48.496 6	0.020 6	0.220 6	4.532 7
14	12.839 2	0.077 9	59.195 9	0.016 9	0.216 9	4.610 6
15	15.407 0	0.064 9	72.035 1	0.013 9	0.213 9	4.675 5
16	18.488 4	0.054 1	87.442 1	0.011 4	0.211 4	4.729 6
17	22.186 1	0.045 1	105.930 6	0.009 4	0.209 4	4.774 6
18	26.623 3	0.037 6	128.116 7	0.007 8	0.207 8	4.812 2
19	31.948 0	0.031 3	154.740 0	0.006 5	0.206 5	4.843 5
20	38.337 6	0.026 1	186.688 0	0.005 4	0.205 4	4.869 6
21	46.005 1	0.021 7	225.025 6	0.004 4	0.204 4	4.891 3
22	55.206 1	0.018 1	271.030 7	0.003 7	0.203 7	4.909 4
23	66.247 4	0.015 1	326.236 9	0.003 1	0.203 1	4.924 5
24	79.496 8	0.012 6	392.484 2	0.002 5	0.202 5	4.937 1
25	95.396 2	0.010 5	471.981 1	0.002 1	0.202 1	4.947 6
26	114.475 5	0.008 7	567.377 3	0.001 8	0.201 8	4.956 3
27	137.370 6	0.007 3	681.852 8	0.001 5	0.201 5	4.963 6
28	164.844 7	0.006 1	819.223 3	0.001 2	0.201 2	4.969 7
29	197.813 6	0.005 1	984.068 0	0.001 0	0.201 0	4.974 7
30	237.376 3	0.004 2	1181.881 6	0.000 8	0.200 8	4.978 9

$i=25\%$

年限 n/年	一次支付终值系数 $(F/P, i, n)$	一次支付现值系数 $(P/F, i, n)$	等额系列终值系数 $(F/A, i, n)$	偿债基金系数 $(A/F, i, n)$	资金回收系数 $(A/P, i, n)$	等额系列现值系数 $(P/A, i, n)$
1	1.250 0	0.800 0	1.000 0	1.000 0	1.250 0	0.800 0
2	1.562 5	0.640 0	2.250 0	0.444 4	0.694 4	1.440 0
3	1.953 1	0.512 0	3.812 5	0.262 3	0.512 3	1.952 0
4	2.441 4	0.409 6	5.765 6	0.173 4	0.423 4	2.361 6
5	3.051 8	0.327 7	8.207 0	0.121 8	0.371 8	2.689 3
6	3.814 7	0.262 1	11.258 8	0.088 8	0.338 8	2.951 4
7	4.768 4	0.209 7	15.073 5	0.066 3	0.316 3	3.161 1
8	5.960 5	0.167 8	19.841 9	0.050 4	0.300 4	3.328 9
9	7.450 6	0.134 2	25.802 3	0.038 8	0.288 8	3.463 1
10	9.313 2	0.107 4	33.252 9	0.030 1	0.280 1	3.570 5
11	11.641 5	0.085 9	42.566 1	0.023 5	0.273 5	3.656 4
12	14.551 9	0.068 7	54.207 7	0.018 4	0.268 4	3.725 1
13	18.189 9	0.055 0	68.759 6	0.014 5	0.264 5	3.780 1
14	22.737 4	0.044 0	86.949 5	0.011 5	0.261 5	3.824 1
15	28.421 7	0.035 2	109.686 8	0.009 1	0.259 1	3.859 3
16	35.527 1	0.028 1	138.108 5	0.007 2	0.257 2	3.887 4
17	44.408 9	0.022 5	173.635 7	0.005 8	0.255 8	3.909 9
18	55.511 2	0.018 0	218.044 6	0.004 6	0.254 6	3.927 9
19	69.388 9	0.014 4	273.555 8	0.003 7	0.253 7	3.942 4
20	86.736 2	0.011 5	342.944 7	0.002 9	0.252 9	3.953 9
21	108.420 2	0.009 2	429.680 9	0.002 3	0.252 3	3.963 1
22	135.525 3	0.007 4	538.101 1	0.001 9	0.251 9	3.970 5
23	169.406 6	0.005 9	673.626 4	0.001 5	0.251 5	3.976 4
24	211.758 2	0.004 7	843.032 9	0.001 2	0.251 2	3.981 1
25	264.697 8	0.003 8	1 054.791 2	0.000 9	0.250 9	3.984 9
26	330.872 2	0.003 0	1 319.489 0	0.000 8	0.250 8	3.987 9
27	413.590 3	0.002 4	1 650.361 2	0.000 6	0.250 6	3.990 3
28	516.987 9	0.001 9	2 063.951 5	0.000 5	0.250 5	3.992 3
29	646.234 9	0.001 5	2 580.939 4	0.000 4	0.250 4	3.993 8
30	807.793 6	0.001 2	3 227.174 3	0.000 3	0.250 3	3.995 0

$i=30\%$

年限 n/年	一次支付 终值系数 $(F/P, i, n)$	一次支付 现值系数 $(P/F, i, n)$	等额系列 终值系数 $(F/A, i, n)$	偿债基金 系数 $(A/F, i, n)$	资金回收 系数 $(A/P, i, n)$	等额系列 现值系数 $(P/A, i, n)$
1	1.300 0	0.769 2	1.000 0	1.000 0	1.300 0	0.769 2
2	1.690 0	0.591 8	2.300 0	0.434 8	0.734 8	1.360 9
3	2.197 0	0.455 2	3.990 0	0.250 6	0.550 6	1.816 1
4	2.856 1	0.350 1	6.187 0	0.161 6	0.461 6	2.166 2
5	3.712 9	0.269 3	9.043 1	0.110 6	0.410 6	2.435 6
6	4.826 8	0.207 2	12.756 0	0.078 4	0.378 4	2.642 7
7	6.274 9	0.159 4	17.582 8	0.056 9	0.356 9	2.802 1
8	8.157 3	0.122 6	23.857 7	0.041 9	0.341 9	2.924 7
9	10.604 5	0.094 3	32.015 0	0.031 2	0.331 2	3.019 0
10	13.785 8	0.072 5	42.619 5	0.023 5	0.323 5	3.091 5
11	17.921 6	0.055 8	56.405 3	0.017 7	0.317 7	3.147 3
12	23.298 1	0.042 9	74.327 0	0.013 5	0.313 5	3.190 3
13	30.287 5	0.033 0	97.625 0	0.010 2	0.310 2	3.223 3
14	39.373 8	0.025 4	127.912 5	0.007 8	0.307 8	3.248 7
15	51.185 9	0.019 5	167.286 3	0.006 0	0.306 0	3.268 2
16	66.541 7	0.015 0	218.472 2	0.004 6	0.304 6	3.283 2
17	86.504 2	0.011 6	285.013 9	0.003 5	0.303 5	3.294 8
18	112.455 4	0.008 9	371.518 0	0.002 7	0.302 7	3.303 7
19	146.192 0	0.006 8	483.973 4	0.002 1	0.302 1	3.310 5
20	190.049 6	0.005 3	630.165 5	0.001 6	0.301 6	3.315 8
21	247.064 5	0.004 0	820.215 1	0.001 2	0.301 2	3.319 8
22	321.183 9	0.003 1	1 067.279 6	0.000 9	0.300 9	3.323 0
23	417.539 1	0.002 4	1 388.463 5	0.000 7	0.300 7	3.325 4
24	542.800 8	0.001 8	1 806.002 6	0.000 6	0.300 6	3.327 2
25	705.641 0	0.001 4	2 348.803 3	0.000 4	0.300 4	3.328 6
26	917.333 3	0.001 1	3 054.444 3	0.000 3	0.300 3	3.329 7
27	1 192.533 3	0.000 8	3 971.777 6	0.000 3	0.300 3	3.330 5
28	1 550.293 3	0.000 6	5 164.310 9	0.000 2	0.300 2	3.331 2
29	2 015.381 3	0.000 5	6 714.604 2	0.000 1	0.300 1	3.331 7
30	2 619.995 6	0.000 4	8 729.985 5	0.000 1	0.300 1	3.332 1

$i=40\%$

年限 n/年	一次支付终值系数 $(F/P, i, n)$	一次支付现值系数 $(P/F, i, n)$	等额系列终值系数 $(F/A, i, n)$	偿债基金系数 $(A/F, i, n)$	资金回收系数 $(A/P, i, n)$	等额系列现值系数 $(P/A, i, n)$
1	1.400 0	0.714 3	1.000 0	1.000 0	1.400 0	0.714 3
2	1.960 0	0.510 2	2.400 0	0.416 7	0.816 7	1.224 5
3	2.744 0	0.364 4	4.360 0	0.229 4	0.629 4	1.588 9
4	3.841 6	0.260 3	7.104 0	0.140 8	0.540 8	1.849 2
5	5.378 2	0.185 9	10.945 6	0.091 4	0.491 4	2.035 2
6	7.529 5	0.132 8	16.323 8	0.061 3	0.461 3	2.168 0
7	10.541 4	0.094 9	23.853 4	0.041 9	0.441 9	2.262 8
8	14.757 9	0.067 8	34.394 7	0.029 1	0.429 1	2.330 6
9	20.661 0	0.048 4	49.152 6	0.020 3	0.420 3	2.379 0
10	28.925 5	0.034 6	69.813 7	0.014 3	0.414 3	2.413 6
11	40.495 7	0.024 7	98.739 1	0.010 1	0.410 1	2.438 3
12	56.693 9	0.017 6	139.234 8	0.007 2	0.407 2	2.455 9
13	79.371 5	0.012 6	195.928 7	0.005 1	0.405 1	2.468 5
14	111.120 1	0.009 0	275.300 2	0.003 6	0.403 6	2.477 5
15	155.568 1	0.006 4	386.420 2	0.002 6	0.402 6	2.483 9
16	217.795 3	0.004 6	541.988 3	0.001 8	0.401 8	2.488 5
17	304.913 5	0.003 3	759.783 7	0.001 3	0.401 3	2.491 8
18	426.878 9	0.002 3	1 064.697 1	0.000 9	0.400 9	2.494 1
19	597.630 4	0.001 7	1 491.576 0	0.000 7	0.400 7	2.495 8
20	836.682 6	0.001 2	2 089.206 4	0.000 5	0.400 5	2.497 0
21	1 171.355 6	0.000 9	2 925.888 9	0.000 3	0.400 3	2.497 9
22	1 639.897 8	0.000 6	4 097.244 5	0.000 2	0.400 2	2.498 5
23	2 295.856 9	0.000 4	5 737.142 3	0.000 2	0.400 2	2.498 9
24	3 214.199 7	0.000 3	8 032.999 3	0.000 1	0.400 1	2.499 2
25	4 499.879 6	0.000 2	11 247.199 0	0.000 1	0.400 1	2.499 4
26	6 299.831 4	0.000 2	15 747.078 5	0.000 1	0.400 1	2.499 6
27	8 819.764 0	0.000 1	22 046.909 9	0.000 0	0.400 0	2.499 7
28	12 347.669 6	0.000 1	30 866.673 9	0.000 0	0.400 0	2.499 8
29	17 286.737 4	0.000 1	43 214.343 5	0.000 0	0.400 0	2.499 9
30	24 201.432 4	0.000 0	60 501.080 9	0.000 0	0.400 0	2.499 9

参 考 文 献

[1] 全国咨询工程师(投资)职业资格考试参考教材编写委员会. 项目决策分析与评价(2019修订版)[M]. 北京：中国统计出版社，2018.

[2] 胡艳，杨青. 项目可行性研究与经济评价——面向中小企业及项目[M]. 武汉：武汉理工大学出版社，2021.

[3] 高华. 项目可行性研究与评估[M]. 2版. 北京：机械工业出版社，2019.

[4] 全国一级建造师执业资格考试用书编写委员会. 建设工程经济[M]. 北京：中国建筑工业出版社，2021.

[5] 叶征，王占锋. 建筑工程经济[M]. 北京：北京理工大学出版社，2018.

[6] 规范编制组. 2013建设工程计价计量规范辅导[M]. 北京：中国计划出版社，2013.

[7] 吴佐民. 工程造价概论[M]. 北京：中国建筑工业出版社，2019.

[8] 王雪青. 工程估价[M]. 3版. 北京：中国建筑工业出版社，2020.

[9] 中国建设监理协会. 建设工程投资控制(土木建筑工程)[M]. 北京：中国建筑工业出版社，2021.

[10] 朱红章. 工程项目审计[M]. 武汉：武汉大学出版社，2010.

[11] 武育泰，李景云. 建筑工程定额与预算[M]. 重庆：重庆大学出版社，1995.

[12] 陈德义，李军红. 建筑工程概预算教程(修订版)[M]. 广州：广东科技出版社，2003.

[13] 李格非. 论利率二重性与利率管理体制[J]. 财贸经济，2000(5)：28-31.

[14] 许祥秦. 论国债市场和利率化市场[J]. 财贸经济，2001(1)：25-29.

[15] 赵尚梅. 国债市场的功能与利率市场化[J]. 财贸经济，2002(6)：59-61.

[16] 杨星，彭先展. 中国信用风险的制度经济学分析[J]. 财贸经济，2003(7)：52-54.

[17] 边馥萍，王聚荟. 基于期望值方法的随机DEA综合模型及应用[J]. 系统工程，2006，24(12)：116-120.

[18] 杨衡. 蒙特卡罗模拟优化与风险决策分析的应用研究[D]. 天津：天津大学，2004.